中等职业教育精品系列教材

# 会计基本技能

**主　编**　张成武

**副主编**　许　辉　周　亮　陈　刚
　　　　　全　红

**编　委**　王支宝　郑燕珊　龙　文
　　　　　张　银　杨金漫

立信会计出版社

LIXIN ACCOUNTING PUBLISHING HOUSE

**图书在版编目(CIP)数据**

会计基本技能 / 张成武主编. —上海：立信会计出版社，2015.2(2021.9 重印)

中职教育"十二五"规划教材

ISBN 978 - 7 - 5429 - 4549 - 5

Ⅰ.①会…　Ⅱ.①张…　Ⅲ.①会计学—中等专业学校—教材　Ⅳ.①F230

中国版本图书馆 CIP 数据核字(2015)第 022605 号

策划编辑　　　赵新民
责任编辑　　　方士华
封面设计　　　周崇文

**会计基本技能**

KUAIJI JIBEN JINENG

| | | | |
|---|---|---|---|
| 出版发行 | 立信会计出版社 | | |
| 地　　址 | 上海市中山西路 2230 号 | 邮政编码 | 200235 |
| 电　　话 | (021)64411389 | 传　　真 | (021)64411325 |
| 网　　址 | www.lixinaph.com | 电子邮箱 | lixinaph2019@126.com |
| 网上书店 | http://lixin.jd.com | | http://lxkjcbs.tmall.com |
| 经　　销 | 各地新华书店 | | |

| | |
|---|---|
| 印　　刷 | 上海天地海设计印刷有限公司 |
| 开　　本 | 787 毫米×1092 毫米　　　1/16 |
| 印　　张 | 14 |
| 字　　数 | 310 千字 |
| 版　　次 | 2015 年 2 月第 1 版 |
| 印　　次 | 2021 年 9 月第 9 次 |
| 印　　数 | 25 801—26 900 |
| 书　　号 | ISBN 978 - 7 - 5429 - 4549 - 5/F |
| 定　　价 | 27.00 元 |

如有印订差错,请与本社联系调换

# 前言
## FOREWORD

　　本教材是根据教育部颁布的中等职业学校会计专业课程设置和会计基本技能教学基本要求,为适应和满足中等职业学校人才培养和全面素质教育的需要而编写。本教材按照会计基本计算技能课程教学要求,坚持以"必须、够用、可行"为原则,注重学用结合,理论联系实际,突出体现培养技能型人才的特点,突出强调会计数字书写技能、珠算技能、点钞技能、翻打传票技术、电子计算工具应用等会计基本技能和专业基础知识的掌握,提高财经类学生的基本专业素质,增强学生适应职业变化的能力和继续学习的能力。

　　本教材在编写过程中,得到安徽科技贸易学校、安徽省珠算协会粮食分会等有关领导的大力支持,在此一并表示感谢。

　　由于编写时间仓促,水平有限,书中难免存在不足之处,敬请有关专家和广大读者批评指正。

编 者

2015 年 1 月

# 目 录
## CONTENTS

# 1

## 项目一　会计基本技能概述

### 项目目标

1. 会计数字书写的内容
2. POS收银机工作原理
3. 珠算技术及其发展
4. 珠算的功能
5. 点钞技术简介

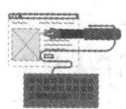

### 项目导入

　　会计基本技能主要是指会计从业人员应该具备的一般技能，包括数字书写技能、珠算技术、点钞技术、翻打传票技术、电子计算工具应用等技能。

## 任务一　会计基本技能的主要内容

### 一、会计数字书写

　　会计数字书写技能是广大财经工作者的一项最基本的技能，对会计人员尤为重要。数字是计算的前提，是计算工作的基础，一切计算的过程和结果都是要通过数字来表示，没有数字，计算就无法进行。

　　会计工作中常用的数字有两种：一种是阿拉伯数字。阿拉伯数字一般用于凭证、账簿、报表的书写。通常将用阿拉伯数字表示的金额数字称为"小写金额"。另一种是汉字大写数字。汉字大写数字一般用于各种重要凭证的书写。通常将用汉字大写数字表示的金额数字称为"大写金额"。

　　阿拉伯数字是阿拉伯人最先创造的，是当今世界各国通用的数字。会计人员在书写阿拉伯数字时,是与数位结合在一起书写的。数位按照个、十、百、千、万的顺序,是由小到大、从右向左排列的,但写数和读数的习惯顺序,却是由大到小,从左向右的。因此书写的顺序是由高位到低位,从左到右依次写出各位数字。

阿拉伯数字写错需要更正时,应采用正确的更正法进行更正,在会计账表上写错时,除按正确的更正法更正外,还应在规定位置加盖经手人员和有关负责人的印章,以明确责任。

汉字大写数字,主要用于各种重要凭证如发票、收款收据、汇票、支票、存单等书面凭证的书写。汉字大写金额数字,要一律用正楷字或行书字书写。有固定格式的重要单证,大写金额栏一般都印有"人民币"字样,数字应紧接在"人民币"后面书写。在填写重要单证出现错误时,一般应另行填写新的单证,写错的单证随即注销作废,但不要随便丢弃,应当妥善保管。因故不能更换单证时,应采用画线更正法更正写错的汉字大写数字。

### 二、珠算技术

珠算是用算盘进行计算的一门科学。珠算的内涵和外延均包含了珠算、心算、珠心算、珠脑算。也就是说,珠算是一个大概念,心算、珠心算、珠脑算等都是珠算的一种功能和方式上的延伸,具有构造简单、使用便利、造价低廉、携带方便等优点,对中华民族的社会进步和经济文化发展有着不可磨灭的历史贡献,有人把珠算与"指南针、火药、造纸、印刷术"四大发明相提并论,称为我国的"第五大发明"。目前珠算技术在我国经济建设特别是财会工作中仍有着较高的使用价值,财政部在《会计从业资格管理办法》中明确规定珠算技术等级鉴定普五级标准是会计从业人员的必备技能之一。

珠算技术的主要内容包括珠算加减法、珠算乘法、珠算除法、账表算和传票算、加减乘除的简捷算法,以及珠算式心算法等。

### 三、点钞技术

点钞的方法和技术是财经工作者,特别是出纳人员必须具备的业务技能之一,只有熟练地掌握点钞技术,才能在收、付款,结账、缴款等出纳工作中,尽可能地减少差错、事故的发生,提高工作效率。

点钞方法分为手工点钞和机器点钞。点钞的过程包含验钞,验钞的方法又分为人工识别法和机器检测法两种。

手工点钞法是出纳人员和金融部门工作人员最主要的票币整点方法。手工点钞的方法主要有手按式点钞法、手持式点钞法、扇面点钞法、混合点钞法等。

人民币是中华人民共和国的法定货币。弄清人民币的特征以及正确识别人民币是非常重要的。

### 四、传票翻打技术

用以传递记账用的凭证叫传票,是记账凭证的前称。传票算曾是全国珠算技术比赛五项目之一,目前传票算是全国会计技能比赛会计电算化赛项的项目之一。它在实际工作中运用的相当广泛,如计算成沓的发票、收支凭证、有价证券等。因此学习传票算是很重要的。

传票翻打技术是一种综合运算,它既可以用珠算也可以用计算器等电算工具进行运算。传票技术不仅用加减法运算,还要掌握左手翻页、找页、看数记数以及心算等基本功。现行全国中职会计技能比赛规定用爱丁数码计算工具完成。

## 五、电子计算工具

电子计算工具主要是指日常使用的电子计算器和大型商场超市中的 POS 收银机。

电子计算器是当代一种先进的、可进行数字计算、具有多种功能的小型机器。一般可用来进行加、减、乘、除、幂及函数等的计算,具有精度高、速度快、使用方便等优点。

电子计算器按其外形划分,有台式机、便携式机和超小型机等;按其用途划分,有一般型、函数型、程序型和专用型等;按其数字显示的方式划分,有荧光显示和液晶显示等。

超市 POS 收银机由条形码阅读器和电子收款机组成。

条形码阅读器是进行商品扫描的机器,是读取条形码包含信息所必需的设备。条形码阅读器的结构通常包括光源、接收装置、光电转换部件、译码电路、计算机接口。

电子收款机又称收银机,是超市、工厂等单位常见的电子收款设备。电子收款机一般由收款机键盘、顾客显示器、微型票据打印机、PC 主机与显示器,以及收银钱箱五个部分组成。电子收款机的功能为接受条形码阅读器输入的条形码,根据条形码在收款机内存中的商品数据库找到该商品的相关内容,如品名、单价等,并计算本次销售的实际总额。

本书介绍了 POS 收银机与收款机及其工作原理,并详细介绍了它们的使用方法以及 POS 收银机与收款机的常见故障排除等。

# 任务二   珠算技术及其发展

## 一、珠算简史

（一）珠算产生前的计算工具

从古时结绳记事,发展到筹算,经过上千年的演变才产生了珠算。

1. 筹算

我国在春秋以前,社会上就流行用算筹记数和作四则运算。筹算法在古代流传达两千多年。据《夏侯阳算经》载,算筹"一纵十横,百立千僵。千、十相望,万、百相当,满六以上,五在上方。六不积算,五不单张"。算筹1~9的筹码见图1-1。

(a) 纵式

(b) 横式

图 1-1　筹码示意图

算筹"满六以上,五在上方"规定上面的"一"或"｜"代表五。算盘以梁上一珠当五,6~9兼用上珠和下珠记数,继承了算筹"丅 丅丅 丅丅丅 丅丅丅丅"的记数法,从而成为中国算盘的特点。

### 2. 太乙算

太乙算据《数术记遗》载:"太乙之行,来去九道。"甄鸾注解为:"刻板横为九道,竖以为柱,柱上一珠,数从下始,故曰来去九道也。"见图 1-2。

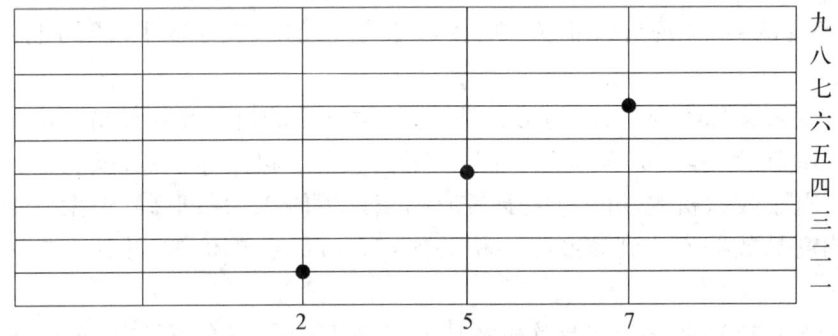

图 1-2　太乙算的推想图

### 3. 两仪算

两仪算据《数术记遗》载:"天气下通,地禀四时。"甄鸾注解为:"刻板横为五道,竖以为位,一位两珠,上珠色清,下珠色黄,其青珠自上而下,至上第一刻主五,第二刻主六,第三刻主七,第四刻主八,第五刻主九。其黄珠自下而上,至下第一刻主一,第二刻主二,第三刻主三,第四刻主四而已。"

### 4. 三才算

三才算据《数术记遗》载:"天地合同,随物变通。"甄鸾注解为:"刻板横为三道,上刻为天,中刻为地,下刻为人,竖为算位。有三珠,青珠属天,黄珠属地,白珠属人。又其三珠通行三道。若其天珠在天为九,在地主六,在人主三。其地珠在天为八,在地主五,在人主二。人珠在天主七,在地主四,在人主一。"

### 5. 珠算板

珠算板据《数术记遗》载:"珠算控带四时,经纬三才。"甄鸾注解为:"刻板三分,其上下两分以停游珠,中间一分以定算位。位各五珠,上一珠与下四珠色别,其上别色之珠当五。其下四珠,珠各当一,至下四珠所领,故云控带四时。其游珠游于三方之中,故云经纬三才也。"见图1-3。

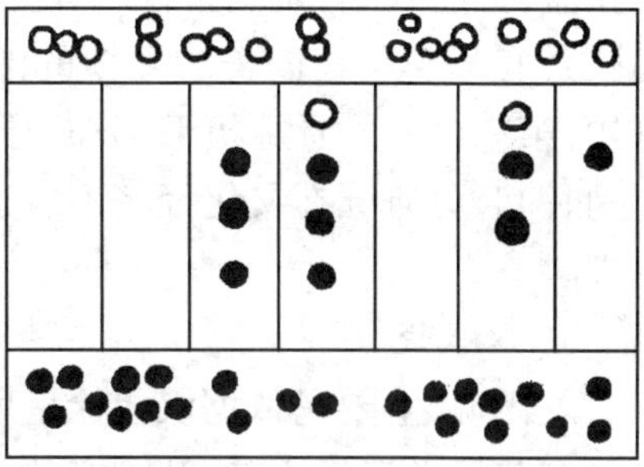

图1-3 珠算板推想图

(二)珠算的起源

珠算究竟起源于何代?由何人发明?至今仍各执一词,众说纷纭。但大致有明代说、元代说、宋代说、唐代说和汉代说几种。

1. 明代说

明代说的证据较为确凿。例如著名民间珠算大师程大位著有《算法统宗》。这是一部全面阐述珠算理论和以算盘为工具进行实际运算的算学著作。该书的问世标志着珠算技术进入了比较成熟的阶段。又如清初著名天文学家梅文鼎在《古算器考》中说:"今用珠盘起于何时,曰古书散变苦无明据,然以愚度之,亦起于明初耳。何以知之。曰归除歌诀。最为简妙。此珠盘所恃以行也。然九章比类所载。句长而涩。盖即时所创。后人踵事增华及更简快耳。是书为钱塘吴信民作。其年、月、日可知考,而珠盘之来固不远。"此外,明代的笔记小说中大量出现"算盘"字样。这说明算盘已成为人们日常生活不可缺少的计算工具。

2. 元代说

元初画家王振鹏所绘的《乾坤一担图》上有一货郎担,在后担内插有一把算盘,其横梁档、穿珠极为明显,同现代算盘一样。

元代末年,陶宗仪《辍耕录》二十九卷井珠条有宋人三戏语记载:"凡纳婢仆,初来时曰擂盘珠。言不拨自动;稍久,曰算盘珠言拨之则动;既久,曰佛顶珠。言终日凝然,虽拨亦不动。"可见元代已有珠算。元代的算书也颇多,如《丁巨算法》、《算学启蒙录》、《算法全能集》等。

3. 宋代说

1921年,北平博物馆在河北巨鹿发掘北宋大观二年因黄河改道、洪水泛滥而淹没的三明寺旧址,获得王、董二姓故宅出土文物多件,其中有一颗算盘珠,木质、扁圆形、中有孔,直径约2.11厘米,与现在的算珠大小形状一致,只是稍扁而已。这颗算盘珠现收藏在中国历史博物馆。

宋代大画家张择端绘制的巨幅绢画《清明上河图》,描写京城汴梁汴河上店铺林立、市井繁华,商民熙来攘往的热闹景象,表现商业兴隆、漕船运载粮米财货通过汴河桥梁的情景,这幅被誉为宋代京城汴梁的社会百科全书的巨画,其左端"赵太丞家"医寓内柜台上放置一件形似算盘的东西。经郑振铎、余介石、殷长生等我国珠算界专家学者考证,认为画中之物是一把"十五档穿档珠算盘",因年代久远,盘中横梁不甚清晰,似有若无,当是颜色脱落或者写意从略。

由以上二论可见,现代算盘在宋代就已产生,并开始进入寻常百姓家。

4. 唐代说

由宋代说的证据又引申出算盘源于唐代说。主张唐代说的学者认为,既然宋代已有珠算盘,且能入画,说明宋代的算盘作为计算工具已被普遍使用,人们按常理推论,一次大的社会变革或是人们长期习惯的改变,如果不经过几十年,甚至几百年,是完成不了的。例如,第一台电子计算机 ENIAC 于 1945 年发明,到现在较为普遍使用也经历了半个多世纪的时间,更何况在文化经济不发达的古代呢? 由此可见,算盘的产生应当在宋代之前的唐代。

5. 汉代说

汉代说,主要是依据汉代徐岳所著《数术记遗》:"珠算控带四时,经纬三才。"持这一观点的有美籍学者任之恭,英国李约瑟,日本山崎与右卫门、铃木久男等。《数术记遗》虽然第一次描述了珠算,但这种珠算是没有穿档的、无梁的算盘,我们称为珠算板或游珠算盘,和现在的穿档算盘是不同的。

综上所述,目前尚无较充足的证据可以证明算盘究竟何时产生、何人发明,这些将留待珠算研究者继续探索。

## 二、珠算的功能

（一）珠算与电子计算器

算盘与电子计算器是两种不同的计算工具,各有自己的优缺点。

1. 珠算表数的特点

珠算具有二元示数的特点。在算盘上拨珠靠梁表示一个数时,靠框的算珠也能表示另一个数。见图 1 - 4。

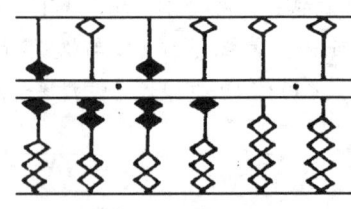

图 1 - 4　二元示数

如图 1 - 4 所示,靠梁的算珠表示 62.71 时,靠框的算珠表示 37.2899,设想算盘向右无限延伸,则靠框的算珠表示 37.289999…,而 9 999…的极限是最高位前档的 1。这样,若把以后均为 9 的各档看成零,而把末档靠框的算珠加 1,这样在上一下四珠的算盘中,同时出现的两个数,二元示数在图 1 - 4 中即为 62.71 与 37.29。二元示数是其他任何算具都不具备,而为算盘所独有的功能。

珠算具有科学的进位制——五升十进制。算盘中以珠表示数,梁上一珠当 5,梁下一珠当 1,算珠拨入即加,拨出即减,珠动数出。算盘中上珠当 5,使"十进制"又加入一个"五进制",称为五升十进制。人们记数、算数"一五、一十"的习惯正和珠算"五升十进"的进位制密切相关。珠算之所以至今未被计算机等计算工具所淘汰,它特殊的进位制起到很重要的作用。所以可以说:五升十进制是珠算赖以存在的基础。

2. 珠算和电子计算器的优缺点

珠算具有结构简单、价格低廉、不用电池、操作方便、珠动数出、形象直观等优点,特别是珠算的加减运算要比电子计算器快得多。珠算的缺点是乘除计算不快,但在实际工作中乘除法只占较小的比重,加减计算占整个计算的 80% 以上。

电子计算器的优点在于乘除法、函数等运算速度快。电子计算器的缺点在于加减运算慢,如 2 005＋132＝2 137,用电子计算器要按九次键才能得出答数,而算盘只需拨动算珠五次。电子计算器的位数有限,不能满足需要,同时电子计算器内部结构复杂,难于维修,由于需用电池,还需经常更换电池。

因此,电子计算器与珠算各有所长,也各有其短,我们应充分发挥各自的长处,更好地为我国经济建设服务。

（二）珠算的具体功能

珠算有多种功能,主要可以归纳为以下四种。

1. 计算功能

算盘首先是作为一种计算工具,为适应生产力的发展和需要而产生和发展的。我国人民使用算盘已成习惯,其人数之多为世界之最。

2. 教育功能

由于算盘表数直观、形象,用算盘作为教具有利于培养儿童数的概念和学习数学的兴趣。

3. 理财功能

一个精明强干的会计人员,必然是理财算账的行家里手,会算账的人,一般都是熟练的珠算操作者。

4. 启智功能

生理学和医学的研究表明,要使儿童变得聪明,必须经常锻炼手指的活动。由于手指的活动,刺激脑髓中的中枢神经,就能使孩子的智力得以迅速提高。珠算正是通过手指进行运算的,珠算教育对于发展智力具有特殊的作用。

## 三、国内外珠算发展状况

（一）国内珠算发展状况

1. 中国珠算协会的建立

1979 年,中国珠算协会成立,标志着我国珠算事业翻开了新的一页。中国珠算协会成立以后,各省、自治区、直辖市珠算协会也相继建立。中国珠算协会还下设六个二级学会,包括普及工作委员会、珠算史研究会、三算教学研究会、比赛鉴定委员会、算理算法研究会和算具研究会。

现在各大系统以及省以下地、市、县、乡也都相继建立了自己的珠算协会,积极开展珠算技术的普及、鉴定、比赛工作。

2. 世界珠算心算联合会的成立

2002 年,世界珠算心算联合会成立大会在北京召开,17 个国家和地区珠算心算组织的代表共 450 余人与会。2004 年 7 月 18 日,世界珠算心算联合会获得中华人民共和国民政部颁发的《社会团体法人登记证书(副本)》。其业务范围是理论研究、学术交流、专业培训、竞赛组织、书刊编辑、国际合作、技术鉴定、咨询服务。

3. 珠算文化申报国家级非物质文化遗产名录

中国珠算心算协会根据财政部批示,成立了珠算文化申报国家级非物质文化遗产名录工作领导小组,并下设工作组,在较短的时间内完成了《国家级非物质文化遗产名录项目申报书》的撰写,同时按照文化部要求,委托中国中央电视台制作了《永远的珠算》申报录像片,并将申报书及录像片送达文化部,参加国家第二批非物质文化遗产名录评审。

2009 年 1 月,中国珠算第一次申报联合国"人类非物质文化遗产代表作名录"。但是当时"申遗"并未成功,中国珠算协会曾数次修改申报材料,2013 年 12 月 4 日,终传捷报。此前联合国教科文组织曾介绍说,珠算是中国古代的重大发明,伴随中国人经历了 1 800 多年的漫长岁月。它以简便的计算工具和独特的数理内涵,被誉为"世界上最古老的计算机"。

**4. 珠心算教练师国家职业资格证书制度**

2004 年 6 月,劳动和社会保障部发出《关于印发第九批国家职业标准》的通知,公布了珠心算教练师等 14 个职业系列,同时正式颁布《珠心算教练师国家职业标准》,从此中国的珠心算教练工作成为独立的职业系列。《珠心算教练师国家职业标准》对珠心算教练员、助理教练师、教练师、高级教练师都有具体要求,明确教练员为四级职业资格,助理教练师为三级职业资格,教练师为二级职业资格,高级教练师为一级职业资格。2006 年 7 月,由中国珠算协会按照《珠心算教练师国家职业标准》组织专家教授编写的《全国珠心算教练师职业资格培训指导教材》已经正式出版。

**5. 珠算比赛的开展**

中国珠算协会成立以后,1980 年 10 月,在杭州举行了"全国珠算技术杭州邀请赛"。这是我国有史以来第一次全国性大型的珠算比赛,揭开了珠算技术全国大汇报、大表演的序幕。以后,还举办了很多全国性的珠算技术比赛和珠算邀请赛。此外,有些地区性的比赛,影响也较大。目前我国的珠算技术比赛已有了自己的体系和标准。通过比赛,促进了我国珠算技术水平的提高。

2004 年 8 月,世界珠算心算联合会第一届珠心算比赛在上海举行。2007 年 8 月,中国珠算心算协会承办了世界珠算心算联合会第二届珠心算比赛暨珠心算学术交流研讨会。研讨会主要围绕珠心算开发儿童智力潜能的作用进行研讨。

**6. 开展珠算技术等级鉴定**

财政部[1985]财会字第 60 号文件,同意将《全国珠算技术等级鉴定标准》作为考核会计人员的珠算水平的标准。从 1986 年 7 月 1 日起,全国范围内开始依据该标准进行等级鉴定。目前,财政部关于会计从业人员资格考试科目规定必考的科目是:财经法规与会计职业道德、会计基础、会计电算化或珠算(5 级)。这对于提高全国会计人员、各类经济专业人员珠算技能和业务素质具有重要意义。

**7. 开展珠算技术普及工作**

中国珠算协会下设有普及工作委员会,开展珠算普及的日常管理工作。目前,我国珠算普及工作主要有开设各种珠心算兴趣班、珠算课、培训班等。

**(二)国外珠算发展现状**

中国的珠算技术在明代由徽商传到了日本、朝鲜及东南亚诸国,对这些国家的经济起到了很大的促进作用。今天,甚至在巴西、美国、墨西哥以及南太平洋的汤加王国,也都将珠算当作"新文化"引进利用。

### 1. 珠算在日本

日本虽是一个电子计算工具很发达的国家，但对珠算非常重视。日本全国有两大珠算团体：一个是日本珠算联盟；另一个是全国珠算教育联盟。珠算在日本的小学是必修课程，除此以外，日本珠算教育联盟还举办业余珠算补习学校。日本从1936年开始，每年举行一次全国性的珠算比赛。每年的8月8日是日本的"珠算节"，在节日里各地区还举办算盘舞蹈会。日本的珠算鉴定工作做得很好。他们的鉴定分为十级十段，级别鉴定十级最低，一级最高。段位鉴定，一段（又称初段）最低，十段最高。日本现有三个全国性组织主办的等级鉴定考试，分别是：日本工商会议所主办的鉴定考试、日本全国商业高等学校珠算协会主办的珠算鉴定考试和日本全国珠算教育联盟主办的珠算鉴定考试。

### 2. 珠算在韩国

因电子计算机和电脑的引进使用，使原本活跃的韩国珠算教育从20世纪80年代到2002年（近20多年间）逐渐消失。

2003年，韩国提出"数学教育和大脑开发成为珠算心算教育"的口号，开始重新珠算心算教育。在两年内，2 500多家特许经营加盟店的加盟使韩国珠算教育再次复活。在韩国珠算教育的复活过程中，大众媒体发挥了很大作用。2003年后，韩国形成了以私立学院和家庭教育的学习班为中心的珠算教育体系，2005年以后小学课外特长、适应性教育的珠算开始活跃，特别是以小学一二年级为中心的珠算教育形成热潮。

### 3. 珠算在美国

美国原来是没有珠算这门学科的，在普及电子计算机后，又向日本人学习珠算技术，把珠算当作"新文化"引入美国。还在加利福尼亚州成立了美国珠算教育中心。现在美国已有50多所大学开设珠算课，加州的小学也开设了珠算课，还派代表团到我国考察"三算"教学。世界上约有270所海外美国学校，其中在日美国学校共17所，共有10 000名学生。这些学生都接受过珠算教育。在270所学校中，在日美国学校的学生学习成绩最优，比美国国内的平均分数还高。校长查德埃佛·奥斯纳先生说这一事实应归功于珠算。

### 4. 珠算在东南亚

20世纪90年代，中国珠算式心算教育正式进入马来西亚。1993年年底，教育部拨专款用作全国84所中小学的算盘购置及师资培训费用。1994年6月，首度把珠算列入华文小学四年级数学课程，并把珠算教学逐渐推广到其他学校。2005年，中国珠算协会与马来西亚世界中国珠算心算学协会（UCMAS）签订了珠算心算等级鉴定合作协议。

新加坡拥有大量华籍居民，珠算也在华人社会普遍被使用。随着计算机的普遍使用，这古老的文化也被人们渐渐淡忘，算盘也渐渐被当作古董收藏。进入20世纪90年代，随着一所"精英培训中心"正式引进"珠算式"的心算教育，掀起一股学习珠心算的热潮。但是直到1994年教育部在研究国家许多关于珠算教育的报告后，慎重地在7所小学约1 000名三年级学生中进行试验性的珠算教学，后逐步扩大，到1998年，教育部决定在所有的198所小学二三年级开设珠算课程。

此外,其他国家像巴西,在小学、中学逐渐普及珠算教育。墨西哥自1977年建立了普及珠算的体系,世界上最富有的国王之一汤加国王曾亲自给国民讲授珠算课,普及珠算教育。正如《国际珠算教育者会议宣言》所指出的:"努力普及珠算,通过珠算为人类造福,是珠算教育工作者的使命。"

 **项目小结**

本项目简明扼要的叙述了会计基本技能的内容、性质及其作用。会计基本技能主要包含以下几种读者应掌握的基本技能:

(1)会计数字书写技能是会计工作者应掌握的规范化的阿拉伯数字书写和汉字大写数字的书写。

(2)珠算技术的应用技能是会计工作者应达到的正确操作算盘并达到一定熟练程度的珠算技术的应用技能。

(3)点钞技术是会计出纳人员必备的票币整点技术。同时应掌握人民币的特征和真假人民币的鉴别技术。

(4)传票翻打技术是一种综合运算,它既可以用珠算也可以用计算器等电算工具进行运算。

(5)电子计算工具的操作技能是财经类工作专业学生应该掌握的电子计算器和超市POS收银机和收款机的操作技能。

 **复习思考题**

1. 会计基本技能主要包括哪些内容?
2. 现代计算机技术发展迅速为何还要学习珠算技术?
3. 珠算和珠心算在哪些国家和地区比较流行?

# 2 项目二　　　　　　　　　　财会数字书写

## 项目目标

1. 学会阿拉伯数字书写的有关书写常识
2. 学会阿拉伯数字的规范写法
3. 学会汉字大写金额数字的书写
4. 学会阿拉伯数字和汉字大写金额数字的错误订正方法

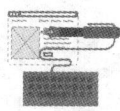

## 项目导入

数字是计算的前提,一切计算的过程和结果都要通过数字来表示,没有数字,计算就无法进行。因此,数字是计算工作的基础,在计算工作中有着十分重要的地位。

财会工作中常用的数字有两种:一种是汉字大写数字;一种是阿拉伯数字。汉字大写数字一般用于各种重要凭证的书写;阿拉伯数字则用于凭证、账簿、报表的书写。

## 任务一　阿拉伯数字的书写

阿拉伯数字有 0、1、2、3、4、5、6、7、8、9,是世界各国通用的数字。

### 一、阿拉伯数字书写的有关规定

#### (一)书写与数位相结合

写数时,每一个数字都要占据一个位置,每一个位置表示各种不同的单位。数字所在位置表示的单位,称为数位。数位按照个、十、百、千、万的顺序,是由小到大、从右向左排列的,但写数和读数的习惯顺序,却是由大到小、从左向右的。我国的数位排列见表 2-1。

表 2-1  我国数位排列表

| 数位 | 万万万位 | 千万万位 | 百万万位 | 十万万位 | 万万位 | 千万位 | 百万位 | 十万位 | 万位 | 千位 | 百位 | 十位 | 个位 | 十分位 | 百分位 | 千分位 | 万分位 | 十万分位 | 百万分位 |
|---|---|---|---|---|---|---|---|---|---|---|---|---|---|---|---|---|---|---|---|
| 读法 | 兆 | 千亿 | 百亿 | 十亿 | 亿 | 千万 | 百万 | 十万 | 万 | 千 | 百 | 十 | 个 | 分 | 厘 | 毫 | 丝 | 忽 | 微 |

阿拉伯数字在书写时,是与数位结合在一起的。书写的顺序是由高位到低位,从左到右依次写出各位数字。例如,壹佰贰拾叁,应写为 123。

如果某一个数位没有量,就写一个"0"来表示;如果是整数,则比它小的数位均需用"0"表示出来。例如,陆仟贰佰零叁,应写为 6 203;贰万,应写为 20 000。

（二）采用三位分节制

使用分节号能够较容易地辨认数的数位,有利于数字的书写、阅读和计算。

数的整数部分,采用国际通用的"三位分节制",从个位向左每三位数用分节号","分开。例如,

<pre>
          千百  十
 万万      万万千    百十个
 位位      位位位    位位位
 9  2,   0  8  0,   0  0  0
</pre>

带小数的数,应将小数点记在个位与十分位之间的下方。例如,

<pre>
               十百
      千  百十个  分分
      位  位位位  位位
      6,  0  8  7. 6  5
</pre>

一般账表凭证的金额栏印有分位格,元位前每三位印一组线代表分节号,元位与角位之间的粗线则代表小数点,记数时不要再另加分节号或小数点。

（三）关于人民币符号"￥"的使用

在填制凭证时,小写金额前一般均要填写人民币符号"￥"。"￥"是拼音文字"YUAN"（元）的缩写,"￥"既代表了人民币的币制,又表示了人民币"元"的单位。所以小写金额前填"￥"以后,数字之后就不要再写"元"了。例如,￥8 300.06,即为人民币捌仟叁佰元零陆分。书写时在"￥"与数字之间,不能留有空位,以防止金额数字被人涂改。

书写人民币符号"￥",尤其是草写"￥"时,要注意与阿拉伯数字有明显的区别,不要写成像阿拉伯数字的 7 或 9 一样。

在登记账簿、编制报表时,不能使用"￥"符号,因为账簿、报表上不存在金额数字被涂改而造成损失的情况。在账页或报表上如果使用"￥"反而会增加错误的可能性。

（四）关于金额角、分的写法

在无金额分位格的凭证上,所有以元为单位的阿拉伯数字,除表示单价等情况外,一律

写到角分。无角分的,角位和分位可写"00",或符号"一";有角无分的,分位应写"0",不能用符号"一"代替。例如,人民币柒拾伍元整,可以写成"￥75.00",也可以写成"￥75.一";人民币柒拾捌元玖角整,应写成"￥78.90",不能写成"￥78.9"或"￥78.9一"。

## 二、账表凭证上的书写要求

在有金额分位格的账表凭证上,尤其是在账簿上,阿拉伯数字的书写,结合记账规则需要,有特定的要求。

（一）规范化写法实例

数字书写要掌握正确的笔顺、一定的书写体和字间距。按国际标准数字书写要求,最后所写的0～9十个数字都略向右倾斜,与横格底线倾斜角为60°～75°,字长约为5 mm、宽约为3 mm。标准的手写体及笔顺见图2-1。

图2-1  阿拉伯数字手写体标准写法

对阿拉伯数字书写的基本要求是流利、整齐、清楚、规范、正确。即在书写时,不能出现不平稳、跳跃式的动作,手必须平行移动,动作连贯,写一个数不能时停时动。写的数字大小均匀,高低一致,数字之间不能连笔,要清晰可见。

1. 书写握笔

握笔姿势正确与否直接影响数字书写的速度,由于握笔姿势不正确,数字写不快,一旦加快速度,往往数字写不清楚。

2. 数字书写中常见的问题

由于速度的要求,在书写数字时,常常会出现以下问题:

（1）数字潦草。书写的数字潦草,不到位,难以辨认,或容易错当成另外一个数字,见图2-2。

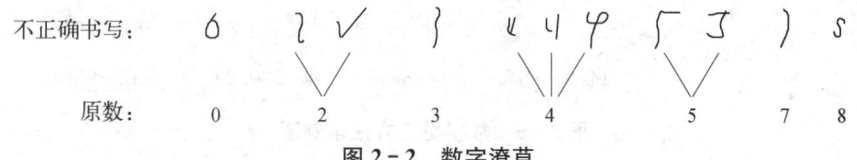

图2-2  数字潦草

（2）数字连笔。书写的数字连笔容易看成另外一个数,见图2-3。

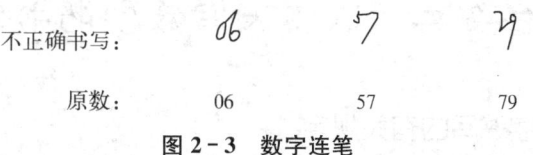

图2-3  数字连笔

（二）账表凭证书写说明

（1）数字的写法是自上而下,先左后右,要一个一个地写,不要连写,以免分辨不清。

（2）斜度约以 60°为准。

（3）高度以账表格的 1/2 为准。

（4）除"7"和"9"上低下半格的 1/4,下伸次行上半格的 1/4 外,其他数字都要靠在底线上。

（5）"6"的竖上伸至上半格的 1/4 处。

（6）"0"不要有缺口。

（7）"4"的顶部不封口。

（8）从最高位起,以后各格必须写完。

数字书写格式见图 2-4。

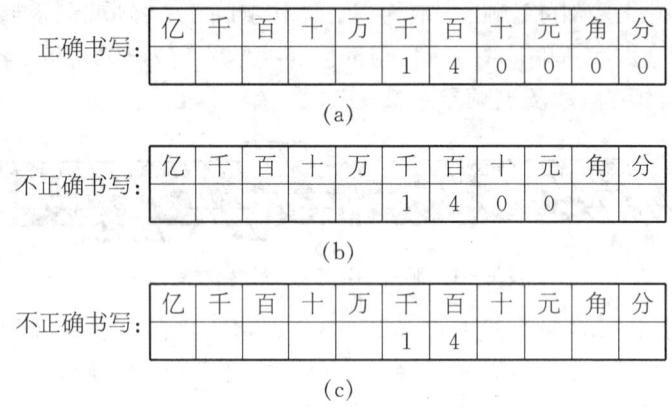

| | 亿 | 千 | 百 | 十 | 万 | 千 | 百 | 十 | 元 | 角 | 分 |
|---|---|---|---|---|---|---|---|---|---|---|---|
| 正确书写: | | | | | | 1 | 4 | 0 | 0 | 0 | 0 |

(a)

| | 亿 | 千 | 百 | 十 | 万 | 千 | 百 | 十 | 元 | 角 | 分 |
|---|---|---|---|---|---|---|---|---|---|---|---|
| 不正确书写: | | | | | | 1 | 4 | 0 | 0 | | |

(b)

| | 亿 | 千 | 百 | 十 | 万 | 千 | 百 | 十 | 元 | 角 | 分 |
|---|---|---|---|---|---|---|---|---|---|---|---|
| 不正确书写: | | | | | | 1 | 4 | | | | |

(c)

**图 2-4　数字书写格式示例图**

（9）数字写错需要更正时,不论写错的数字是一个还是几个,应把全部数字用一道红线划销,在红线左端加盖经手人私章,然后再把正确的数字写在错误数字的上面,不得任意涂改、挖补、刀刮和皮擦,更不得用药水销蚀,以保证数字的真实正确。见图 2-5。

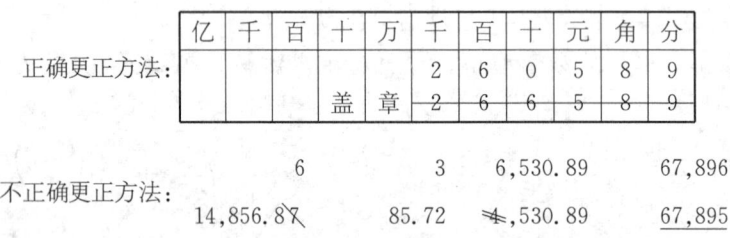

| | 亿 | 千 | 百 | 十 | 万 | 千 | 百 | 十 | 元 | 角 | 分 |
|---|---|---|---|---|---|---|---|---|---|---|---|
| 正确更正方法: | | | | | | | 2 | 6 | 0 | 5 | 8 | 9 |
| | | | 盖 | 章 | | | 2 | 6 | 6 | 5 | 8 | 9 |

不正确更正方法:　　6　　　　　3　　6,530.89　　　67,896

14,856.8̶7̶　　　85.72　　6̶,530.89　　67,895

**图 2-5　数字更正方法示例图**

# 任务二　汉字大写数字的书写

## 一、汉字大写数字书写的有关规定

### （一）用正楷字或行书字书写

汉字大写金额数字,要一律用正楷字或行书字书写。如壹、贰、叁、肆、伍、陆、柒、捌、玖、拾、佰、仟、万、亿、圆(元)、角、分、零、整(正)等易于辨认、不易涂改的字样,不得用一、二(两)、三、四、五、六、七、八、九、十、念、毛、另(或O)、园等字样代替。

（二）"人民币"与数字之间不得留有空位

有固定格式的重要单证,大写金额栏一般都印有"人民币"字样,数字应紧接在"人民币"后面书写,在"人民币"与数字之间不得留有空位。大写金额栏没有印好"人民币"字样的,应加填"人民币"三字。

（三）"整(正)"字的用法

汉字大写金额数字到"圆"或"角"为止的,在"圆"或"角"字之后,应写"整"字。汉字大写金额数字"分"的,"分"字后面不写"整"字。"整"字笔画较多,在书写数字时,常常将"整"字写成"正"字。在汉字大写金额数字的书写方面,这两个字的作用是一样的。

（四）"零"的写法

阿拉伯金额数字有"0"时,汉字大写金额要根据"0"所在的位置来确定。对于数字尾部的"0",不管是一个还是连续几个,汉字大写到非零数位后,用一个"整(正)"字结尾,都不需用"零"来表示。例如,"￥4.80",汉字大写金额应写成"人民币肆元捌角整";又如,"￥200.00",汉字大写金额应写成"人民币贰佰元整"。至于阿拉伯金额数字中间有"0"时,汉字大写应按照汉语语言规律、金额数字构成和防止涂改的要求进行书写。

（1）阿拉伯金额数字中间有"0"时,汉字大写金额要写"零"字。例如,"￥306.79",汉字大写金额应写成"人民币叁佰零陆元柒角玖分"。

（2）阿拉伯金额数字中间连续有几个"0"时,汉字大写金额可以只写一个"零"字。例如,"￥9 008.36",汉字大写金额应写成"人民币玖仟零捌元叁角陆分"。

（3）阿拉伯金额数字圆位是"0",或者数字中间连续有几个"0",圆位也是"0",但角位不是"0"时,汉字大写金额中可以只写一个"零"字,也可以不写零。例如,"￥2 370.35",汉字大写金额应写成"人民币贰仟叁佰柒拾圆零叁角伍分",或者写成"人民币贰仟叁佰柒拾圆叁角伍分";又如,"￥81 000.47",汉字大写金额应写成"人民币捌万壹仟圆零肆角柒分",或者写成"人民币捌万壹仟圆肆角柒分"。

（4）阿拉伯金额数字角位是"0",而分位不是"0"的,汉字大写金额圆字后面应写"零"字。例如,"￥425.03",汉字大写金额应写成"人民币肆佰贰拾伍圆零叁分";又如,"￥9 600.08",汉字大写金额应写成"人民币玖仟陆佰圆零捌分"。

（五）"壹"的写法

关于壹拾几的"壹"字,在书写汉字大写金额数字中不能遗漏。平时口语习惯说"拾几"、"拾几万",但"拾"字仅代表数位,不是数字。例如,"￥786.03",汉字大写金额应写成"人民币柒佰捌拾陆圆零叁分";又如,"￥240 013.00",应写成"人民币贰拾肆万零壹拾叁元整"。

## 二、汉字大写金额写法的举例

汉字大写金额正确写法对照表见表2-2。

表 2-2　汉字大写金额正确写法对照表

| 小写金额 | 大写金额 | | |
| --- | --- | --- | --- |
| | 正确写法 | 容易错写 | 错误原因 |
| ￥300.00 | 人民币叁佰元整 | 人民币：叁佰元整 | "人民币"后面多了一个冒号 |
| ￥5 890.30 | 人民币伍仟捌佰玖拾圆零叁角正 | 人民币伍仟捌佰玖拾元零叁角零分 | 多写了"零分"二字 |
| ￥23 004.00 | 人民币贰万叁仟零肆元整 | 人民币贰万叁仟另肆元整 | 将"零"字错写成"另"字 |
| ￥100 200.00 | 人民币壹拾万零贰佰元整 | 人民币拾万贰佰元整 | 漏"壹"字和"零"字 |
| ￥16.05 | 人民币壹拾陆元零伍分 | 人民币拾陆元伍分 | 漏"壹"字和"零"字 |
| ￥50 087 000.00 | 人民币伍仟零捌万柒仟元正 | 人民币伍仟万零捌万柒仟元正 | 多写一个"万"字 |
| ￥9 800 000.06 | 人民币玖佰捌拾万元零陆分 | 人民币玖佰捌拾万零陆分 | 漏写"元"字 |

## 三、审查结算凭证应注意的问题

银行主要在日常业务中填写凭证时使用汉字大写金额数字,尤其是开户单位向银行提交的各种结算凭证,是明确经济责任的书面证明。财政部、中国人民银行总行和中国文字改革委员会在 1963 年就联合通知规定了凭证的填写方法,1984 年,财政部又在《会计人员工作规则》中再次予以明确,中国人民银行多次作了布置和指示。银行在审查各种结算凭证时,在大、小写金额数字方面,除中国人民银行总行已有明确规定的外,还应注意以下几个问题:

(1) 汉字大写金额数字,规定不得自造简化字,但有的单位书写中用繁体字(如贰、陆、万、圆)的,也可以受理。

(2) 汉字大写金额数字到"角"为止,如果在"角"位后没写"整"字的,可以通融受理。

(3) 汉字大写金额数字有"分"位的,"分"字后面多写了"整"字的,也可以通融受理。

(4) 关于"零"字的写法,阿拉伯金额数字连续有几个"0"时,可以只写一个"零"字。例如,"￥201 001.05",汉字大写金额应写成"人民币贰拾万零壹仟零壹圆零伍分",有的写成"人民币贰拾万零壹仟零零壹圆零伍分",也可以受理。

(5) 各单位在银行结算凭证的大写金额栏内,不得预印固定的"佰、拾、万、仟、佰、拾、圆、角、分"字样。

 项目小结

本项目主要阐述了会计数字书写的有关规范化书写要求。要求正确掌握阿拉伯数字和汉字大写数字的规范化书写要领,正确掌握阿拉伯数字和汉字大写金额数字的错误订正方法。对于数字的书写要求做到:规范、清楚、美观、流利。

>>>>>>

复习思考题

1. 阿拉伯数字的书写有哪些规范化要求？
2. 汉字大写数字的书写要注意哪些问题？
3. 会计人员在审查账表凭证时应注意哪些问题？
4. 如何进行阿拉伯数字和汉字大写数字的错误订正？
5. 汉字大写金额中有关"零"的写法有哪些规定？

习题 1

1. 用小写数字写出下列各数（有人民币的应写上"￥"符号）。
   （1）伍拾柒万陆仟肆佰贰拾叁
   （2）人民币捌佰零壹万元整
   （3）玖仟万
   （4）人民币柒角壹分
   （5）肆拾亿贰仟零叁拾万零贰佰元
2. 每周书写阿拉伯数码字若干页，直至教师认可时为止。

习题 2

用汉字大写金额数字写出下列各数
(1) ￥76 908.56
(2) ￥987 076.30
(3) ￥89 000 987.32
(4) ￥450 987 056.07
(5) ￥906 089 116.00
(6) ￥9 087.00
(7) ￥654 100.30
(8) ￥120 000 000.30
(9) ￥1 234 000 009.00
(10) ￥23 003.04

# 3 项目三　　　　珠算的基础知识

## 项目目标

1. 了解和认识算盘及其相关基本知识
2. 正确掌握打算盘的各项基本要领
3. 学会拨珠指法并掌握其操作方法

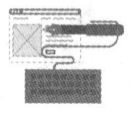

## 项目导入

　　"工欲善其事,必先利其器"算盘的种类很多,选择一把适用的算盘非常重要,想要打好算盘就从基本功开始练起。

## 任务一　算盘的种类和结构

### 一、算盘的种类

　　算盘同四大发明一样,历史悠久。经过人们世世代代的努力,珠算技术得到不断的改进和提高,作为计算工具的算盘,也有了突破性的发展。推动算具改革的直接动力主要是,人们要想提高运算速度,首先必须有一把得心应手的算盘。最近几年,我国特别重视算具改革的研究,使算盘的结构简单、价廉物美、运算简捷、携带方便等优点得以更充分的发挥。算盘主要是用算珠来表示数字的,因此,算盘的种类基本上是按算珠来划分的。我国常用的算盘一般有三种。

　　（一）七珠圆珠大算盘

　　七珠圆珠大算盘,亦称老式算盘,见图3-1。七珠圆珠大算盘每档七珠,梁上二珠、梁下五珠,有

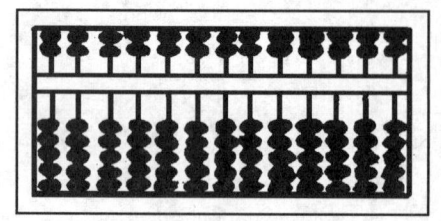

图3-1　七珠圆珠大算盘

十三档、十五档、十七档、二十一档等几种。在指法上采用三指拨珠。

（二）菱珠小算盘

一种是上一下五菱珠长条型算盘,也称东北式小算盘。一种是上一下四菱珠长条型算盘,也称日式算盘。一般有十三档、十五档、十七档、二十一档、二十七档等几种。在指法上采用二指拨珠。见图3-2。

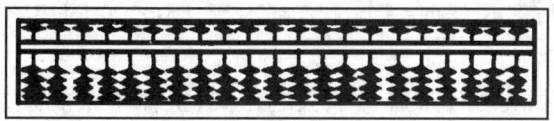

图3-2　菱珠小算盘

图3-3　改良中型算盘

（三）改良中型算盘

体积大小介于圆珠算盘与菱形小算盘之间的上一下四算盘,流行于使用圆珠算盘地区,和圆珠大算盘一样采用三指拨珠。见图3-3。

菱珠小算盘和改良中型算盘体积小、档数多、珠距近、拨珠快、噪音小,又因刻有记位点,便于定位和携带,因而深受人们的欢迎。

## 二、算盘的构造

算盘主要是由框、档、梁、珠四部分组成。框是指算盘的周边,有上、下、左、右框之分;梁是指框中间的横木,又称横梁、中梁;档是指通过梁贯穿着算珠的一根根小圆柱子;珠即算珠,有上珠和下珠之分,横梁以上的珠称上珠,上珠每个当5;横梁以下的珠称下珠,下珠每个当1。七珠算盘最上面的一颗珠称顶珠,最下面的一颗珠称底珠。见图3-4。

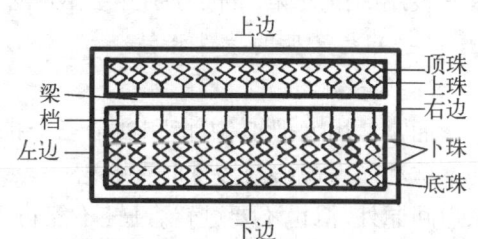

图3-4　算盘的基本构造

# 任务二　打算盘的基本功

## 一、记数和分节

算盘是用算珠来表示数的,珠靠梁表示某数,珠离梁靠框表示零。当右手拨珠靠梁时高位在左边,低位在右边,同阿拉伯数字记数一样。算盘上没有固定的个位档,一般先要确定一档为个位档,然后从右向左的位数依次是十位、百位、千位、万位……逐位扩大十倍,都是整数。从个位档向右数,依次是十分位档、百分位档、千分位档……逐位缩小十倍,都是小数。个位档可根据运算的方便而定。

　　为了便于多位数的记数,可以把整数部分的数每三位分为一节,节与节之间用分节号
",,"隔开,为了便于在算盘上迅速找到多位数的位置,可以在梁上每隔三位作一小圆点,称
为计位点。在记小数时,计位点也可作小数点。为了记住计位点的位数,可把算盘上从低
位到高位的节数用一句话概括:三位分节,千、百万、十亿。

## 二、打算盘的姿势

　　打算盘是眼、手、脑一连串动作的并用,离开任何一个环节都不行,因此,它同写字一
样,必须有个正确的姿势。

　　打算盘时,要坐姿端正,身躯挺直,身体和桌沿保持一拳头的距离,上体略微前倾,两
脚自然分开与肩同宽,头稍低垂,眼睛和算盘的距离与看书距离一致,运算时两臂自然放
松,腕和肘微离桌面。计算资料放在算盘的下面,尽量缩短算盘和计算资料间的距离,看
算盘与看计算资料时只需转动眼睛,不需转动头颈,这样,可以缩短看数和拨珠的距离,提
高速度。

## 三、拨珠指法

　　珠算时手指在算盘上不停地拨动,其快慢与拨珠指法密切相关,直接影响着计算
速度。

　　珠算要根据算盘的大小而采用相应的拨珠指法。大中型算盘一般用三指拨珠,小算
盘一般用两指拨珠,下面分别介绍两种算盘的拨珠指法。

　　(一)大算盘的拨珠指法

　　1. 单指独拨

　　通常是用大拇指、中指和食指三个指头拨珠,无名指和小指可微微屈向掌心,以免带
动算珠和妨碍视线。拨珠时要略轻一点,不要拨得太重,太重了一会影响速度,二会把算
珠弹回原处;但也不要过轻,过轻不能将算珠拨置靠梁。拨珠时要用手指最易接触算珠的
部位,即手指的顶端部来拨珠。三个指头的具体分工:拇指,拨下珠靠梁;食指,拨下珠离
梁;中指,拨上珠靠梁和离梁。见图 3 - 5。

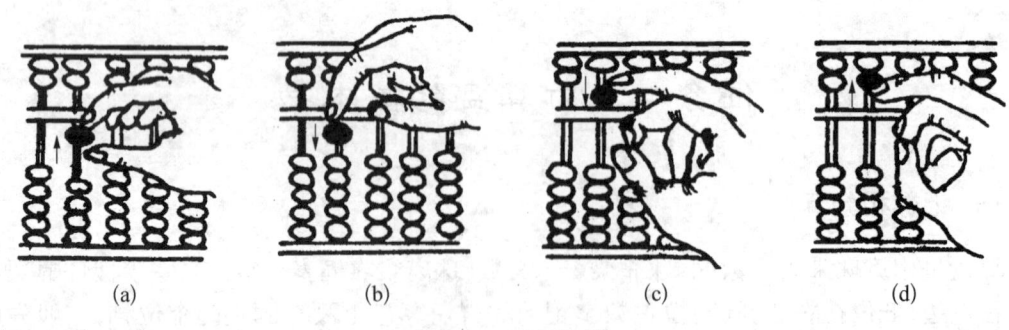

|  (a)  |  (b)  |  (c)  |  (d)  |

**图 3 - 5　单指独拨**

　　2. 两指联拨

　　(1)拇指和中指联拨。把上下珠同时拨靠梁的,可称双合。把上珠拨离梁、下珠拨靠

梁的,可称双上。见图3-6。

（2）中指和食指联拨。把上下珠都拨离梁的,可称双分。把上珠拨靠梁、下珠拨离梁的,可称双下。见图3-7。

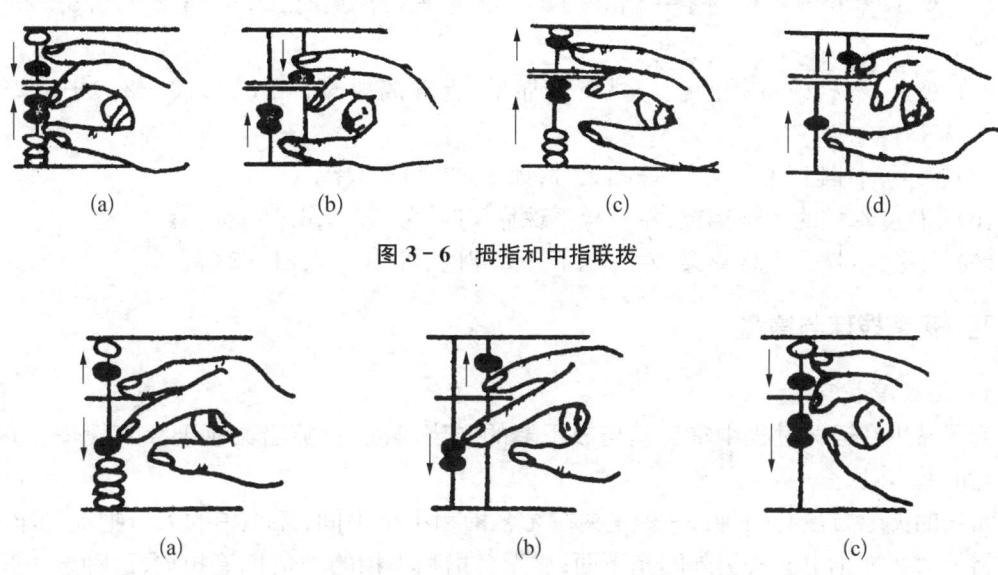

图3-6 拇指和中指联拨

图3-7 中指和食指联拨

（3）拇指和食指联拨。左上靠梁,右下离梁,称为扭进。左下离梁,右上靠梁,称为扭退。见图3-8。

**3. 三指联拨**

右一档上下珠需同时离梁再向左一档进一时,如26+4=30,可用三指联拨。见图3-9。

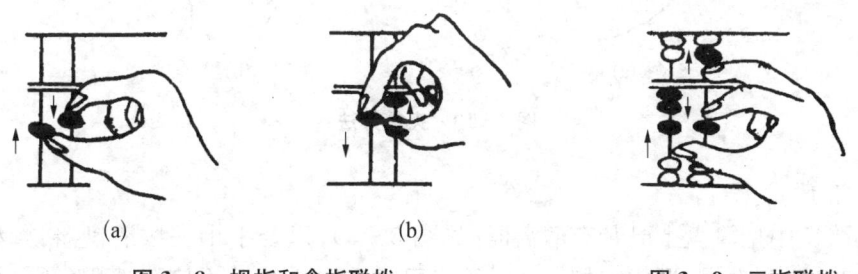

图3-8 拇指和食指联拨　　　　图3-9 三指联拨

（二）小算盘的拨珠指法

小算盘由于体积小、珠距短,要求起指轻捷,落指平稳。因此,只用拇指和食指两个指头拨珠,中指、无名指和小指都屈向掌心,以免带珠和挡住视线。两指具体分工是:拇指,拨下珠靠梁,有时也拨下珠离梁;食指,拨下珠离梁和上珠靠梁、离梁。

小算盘运用拇指和食指拨珠显然也有两指联拨的方法。具体叙述如下：

（1）双合，本档或本档同左一档上、下珠同时靠梁时，如＋6，＋9，＋15，＋45等。

（2）双分，本档或本档同左一档上、下珠同时或部分离梁时，如6－6,8－7,25－25,37－25等。

（3）双上，本档或本档同左一档下珠靠梁，上珠离梁时，如7－3,6－2,9＋5,28＋5等。

（4）双下，本档上珠靠梁、下珠离梁时，如3＋3,14＋4等。

（5）扭进，本档的下珠离梁，左一档下珠靠梁时，如2＋8,6＋9等。

（6）扭退，本档的下珠靠梁，左一档下珠离梁时，如10－7,21－8等。

### 四、夹笔拨珠与清盘

（一）夹笔拨珠

为了减少在运算过程中拿起笔与放下笔的空当时间,计算者必须要夹笔拨珠。它是打算盘的基本功之一。

常用的夹笔方法有两种：一种是夹在无名指和小指中间,靠小指的力量把笔扣牢;一种是将笔放在拇指上面和另外四指下面,靠无名指和小指的力量把笔扣牢,这种方法简称全握笔。全握笔还有另一种方法,即将笔的一头放在虎口上,另一头放在无名指的下面、小指的上面。夹笔方法见图3－10。具体采用何种夹笔方法由计算者根据自己的习惯自行选定。

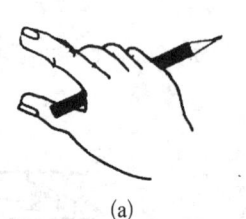
(a)

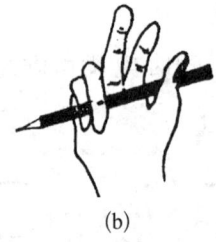
(b)

图3－10　夹笔方法

（二）清盘

目前,改良中型算盘上已装有清盘器(见图3－3),只要手指一按清盘器,算盘上的上下珠就会自动脱离中梁,形成空档。这种算盘已被我国珠算选手广泛选用,并已作为推广项目。珠算应用人员如使用七珠圆珠大算盘或菱珠小算盘,则可以采用快速清盘法。清盘方法是用拇指和食指合拢(拇指在下,食指在上),沿着算盘横梁由右至左迅速推移(也可以由左至右),利用手指对靠近横梁两旁算珠的推力,把算珠弹列靠框。见图3－11。

图3－11　清盘方法

值得注意的是,在推动过程中,并拢的手指不要下意识地张开接触小圆柱来推算珠靠框,而是只沿着中梁推移。推移时,速度要适中,用力不宜过猛,否则会弹回算珠。

# 任务三　学习珠算的基本要求

## 一、明确学习目的

珠算是中华民族优秀的文化遗产,在计算机技术普遍应用的现代社会,珠算作为我国传统的计算工具和计算机技术相辅相成,并行不悖。珠算技能是人类最基本的技能之一,更是财经类大中专学校学生必备的基本技能。因此学好珠算技术对于提高学生的动手能力,计算能力,以及提高学生基本素质都有着十分重要的意义。学好珠算技术必须明确学习目的,只有这样才能热爱珠算,才能练好珠算,才能提高工作效率,为现代化建设多做贡献。

## 二、加强珠算基本功训练

珠算是一门应用技术,是靠拨动算珠进行计算的。熟练操作算盘,掌握与此有关的各个环节等基本功则显得尤其重要。因此,看数、读数、记数、心算、拨珠、定位和写数的每个环节都非常重要。

看数时,采取分节看数,眼睛一瞥就要看准、记牢。并达到一瞥能看到6～7个阿拉伯数字。拨珠时,要轻、灵、稳、准,严格按照指法分工来拨。计算时要加强心算练习。如加减法一目三行法,乘法单积"一口清",除法采用空盘除结合一位乘以多位减积并用双于拨珠法,定位采用算前快速定位法等。计算方法要更新,要敢于采用先进的、简单实用的方法,不能墨守成规。写数抄数时应做到准确迅速、规范、清晰。学会盯盘写数等。

综上所述,要打好算盘,必须眼、脑、手三者合理分工、密切配合,做到眼明、心敏、手巧。

## 三、良好的心理素质

珠算技术是一门综合技能,有时候,光靠苦练、实干并不能达到目的。有的初学者,功夫下得也不少,方法也很先进,可就是成绩提高不上去,或是在紧张、严肃的状态下,如比赛、鉴定、考试中不能把自己的平时水平发挥出来,要么打得不快、要么打快了又不准等诸如此类的情况。这些都与珠算学习者的心理状态有很大关系。珠算技术,一个最大的特点就是"易学难精"。"易学",有的学生就掉以轻心,认为拨算两下就可以了,不必深学;"难精",有的学生又认为太难了,把达到珠算技能更高水平视为畏途,丧失学习的勇气和信心。因此,初学者在学习时,一定要树立明确的学习目的,集中思想,善干、实干加巧干,思想上不能有畏难的情绪,不能背包袱。临场发挥不好时,应有意识地加强抗干扰训练,发扬优秀选手不畏艰难、勇于拼博的精神,增强自己的信心和战胜困难的决心。"准"与

"快"的关系解决不好时,应加强基本功训练,要集中精力,勤学多练,以勤补拙。练习方法可以多种多样,定时练,定量练,在不同的环境、地点练,在人多的地方、有噪音的地方练、对抗赛练习、友谊赛练习。无论在任何环境、条件下练习或比赛,都要抱着积极向上,乐观进取的心态,做到胜不骄、败不馁、自信、自强,只有这样才能不断提高自己的珠算技术水平。

 **项目小结**

　　珠算是一门实用性很强的计算技能,它是靠拨动算珠进行计算的,熟练掌握拨珠指法技巧及其相关知识显得尤为重要,本次课重点讲解了有关珠算的基础知识、本课的重点任务就是要掌握拨珠指法,只有不断地加强练习才能很好地掌握。

 **复习思考题**

1. 算盘由哪几个部分构成? 各自的作用是什么?

2. 我国目前常用的算盘种类有哪些? 各自有何优点?

3. 算盘有何特点?

4. 现代珠算的拨珠指法有哪几种指法? 各其有何作用? 拨珠时应注意什么?

5. 两指拨珠和三指拨珠分别适合何种类型的算盘?

6. 会计人员打算盘为什么不提倡双手拨珠?

7. 谈谈大拇指和食指在三指指法和两指指法中的作用。

8. 打算盘时为什么要求右手握笔拨珠?

 **习题**

1. 指法练习

(1) 先在算盘上拨 1,去掉;拨 2,去掉;拨 3,去掉……拨 9,去掉。如此反复进行。

(2) 再在算盘上拨 11,去掉;拨 22,去掉;拨 33,去掉……拨 99,去掉。如此反复进行。

(3) 再在算盘上拨 1 111,去掉;拨 2 222,去掉;拨 3 333,去掉……;拨 9 999,去掉。如此反复进行。以上直至熟练为止。

2. 两指联拨练习

拇指和中指联拨练习

| 一 | 二 | 三 | 四 | 五 | 六 | 七 | 八 | 九 | 十 |
|---|---|---|---|---|---|---|---|---|---|
| +6 | +7 | +8 | +9 | +15 | +25 | +35 | +45 | +53 | +52 |
| 15−1 | 16−2 | 17−3 | 18−4 | 5+5 | 25+5 | 35+5 | 15+5 | 2+6+5 | 1+6−4 |

中指和食指联拨练习

| 一 | 二 | 三 | 四 | 五 | 六 | 七 | 八 | 九 | 十 |
|---|---|---|---|---|---|---|---|---|---|
| 7−6 | 8−6 | 9−6 | 6−6 | 8−7 | 9−7 | 7−7 | 8−8 | 15−15 | 25−15 |
| 35−25 | 45−35 | 1+4 | 2+3 | 2+4 | 3+3 | 4+1 | 3+2 | 3+4 | 4+4 |
| 4+2 | 4+3 | 2+4−6 | 3+4−7 | 4+4−8 | 26−6 | 37−6 | 48−7 | 59−9 | 78−67 |

拇指和食指联拨练习

| 一 | 二 | 三 | 四 | 五 | 六 | 七 | 八 | 九 | 十 |
|---|---|---|---|---|---|---|---|---|---|
| 1+9 | 2+8 | 3+7 | 4+6 | 2+9 | 3+8 | 4+7 | 3+9 | 4+8 | 11−9 |
| 12−8 | 11−8 | 12−9 | 26−7 | 45−6 | 32−8 | 92−8 | 9+7−8 | 8+8−9 | 3+9−7 |

3. 三指联拨练习

| 一 | 二 | 三 | 四 | 五 | 六 | 七 | 八 | 九 | 十 |
|---|---|---|---|---|---|---|---|---|---|
| 6+4 | 7+3 | 8+2 | 9+1 | 7+4 | 8+3 | 9+2 | 8+4 | 9+3 | 9+4 |
| 27+4 | 26+4 | 38+2 | 19+1 | 27+3 | 36+4 | 68+2 | 37+4 | 49+2 | 56+4 |

# 4 项目四    珠算基本加减法

## 项目目标

1. 认识珠算加减法在乘除学习中的重要地位
2. 学会补数加减法
3. 学会打定数
4. 学会打常数
5. 掌握加减法练习中的各种方法和技巧

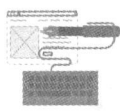

## 项目导入

珠算加减法是学习珠算的基础,加减法学会了,乘除法也就迎刃而解了,学习珠算就是从最简单最基本的加减法开始的。

珠算加减法在实际工作中应用十分广泛,加减法是珠算最基本的运算方法,并且又是学习乘法、除法的基础。因为乘算是同数连加的简算,除算是同数连减的简算,因此,学好加减法十分重要。

根据珠算的特点,在进行加减运算之前,先确定个位档的位置,在计算时必须注意对准位数。可以利用算盘梁上的记位点来识别位数,被加(减)数与加(减)数相加(减),个位对个位,十位对十位,百位对百位。无论哪一种型号的算盘,在算盘的横梁上都有记位点,梁上的计位点应标在两档之间,这样比较科学、合理,可以与数字的分节号、小数点一一对应,一目了然,运算便于找档,不易错位。见图 4-1。

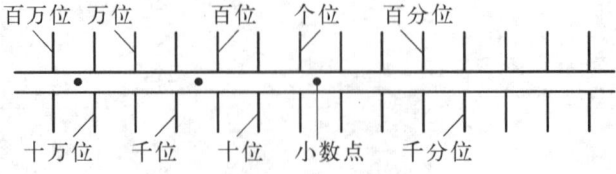

图 4-1　算盘的计位点

过去一直采用口诀进行加减法教学。我国加减口诀教法在明代就已经出现,形成了以口诀为指导的特殊的珠算系统。明朝吴敬著《九章详注比类算法大全》就载有"上法歌"与"退法歌"。近年来,人们提倡"不用口诀,加减合教",主要是因为加减口诀繁多,不仅记忆难,理解难,以后若要去掉口诀则更难。而"加减合教"则是根据加减法运算的规律,把加法和减法同步进行教学以提高教学效果的方法,可以通行于采用拼音文字的任何国家。

# 任务一　加减基本运算法

进行加法运算,首先定好个位,再按位拨入被加数,按照同位数从左到右把加数逐位与被加数各位相加,当满十时向前档进一,加数某位是零的,不拨珠。加完最末一位数后,算盘上的数就是和数。

进行减法运算和加法一样,先在算盘上定好个位,按位将被减数拨入算盘,再对准被减数的相应档位,将减数依次逐位相减,减数的某位数是零的,该档不拨珠。在减法运算过程中,当本档不够减时,向前档借1为本档的10,一直减到最后一位止。算盘上靠梁的算珠所表示的数,就是所求的差数。

加减运算的基本要领是:数位对齐,高位起。加减运算可分为三种类型:直接的加和直接的减、凑五的加和破五的减、进位的加和退位的减。此外,减法运算中还包括隔档借位的减。

## 一、直接的加和直接的减

直接的加和直接的减是当拨入被加数或被减数后,加上一个加数或减去一个减数时,能够直接在本档加上或减去这个数,只需将加数拨入靠梁,减数拨去离梁。其拨珠规律是:加看外珠,够加直加;减看内珠,够减直减。如:2+1,5+4,7+2,6-1,9-4,4-3等。

（一）直接的加

【例4-1】　425+523=948

运算步骤为:

(1) 置数:置被加数425入盘。见图4-2(a)。

(2) 加500:百位加5,只拨一颗上珠靠梁。见图4-2(b)。

(3) 加20:十位加2,只拨两颗备用下珠靠梁。见图4-2(c)。

(4) 加3:个位加3,只拨三颗下珠靠梁。见图4-2(d)。

【例4-2】　257+142=399

先从左到右拨入被加数257,加看外珠,在百位上直接加1,在十位上直接加4,在个位上直接加2。

【例4-3】　2 165+2 314=4 479

先从左到右拨入被加数2 165,加看外珠,在千位上直接加2,在百位上直接加3,十位

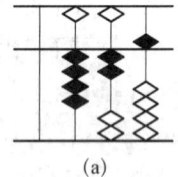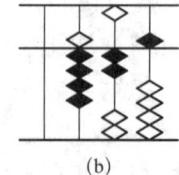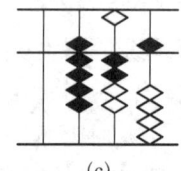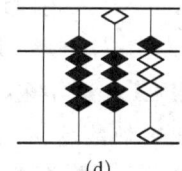

| (a) | (b) | (c) | (d) |

图 4 - 2

上直接加 1,个位上直接加 4。

为了便于掌握直接的加的运算,可根据表 4 - 1 进行练习。

表 4 - 1

| 8+1 | | | | | | |
|-----|-----|-----|-----|-----|-----|-----|
| 7+1 | 7+2 | | | | | |
| 6+1 | 6+2 | 6+3 | | | | |
| 5+1 | 5+2 | 5+3 | 5+4 | | | |
| 4+5 | | | | | | |
| 3+1 | 3+5 | 3+6 | | | | |
| 2+1 | 2+2 | 2+5 | 2+6 | 2+7 | | |
| 1+1 | 1+2 | 1+3 | 1+5 | 1+6 | 1+7 | 1+8 |

(二)直接的减

【例 4 - 4】 973-612=361

运算步骤为:

(1)置数:置被减数 973 入盘。见图 4 - 3(a)。

(2)减 600:百位减 6,只拨一颗靠梁上珠和一颗靠梁下珠离梁。见图 4 - 3(b)。

(3)减 10:十位减 1,只拨一颗靠梁下珠离梁。见图 4 - 3(c)。

(4)减 2:个位减 2,只拨两颗靠梁下珠离梁。见图 4 - 3(d)。

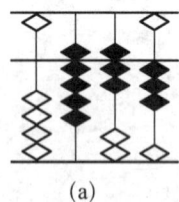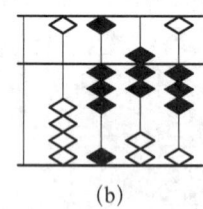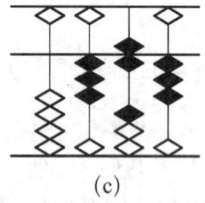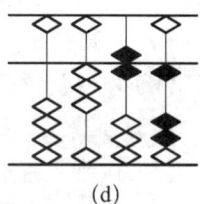

| (a) | (b) | (c) | (d) |

图 4 - 3

【例 4 - 5】 874-723=151

先从左到右拨入被减数 874,减看内珠,在百位上拨去 7,十位上拨去 2,个位上拨去 3。

【例 4 - 6】 953-851=102

先从左到右拨入被减数 953,减看内珠,在百位上拨去 8,十位上拨去 5,个位上拨去 1。

为了掌握直接的减的运算,可根据表 4 - 2 进行练习。

表 4－2

| 9－1 | 9－2 | 9－3 | 9－4 | 9－5 | 9－6 | 9－7 | 9－8 | 9－9 |
|---|---|---|---|---|---|---|---|---|
| 8－1 | 8－2 | 8－3 | 8－5 | 8－6 | 8－7 | 8－8 | | |
| 7－1 | 7－2 | 7－5 | 7－6 | 7－7 | | | | |
| 6－1 | 6－5 | 6－6 | | | | | | |
| 5－5 | | | | | | | | |
| 4－1 | 4－2 | 4－3 | 4－4 | | | | | |
| 3－1 | 3－2 | 3－3 | | | | | | |
| 2－1 | 2－2 | | | | | | | |
| 1－1 | | | | | | | | |

　　本章所列各表,都是一位数加减法。一位数的加减法是基本的操作,只要熟练地掌握一位数的加减,就能适应任何多位数的加减。

 习题 1

　　**1. 直接的加练习 1**

| 一 | 二 | 三 | 四 | 五 | 六 | 七 | 八 | 九 | 十 |
|---|---|---|---|---|---|---|---|---|---|
| 1 | 1 | 3 | 3 | 3 | 2 | 1 | 1 | 5 | 2 |
| 6 | 7 | 5 | 1 | 5 | 5 | 7 | 6 | 2 | 2 |
| 1 | 1 | 1 | 5 | 1 | 2 | 1 | 2 | 1 | 5 |
| | | | | | | | | | |

　　**直接的加练习 2**

| 一 | 二 | 三 | 四 | 五 | 六 | 七 | 八 | 九 | 十 |
|---|---|---|---|---|---|---|---|---|---|
| 33 | 33 | 88 | 77 | 66 | 77 | 22 | 22 | 22 | 22 |
| 5 | 6 | 1 | 2 | 2 | 1 | 6 | 5 | 2 | 7 |
| | | | | | | | | | |

　　**2. 直接的加和直接的减练习 1**

| 一 | 二 | 三 | 四 | 五 | 六 | 七 | 八 | 九 | 十 |
|---|---|---|---|---|---|---|---|---|---|
| 3 | 3 | 3 | 3 | 3 | 3 | 3 | 3 | 3 | 3 |
| －2 | －1 | －1 | －1 | －1 | －1 | －1 | 5 | 5 | 5 |
| －1 | －2 | 1 | 2 | 5 | 6 | 7 | －2 | －5 | －6 |
| | | | | | | | | | |

直接的加和直接的减练习 2

| 一 | 二 | 三 | 四 | 五 | 六 | 七 | 八 | 九 | 十 |
|---|---|---|---|---|---|---|---|---|---|
| 4 | 4 | 4 | 4 | 4 | 4 | 4 | 4 | 4 | 44 |
| −1 | −2 | −3 | −4 | −1 | −1 | −2 | −2 | −2 | −2 |
| 11 | 11 | 11 | 11 | 15 | 16 | 12 | 15 | 16 | −2 |
| | | | | | | | | | |

直接的加和直接的减练习 4

| 一 | 二 | 三 | 四 | 五 | 六 | 七 | 八 | 九 | 十 |
|---|---|---|---|---|---|---|---|---|---|
| 66 | 66 | 55 | 66 | 55 | 66 | 77 | 66 | 66 | 66 |
| 11 | 11 | 11 | 11 | 11 | 11 | 11 | 22 | 22 | 22 |
| 11 | 22 | −11 | −22 | −55 | −66 | −77 | 11 | −11 | −55 |
| | | | | | | | | | |

直接的加和直接的减练习 5

| 一 | 二 | 三 | 四 | 五 | 六 | 七 | 八 | 九 | 十 |
|---|---|---|---|---|---|---|---|---|---|
| 777 | 999 | 777 | 888 | 888 | 888 | 888 | 888 | 888 | 888 |
| −222 | −222 | −222 | −111 | −111 | −222 | −222 | −222 | −333 | −333 |
| 444 | 222 | 555 | 222 | 111 | 111 | 333 | 222 | 111 | 222 |
| | | | | | | | | | |

## 二、凑五的加和破五的减

（一）凑五的加

凑五的加也称补五的加,是指在算盘上已有部分下珠,若再继续加1~4各数,而下珠不够加要拨入本档上珠,凑满五才够加的加算。其运算规律是:下珠不够,加五减凑。凑五数,是指两数相加等于5的,它们是1+4=5,2+3=5,3+2=5,4+1=5,1和4,2和3都互为凑五数。

运算时,在拨入被加数后,加上一个加数本档满五,先拨下一颗上珠5,再在下珠中减去一个加数的互凑数即可。例如,2+3档上已有下珠2,加3时拨入一颗上珠5,同时拨去两颗下珠。所以,在珠算运算中,2+3实际上就等于2+(5−2)。即加5后,再从下珠中减去多加的数。这一类指法都是双上。

【例4-7】 3+4=7

拨入被加数3,加上4,拨下一颗上珠5,再在下珠中拨去一个加数4的互凑数1。见图4-4。

【例4-8】 3 241+4 324=7 565

运算步骤为:

(1) 先拨入被加数3 241靠梁。见图4-5(a)。

(2) 加上加数4 324,各档的下珠都不够,不能直接加上,各档分别拨下一颗上珠5,再在下珠中分别拨去一个加数4 324的互凑数1 231。见图4-5(b)。

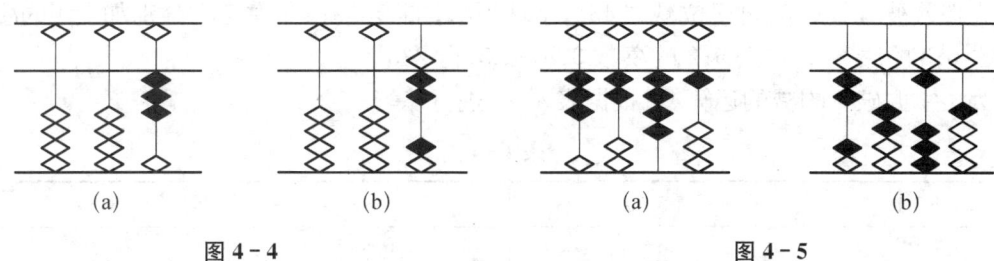

(a)　　　　　(b)　　　　　(a)　　　　　(b)

图 4 - 4　　　　　　　　　　　图 4 - 5

【例 4 - 9】　3 421＋3 244＝6 665

先拨入被加数 3 421,再逐位加入 3 244,下珠不够,加五减凑,从左到右分别加 5 减去 3 的凑数 2,2 的凑数 3,4 的凑数 1,4 的凑数 1。

为了掌握凑五的加的运算,可根据表 4 - 3 来进行练习。

表 4 - 3

| 1+4 | | | |
|---|---|---|---|
| 2+3 | 2+4 | | |
| 3+2 | 3+3 | 3+4 | |
| 4+1 | 4+2 | 4+3 | 4+4 |

（二）破五的减

破五的减也称去五的减,是指在算盘上已有部分下珠,从被减数中减 1～4 各数时,下珠不够减,需拨去本档上珠,把多减的数(减数的凑数)加入下珠。它同"凑五的加"正好相反,其运算规律是:下珠不够,加凑减五。例如,6－4,本档有数 6,够减减数 4,但下珠只有 1,不够直接减 4,加凑减五,4 的凑数是 1,即加 1 减 5。所以,在珠算运算中,6－4 实际上等于 6－5＋1。即减 5 后在下珠加上多减的数。这一类指法都是双上。

【例 4 - 10】　8 657－4 324＝4 333

运算步骤为:

(1) 置数:置被减数 8 657 入盘。见图 4 - 6(a)。

(2) 减 4 000:千位数减 4,拨一颗下珠靠梁和一颗上珠离梁。见图 4 - 6(b)。

(3) 减 300:百位数减 3,拨两颗下珠靠梁和一颗上珠离梁。见图 4 - 6(c)。

(4) 减 20:十位数减 2,拨三颗下珠靠梁和一颗上珠离梁。见图 4 - 6(d)。

(5) 减 4:个位数减 4,拨一颗下珠靠梁和一颗上珠离梁。见图 4 - 6(e)。

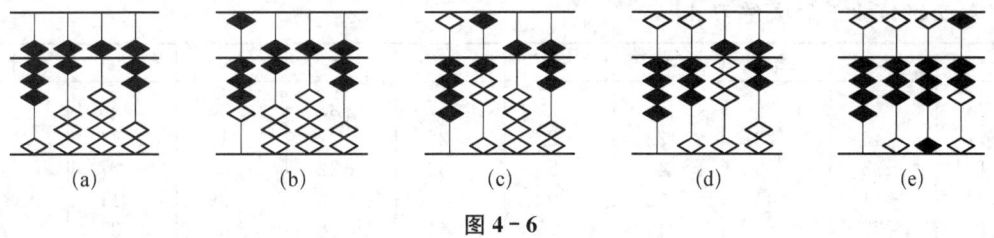

(a)　　　　(b)　　　　(c)　　　　(d)　　　　(e)

图 4 - 6

【例 4 - 11】　665－432＝233

先拨入被减数 665,再逐位减去 432,下珠不够,加凑减五,从左至右分别加上 4 的凑数 1,减去 5;3 的凑数 2,减去 5;2 的凑数 3,减去 5,得 233。

为了掌握破五的减的运算,可根据表 4-4 进行练习。

表 4-4

| 5—1 | 5—2 | 5—3 | 5—4 |
|---|---|---|---|
| 6—2 | 6—3 | 6—4 | |
| 7—3 | 7—4 | | |
| 8—4 | | | |

 习题 2

### 凑五的加破五的减练习 1

| 一 | 二 | 三 | 四 | 五 | 六 | 七 | 八 | 九 | 十 |
|---|---|---|---|---|---|---|---|---|---|
| 3 | 3 | 3 | 3 | 3 | 3 | 3 | 3 | 3 | 4 |
| 3 | 3 | 3 | 3 | 4 | 4 | 4 | 4 | 4 | 4 |
| −2 | −3 | −4 | −6 | −1 | −2 | −3 | −4 | −6 | −2 |
| | | | | | | | | | |

### 凑五的加破五的减练习 2

| 一 | 二 | 三 | 四 | 五 | 六 | 七 | 八 | 九 | 十 |
|---|---|---|---|---|---|---|---|---|---|
| 55 | 55 | 55 | 55 | 55 | 55 | 55 | 55 | 55 | 55 |
| −11 | −11 | −22 | −22 | −22 | −22 | −22 | −22 | −22 | −22 |
| 33 | 44 | 11 | 22 | 33 | 44 | 66 | −11 | −22 | −33 |
| | | | | | | | | | |

### 凑五的加破五的减练习 3

| 一 | 二 | 三 | 四 | 五 | 六 | 七 | 八 | 九 | 十 |
|---|---|---|---|---|---|---|---|---|---|
| 2 | 3 | 4 | 8 | 3 | 4 | 4 | 1 | 2 | 5 |
| 1 | 6 | 5 | −3 | 1 | 5 | 5 | 2 | 1 | 3 |
| 5 | −5 | −3 | 2 | 5 | −5 | −3 | 1 | 5 | 1 |
| −4 | −4 | −1 | −5 | −4 | −1 | 1 | 5 | −3 | −4 |
| 3 | −3 | −5 | −1 | 3 | −2 | −4 | −3 | 4 | 2 |
| | | | | | | | | | |

### 凑五的加破五的减练习 4

| 一 | 二 | 三 | 四 | 五 | 六 | 七 | 八 | 九 | 十 |
|---|---|---|---|---|---|---|---|---|---|
| 88 | 44 | 66 | 55 | 22 | 77 | 33 | 33 | 55 | 44 |
| −44 | 44 | 33 | 33 | 22 | 22 | 22 | 11 | 44 | 55 |
| −44 | −33 | −55 | −44 | 55 | −33 | −22 | 55 | −77 | −44 |
| 22 | 11 | −44 | 22 | −99 | −11 | 66 | −99 | 11 | 11 |
| 11 | 22 | 88 | 11 | 77 | 44 | −88 | 66 | 33 | −66 |
| | | | | | | | | | |

### 三、进位的加和退位的减

（一）进位的加

两数相加,本档满十,需向前档进一。这种加算叫进位的加。向前档进一的加有两种:进十的加和破五进十的加。

1. 进十的加

加算时本档满十或超十,即在前档拨一颗下珠靠梁(进十),同时用直接减法从本档减去加数对于 10 的补数。其运算规律是:本档满十,减补进一。补即补数,两数和为 10 的互补数是:1 和 9,2 和 8,3 和 7,4 和 6,5 和 5。如 6+5＝11,先拨入被加数 6,要加 5,本档满 10,减补进 1,5 的补数是 5,即减 5 进 1。

【例 4－12】　436＋874＝1 310

运算步骤为:

(1) 置数:置被加数 436 入盘。见图 4－7(a)。

(2) 加 800:百位加 8,本档超十,在前档拨一颗下珠靠梁,本档用直接减法拨两颗下珠离梁。指法是扭进。见图 4－7(b)。

(3) 加 70:十位加 7,本档满十,在前档拨一颗下珠靠梁,本档用直接减法拨去三颗下珠离梁。指法是扭进。见图 4－7(c)。

(4) 加 4:个位加 4,本档满十,在前档拨一颗下珠靠梁,本档用直接减法拨一颗下珠离梁和一颗上珠离梁。指法是三指连拨。见图 4－7(d)。

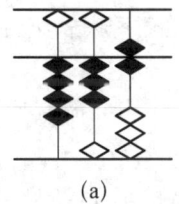   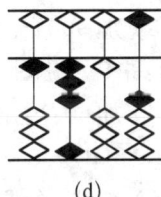

(a)　　　　　　　(b)　　　　　　　(c)　　　　　　　(d)

图 4－7

【例 4－13】　3 874＋8 439＝12 313

先拨入被加数 3 874,千位上加 8,本档超十,减 2 进 1;百位上超十,减 6 进 1;十位上满十,减 7 进 1;个位上超十,减 1 进 1,得 12 313。

为了掌握进十的加的运算,可根据表 4－5 进行练习。

表 4－5

| 1＋9 | | | | | | | |
| --- | --- | --- | --- | --- | --- | --- | --- |
| 2＋8 | 2＋9 | | | | | | |
| 3＋7 | 3＋8 | 3＋9 | | | | | |
| 4＋6 | 4＋7 | 4＋8 | 4＋9 | | | | |
| 5＋5 | | | | | | | |

(续表)

| | | | | | | | | |
|---|---|---|---|---|---|---|---|---|
| 6+4 | 6+5 | 6+9 | | | | | | |
| 7+3 | 7+4 | 7+5 | 7+8 | 7+9 | | | | |
| 8+2 | 8+3 | 8+4 | 8+5 | 8+7 | 8+8 | 8+9 | | |
| 9+1 | 9+2 | 9+3 | 9+4 | 9+5 | 9+6 | 9+7 | 9+8 | 9+9 |

**2. 破五进十的加**

本档上被加数已有上珠靠梁,当加 6、7、8、9 时,本档超十,要向前档进 1,减补数时又不能在本档下珠中直接减去,必须拨去上珠 5,并在下珠加还多减的数。其拨珠规律是:减补进一,加凑减五。它把进十的加和破五的减两个运算结合起来进行一次综合运算。其条件是本档已有上珠靠梁,又要加 6、7、8、9,可以把这四个数分解为:6 可以分为 5 和 1;7 可以分为 5 和 2;8 可以分为 5 和 3;9 可以分为 5 和 4。

从分解的情况看,前面的 5 代表上珠,是要减的数,后面的 1、2、3、4 表示补数的凑数,是要拨入的下珠。例如,5+8,被加数 5 拨入算盘后,本档上已有上珠靠梁,要加上 8,8 的分解是 5 和 3,即拨入(下珠)3,拨去(上珠)5,再向前档进 1。

**【例 4-14】** 8 576+7 968=16 544

运算步骤为:

(1) 置数:置被加数 8 576 入盘。见图 4-8(a)。

(2) 加 7 000:千位加 7,本档超十,在前档拨一颗下珠靠梁,同时拨三颗下珠离梁。见图 4-8(b)。

(3) 加 900:百位加 9,本档超十,在前档拨一颗下珠靠梁;本档拨四颗下珠靠梁,同时拨去上珠 5。见图 4-8(c)。

(4) 加 60:十位加 6,本档超十,本档拨一颗下珠靠梁,同时拨去上珠 5,并向前档进 1。见图 4-8(d)。

(5) 加 8:个位加 8,本档超十,本档拨三颗下珠靠梁,同时拨去上珠 5,并向前档进 1。见图 4-8(e)。

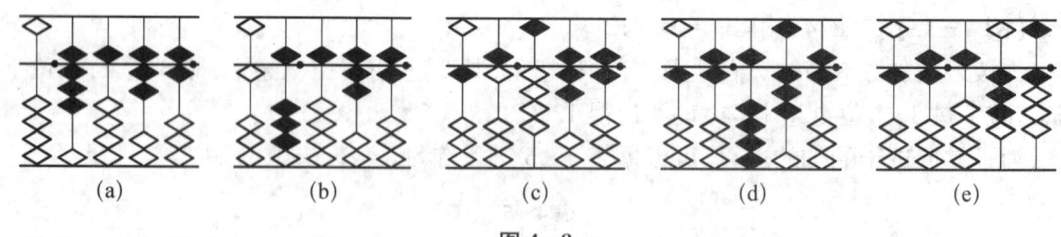

(a)　　　　(b)　　　　(c)　　　　(d)　　　　(e)

图 4-8

**【例 4-15】** 5 555+7 968=13 523

先拨入被加数 5 555,各档均超十,各档下珠分别拨入 2、4、1、3,并同时拨去上珠 5,向前一档进 1,得 13 523。

**【例 4-16】** 456.37+876.29=1 332.66

先拨入被加数 456.37,百位上加 8,本档超十,本档下珠减 2,向前档进 1;十位上加 7,

本档超十,本档拨两颗下珠靠梁,拨去上珠 5,并向前档进 1;个位上加 6,本档超十,本档拨一颗下珠靠梁,拨去上珠 5,并向前档进 1;十分位上加 2,本档拨入上珠 5,拨去下珠 3;百分位上加 9,本档超十,本档下珠减 1,向前档进 1,得 1 332.66。

为了掌握破五进十的加的运算,可根据表 4-6 进行练习。

表 4-6

| 8+6 | | | |
|---|---|---|---|
| 7+6 | 7+7 | | |
| 6+6 | 6+7 | 6+8 | |
| 5+6 | 5+7 | 5+8 | 5+9 |

习题 3

1. 进位的加练习 1

| 一 | 二 | 三 | 四 | 五 | 六 | 七 | 八 | 九 | 十 |
|---|---|---|---|---|---|---|---|---|---|
| 1 | 1 | 1 | 1 | 1 | 1 | 2 | 2 | 2 | 2 |
| 8 | 8 | 8 | 7 | 7 | 7 | 6 | 6 | 6 | 6 |
| 33 | 44 | 33 | 33 | 44 | 33 | 22 | 33 | 44 | 33 |
| | | | | | | | | | |

进位的加练习 2

| 一 | 二 | 三 | 四 | 五 | 六 | 七 | 八 | 九 | 十 |
|---|---|---|---|---|---|---|---|---|---|
| 2 | 2 | 2 | 3 | 3 | 3 | 3 | 3 | 3 | 3 |
| 55 | 55 | 55 | 66 | 66 | 66 | 66 | 66 | 55 | 55 |
| 3 | 1 | 3 | 1 | 2 | 3 | 4 | 3 | 2 | 3 |
| | | | | | | | | | |

进位的加练习 3

| 一 | 二 | 三 | 四 | 五 | 六 | 七 | 八 | 九 | 十 |
|---|---|---|---|---|---|---|---|---|---|
| 44 | 24 | 14 | 34 | 54 | 64 | 74 | 85 | 95 | 55 |
| 4 | 4 | 4 | 4 | 3 | 3 | 3 | 1 | 1 | 2 |
| 2 | 3 | 4 | 5 | 4 | 3 | 5 | 4 | 5 | 3 |
| | | | | | | | | | |

2. 横式进位的加练习

1) 434+567=

2) 85.03+14.97=

3) 5 439+7 855=

4) 2 987+7 013=

5) 25.87+45.61=

6) 8.68+0.34=

7) 321+789=

8) 17.62+12.39=

9) 9 876+5 555=

10) 4 346+5 657=

11) 38.12+82.98=

12) 521.93+598.17=

13) 91.56+29.54=

14) 34.56+77.68=

（二）退位的减

两数相减,本档不够减,需从前档退十才够减。这种减算叫退位的减。它有两种情况：退十的减和退十凑五的减。

1. 退十的减

拨入被减数后,本档靠梁珠小于减数,和笔算一样,要向前档减(借)1 到本档当 10,才够减,同时,在本档能加上这个减数对 10 的补数。其运算规律是：本档不够,退一加补。这样,进十的加与退十的减的拨珠动作和顺序正好完全相反。例如,12－8＝4,在算盘上拨入被减数 12,个位减 8,本档不够减,退 1 加 2,得 4。

【例 4 - 17】　1 246－357＝889

运算步骤为：

(1) 置数：置被减数 1 246 入盘。见图 4 - 9(a)。

(2) 减 300：百位减 3,本档靠梁珠小于减数 3,在前档拨一颗下珠离梁,本档用直接加法拨两颗下珠靠梁和一颗上珠靠梁。见图 4 - 9(b)。

(3) 减 50：十位减 5,本档靠梁算珠小于减数 5,在前档拨一颗下珠离梁。本档用直接加法拨一颗上珠靠梁。见图 4 - 9(c)。

(4) 减 7：个位减 7,本档靠梁算珠小于减数 7,在前档拨一颗下珠离梁,本档用直接加法拨三颗下珠靠梁。见图 4 - 9(d)。

  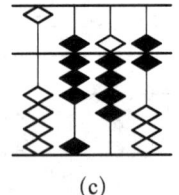 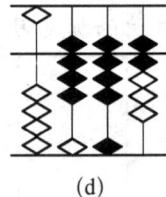

(a)　　　　　　　(b)　　　　　　　(c)　　　　　　　(d)

图 4 - 9

【例 4 - 18】　2 645－856＝1 789

先拨入被减数 2 645,百位上减 8,本档不够减,向前档退 1,本档加 2；十位上减 5,本档不够减,向前档退 1,本档加 5；个位上减 6,本档不够减,向前档退 1,本档加 4,得 1 789。

为了掌握退十的减的运算,可根据表 4 - 7 进行练习。

表 4 - 7

| 10－1 | 10－2 | 10－3 | 10－4 | 10－5 | 10－6 | 10－7 | 10－8 | 10－9 |
|------|------|------|------|------|------|------|------|------|
| 11－2 | 11－3 | 11－4 | 11－5 | 11－7 | 11－8 | 11－9 | | |
| 12－3 | 12－4 | 12－5 | 12－8 | 12－9 | | | | |
| 13－4 | 13－5 | 13－9 | | | | | | |
| 14－5 | | | | | | | | |
| 15－6 | 15－7 | 15－8 | 15－9 | | | | | |
| 16－7 | 16－8 | 16－9 | | | | | | |
| 17－8 | 17－9 | | | | | | | |
| 18－9 | | | | | | | | |

**2. 退十凑五的减**

减算时,本档靠梁珠小于减数,且只有下珠靠梁,又要减6、7、8、9时,本档不够减,必须向前档借一到本档当十才够减,相减后剩余的补数不够在下珠加还时,要拨上珠5靠梁,再从下珠中减去补数的凑数。其运算规律是:退一加补,加五减凑。这和破五进十的加正好完全相反,它把退十的减和凑五的加两个运算结合起来进行综合运算。其条件是本档只有下珠靠梁,又要减6、7、8、9,可以把这四个数分解为:6可以分为5和1;7可以分为5和2;8可以分为5和3;9可以分为5和4。

从分解的情况看,向前档退1后,上面的5是表示要拨入的上珠,下面的1、2、3、4是表示要拨去的下珠。例如,14−8=6,先拨入被减数14,再在个位减8,本档不够减,退1加补,8的补数是2,2的凑数是3,加5减3,得6。

**【例4−19】** 2 433−865=1 568

运算步骤为:

(1)置数:置被减数2 433入盘。见图4−10(a)。

(2)减800:百位减8,本档靠梁珠小于减数8,在前档拨一颗下珠离梁,本档用凑五加法拨一颗上珠靠梁和三颗下珠离梁。见图4−10(b)。

(3)减60:十位减6,本档靠梁珠小于减数6,在前档拨一颗下珠离梁。本档用凑五加法拨一颗上珠靠梁和一颗下珠离梁。见图4−10(c)。

(4)减5:个位减5,本档靠梁珠小于减数5,在当前拨一颗下珠离梁,本档用凑五加法拨一颗上珠靠梁。见图4−10(d)。

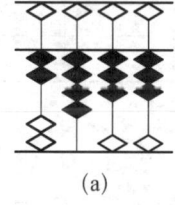 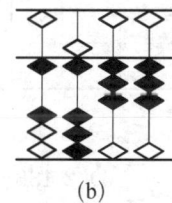 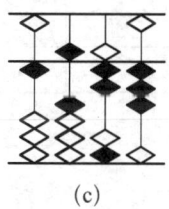 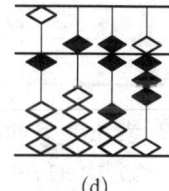

(a)　　　　　　　(b)　　　　　　　(c)　　　　　　　(d)

**图4−10**

**【例4−20】** 21 434−6 789=14 645

先拨入被减数21 434,千位减6,本档不够减,前档退1,本档加5减1;百位减7,本档不够减,前档退1,本档加5减2;十位减8,本档不够减,前档退1,本档加5减3;个位减9,本档不够减,前档退1,本档加5减4,得14 645。

为了掌握退十凑五的减的运算,可根据表4−8进行练习。

表4−8

| | | | |
|---|---|---|---|
| 11−6 | 12−6 | 13−6 | 14−6 |
| 12−7 | 13−7 | 14−7 | |
| 13−8 | 14−8 | | |
| 14−9 | | | |

习题4

### 1. 退位的减练习 1

| 一 | 二 | 三 | 四 | 五 | 六 | 七 | 八 | 九 | 十 |
|---|---|---|---|---|---|---|---|---|---|
| 8 | 2 | 7 | 8 | 7 | 6 | 9 | 3 | 7 | 3 |
| 13 | 28 | 34 | 54 | 64 | 74 | 81 | 17 | 25 | 19 |
| −3 | −3 | −3 | −3 | −3 | −3 | −3 | −3 | −3 | −3 |
| 4 | 5 | 2 | 6 | 7 | 8 | 9 | 3 | 4 | 5 |
|  |  |  |  |  |  |  |  |  |  |

### 退位的减练习 2

| 一 | 二 | 三 | 四 | 五 | 六 | 七 | 八 | 九 | 十 |
|---|---|---|---|---|---|---|---|---|---|
| 7 | 8 | 4 | 9 | 8 | 3 | 8 | 8 | 7 | 7 |
| 25 | 13 | 37 | 14 | 52 | 67 | 77 | 42 | 39 | 48 |
| −4 | −4 | −4 | −5 | −5 | −6 | −6 | −6 | −7 | −7 |
|  |  |  |  |  |  |  |  |  |  |

### 退位的减练习 3

| 一 | 二 | 三 | 四 | 五 | 六 | 七 | 八 | 九 | 十 |
|---|---|---|---|---|---|---|---|---|---|
| 27 | 34 | 52 | 65 | 11 | 83 | 17 | 68 | 46 | 98 |
| 3 | 6 | 8 | 5 | 9 | 8 | 4 | 7 | 5 | 8 |
| −9 | −9 | −9 | −9 | −9 | −9 | −9 | −9 | −9 | −9 |
|  |  |  |  |  |  |  |  |  |  |

### 2. 横式退位的减练习

1) 18 317−9 488＝

2) 111 110−54 321＝

3) 267.35−786.55＝

4) 1 268−4 759＝

5) 3 475−687＝

6) 2 433−866＝

7) 73 433−7 709＝

8) 434.21−76.74＝

9) 15 431−9 876＝

10) 14 444−6 789＝

## 四、隔档借位的减

在减法运算中,"退档"时会遇到前档有两个或两个以上的"0",遇到此种情况,则要采用隔档借位或隔几档借位。隔档借位的规律是:隔了几档借位,退1后就要还上几个9,并在本档(应减档)上加上几,加上几与减去几刚好满10。

（一）隔一档借位的减

【例 4−21】　100−6＝94

先拨入被减数 100,个位档是 0,减去 6,不够减,向十位档借 1,而十位档也是 0,必须再向百位档借 1,十位档加 9,个位档加 4。

（二）隔二档借位的减

**【例 4 - 22】** 1 000 － 8 ＝ 992

先拨入被减数 1 000，个位档是 0，减去 9，不够减，十位档和百位档都是 0，应向千位档借 1，百位档加 9，十位档加 9，个位档加 2。

加减法是两种最基本的计算方法，它们互为逆运算。在方法上两者既是对立的，又是统一的。加中有减、减中有加，有时很难分开。以上在介绍加减法的基本运算时，是按方法分类介绍和练习的，但在实际教学时，由于加减互为逆运算，把加减合在一起教练，效果会更好。

# 任务二　加减合教的具体方法

## 一、五升十进制

"不用口诀、加减合教"方法的基础是五升十进制，即采用"凑五、补十"的方法指导拨珠，学会加减。因此，加减法教学的思路应当是：改变笔算（心算）加减的思维方式，采用新的珠算的思维方式。加减运算的基本要领是：数位对齐、高位算起。凑五法（五升）和补十法（十进）见表 4 - 9 和表 4 - 10。

表 4 - 9　凑五法

| 5 | 1 | 2 | 3 | 4 |
|---|---|---|---|---|
|  | 4 | 3 | 2 | 1 |

(a)

| 5 | 1 | 2 |
|---|---|---|
|  | 4 | 3 |

(b)

表 4 - 10　补十法

| 10 | 1 | 2 | 3 | 4 | 5 | 6 | 7 | 8 | 9 |
|----|---|---|---|---|---|---|---|---|---|
|  | 9 | 8 | 7 | 6 | 5 | 4 | 3 | 2 | 1 |

(a)

| 10 | 1 | 2 | 3 | 4 | 5 |
|----|---|---|---|---|---|
|  | 9 | 8 | 7 | 6 | 5 |

(b)

## 二、四种类型分步学习

加减合教可按直接的加和直接的减、满五加和破五减、直减进位加和直加退位减、破五进位加和满五退位减四种类型分类分步进行，现以两指拨珠法为例介绍加减合教的方法。为了掌握各种类型的运算方法，可根据表 4 - 11 至表 4 - 45 进行练习。

（一）直接的加和直接的减

**1. 直加直减 4 以内的数**

$1+1,1+2,1+3,2+1,2+2,3+1,4-1,4-2,4-3,4-4,3-1,3-2,3-3,2-1,$
$2-2,1-1$

拨珠指法：下珠拨珠；加看外珠，够加直加（拇指拨上去）；减看内珠，够减直减（食指拨下来）。

表 4 - 11

| 序 号 | 一 | 二 | 三 | 四 | 五 | 六 | 七 | 八 | 九 | 十 |
|---|---|---|---|---|---|---|---|---|---|---|
| ① | 1<br>1 | 2<br>1 | 3<br>1 | 1<br>2 | 1<br>3 | 2<br>1 | 2<br>2 | 3<br>1 | 2<br>2 | 5<br>4 |
| 答 | | | | | | | | | | |
| ② | 3<br>−2<br>−1 | 2<br>1<br>−1 | 2<br>1<br>−1 | 1<br>3<br>−2 | 1<br>3<br>−1 | 2<br>1<br>−1 | 2<br>2<br>−1 | 2<br>1<br>1 | 2<br>2<br>−2 | 2<br>2<br>−3 |
| 答 | | | | | | | | | | |

**2. 直加直减 5 以内的数**

$1+5,2+5,3+5,4+5,6-5,7-5,8-5,9-5$

拨珠指法：上珠拨珠；加 5，食指拨下来；减 5，食指拨上去。

表 4 - 12

| 序 号 | 一 | 二 | 三 | 四 | 五 | 六 | 七 | 八 | 九 | 十 |
|---|---|---|---|---|---|---|---|---|---|---|
| ① | 1<br>5 | 2<br>5 | 3<br>5 | 4<br>5 | 5<br>1 | 5<br>2 | 5<br>3 | 5<br>4 | 4<br>−4 | 3<br>−2 |
| 答 | | | | | | | | | | |
| ② | 1<br>5<br>3 | 1<br>1<br>5 | 1<br>2<br>5 | 1<br>3<br>5 | 2<br>1<br>5 | 2<br>5<br>−1 | 5<br>2<br>−1 | 2<br>5<br>1 | 5<br>5<br>2 | 2<br>5<br>−2 |
| 答 | | | | | | | | | | |

表 4 - 13

| 序 号 | 一 | 二 | 三 | 四 | 五 | 六 | 七 | 八 | 九 | 十 |
|---|---|---|---|---|---|---|---|---|---|---|
| ① | 6<br>−5 | 7<br>−5 | 7<br>−5 | 9<br>−5 | 2<br>5 | 5<br>2 | 3<br>5 | 5<br>4 | 4<br>5 | 3<br>−2 |
| 答 | | | | | | | | | | |
| ② | 1<br>5<br>−5 | 5<br>2<br>−5 | 1<br>5<br>−1 | 6<br>−5<br>2 | 6<br>1<br>−5 | 7<br>2<br>−5 | 7<br>1<br>−5 | 9<br>−4<br>−5 | 7<br>−2<br>−5 | 7<br>1<br>−5 |
| 答 | | | | | | | | | | |

(续表)

| 序 号 | 一 | 二 | 三 | 四 | 五 | 六 | 七 | 八 | 九 | 十 |
|---|---|---|---|---|---|---|---|---|---|---|
| ③ | 6<br>−5<br>2 | 7<br>−5<br>−1 | 7<br>−5<br>−2 | 9<br>−5<br>−1 | 6<br>−5<br>3 | 7<br>−5<br>2 | 7<br>−5<br>1 | 9<br>−5<br>−2 | 6<br>−1<br>5 | 9<br>−1<br>−5 |
| 答 | | | | | | | | | | |

### 3. 直加直减 6 以内的数

1+6,2+6,3+6,9−6,8−6,7−6,6−6

拨珠指法：加 6,拇指、食指双合;减 6,拇指、食指双分;拇指、食指同时完成。

表 4-14

| 序 号 | 一 | 二 | 三 | 四 | 五 | 六 | 七 | 八 | 九 | 十 |
|---|---|---|---|---|---|---|---|---|---|---|
| ① | 1<br>6 | 3<br>6 | 2<br>6 | 6<br>1 | 6<br>2 | 6<br>3 | 3<br>5 | 9<br>−6 | 7<br>−6 | 7<br>−6 |
| 答 | | | | | | | | | | |
| ② | 1<br>1<br>6 | 2<br>1<br>6 | 1<br>6<br>−1 | 2<br>6<br>−1 | 3<br>6<br>−5 | 6<br>2<br>−3 | 2<br>6<br>−5 | 9<br>−6<br>1 | 7<br>1<br>−6 | 7<br>1<br>−6 |
| 答 | | | | | | | | | | |
| ③ | 6<br>2<br>−2 | 7<br>−6<br>−1 | 7<br>−6<br>−2 | 9<br>−6<br>−1 | 2<br>1<br>6 | 3<br>−2<br>6 | 4<br>−3<br>6 | 5<br>−5<br>6 | 9<br>−6<br>1 | 9<br>−6<br>−2 |
| 答 | | | | | | | | | | |

### 4. 直加直减 7 以内的数

1+7,2+7,9−7,8−7,7−7

拨珠指法：加 7,拇指、食指双合;减 7,拇指、食指双分;拇指、食指同时完成。

表 4-15

| 序 号 | 一 | 二 | 三 | 四 | 五 | 六 | 七 | 八 | 九 | 十 |
|---|---|---|---|---|---|---|---|---|---|---|
| ① | 1<br>7 | 3<br>6 | 2<br>7 | 7<br>1 | 7<br>2 | 6<br>3 | 3<br>5 | 9<br>−7 | 7<br>−7 | 7<br>−7 |
| 答 | | | | | | | | | | |
| ② | 1<br>1<br>7 | 2<br>1<br>−6 | 1<br>7<br>−1 | 2<br>7<br>−5 | 7<br>2<br>−5 | 7<br>2<br>−3 | 2<br>7<br>−6 | 9<br>−7<br>1 | 7<br>−7<br>1 | 7<br>−7<br>5 |
| 答 | | | | | | | | | | |
| ③ | 1<br>7<br>−7 | 2<br>7<br>−7 | 1<br>6<br>−7 | 5<br>2<br>−7 | 6<br>1<br>−7 | 5<br>4<br>−7 | 7<br>1<br>−7 | 9<br>−1<br>−7 | 9<br>−2<br>−7 | 9<br>−6<br>−2 |
| 答 | | | | | | | | | | |

**5. 直加直减8以内的数**

0＋8,1＋8,9－8,8－8

拨珠指法：加8,拇指、食指双合;减8,拇指、食指双分;拇指、食指同时完成。

表 4－16

| 序 号 | 一 | 二 | 三 | 四 | 五 | 六 | 七 | 八 | 九 | 十 |
|---|---|---|---|---|---|---|---|---|---|---|
| ① | 1 8 | 4 5 | 2 6 | 8 1 | 7 2 | 6 2 2 | 3 5 | 8 −8 | 9 −8 | 8 −6 |
| 答 | | | | | | | | | | |
| ② | 2 −1 8 | 3 −2 8 | 5 −5 8 | 1 8 −5 | 8 1 −6 | 8 −6 8 | 9 −8 6 | 9 −8 8 | 8 −8 8 | 8 −8 6 |
| 答 | | | | | | | | | | |
| ③ | 1 7 −8 | 2 7 −8 | 2 6 −8 | 1 8 −7 | 9 −6 1 | 5 4 −7 | 9 −6 1 | 6 −5 8 | 5 −5 8 | 9 −9 8 |
| 答 | | | | | | | | | | |

**6. 直加直减9以内的数**

0＋9,9－9

拨珠指法：加9,拇指、食指双合;减9,拇指、食指双分;拇指、食指同时完成。

表 4－17

| 序 号 | 一 | 二 | 三 | 四 | 五 | 六 | 七 | 八 | 九 | 十 |
|---|---|---|---|---|---|---|---|---|---|---|
| ① | 9 −6 | 9 −7 | 9 −3 | 9 −2 | 9 −7 | 9 −1 | 1 7 | 7 −7 | 7 −7 | 9 −6 |
| 答 | | | | | | | | | | |
| ② | 2 7 −9 | 3 6 −9 | 4 5 −9 | 1 7 −9 | 7 −7 9 | 6 −6 9 | 9 −7 6 | 9 −7 7 | 9 −7 6 | 7 −7 9 |
| 答 | | | | | | | | | | |
| ③ | 4 5 −9 | 2 7 −9 | 5 4 −9 | 9 −7 2 | 7 −7 9 | 5 −5 9 | 3 −3 9 | 2 −2 9 | 5 −5 9 | 9 −9 9 |
| 答 | | | | | | | | | | |

**（二）满五加和破五减**

**1. 满五加**

指法：＋4＝5－1　　双下 6(5、1 拨下来)

指法：＋3＝5－2　　双下 7(5、2 拨下来)

指法：＋2＝5－3　　双下 8(5、3 拨下来)

指法：＋1＝5－4　　双下 9(5、4 拨下来)

拨珠指法：食指、拇指同时下拨。

表 4 - 18

| 序　号 | 一 | 二 | 三 | 四 | 五 | 六 | 七 | 八 | 九 | 十 |
|---|---|---|---|---|---|---|---|---|---|---|
| ① | 3<br>4 | 1<br>4 | 2<br>4 | 4<br>4 | 2<br>3 | 3<br>3 | 4<br>3 | 3<br>2 | 4<br>2 | 4<br>1 |
| 答 | | | | | | | | | | |
| ② | 4<br>5<br>−9 | 2<br>7<br>−9 | 5<br>4<br>−9 | 9<br>−7<br>2 | 3<br>4<br>1 | 4<br>1<br>2 | 4<br>2<br>2 | 4<br>3<br>2 | 1<br>3<br>1 | 1<br>3<br>2 |
| 答 | | | | | | | | | | |

## 2. 破五减

指法：−4＝＋1−5　　　双上6(1、5拨上去)

指法：−3＝＋2−5　　　双上7(2、5拨上去)

指法：−2＝＋3−5　　　双上8(3、5拨上去)

指法：−1＝＋4−5　　　双上9(4、5拨上去)

拨珠指法：拇指、食指同时上拨。

表 4 - 19

| 序　号 | 一 | 二 | 三 | 四 | 五 | 六 | 七 | 八 | 九 | 十 |
|---|---|---|---|---|---|---|---|---|---|---|
| ① | 5<br>−4 | 5<br>−3 | 5<br>−2 | 5<br>−1 | 6<br>−4 | 6<br>−3 | 6<br>−2 | 7<br>−4 | 7<br>−3 | 7<br>−4 |
| 答 | | | | | | | | | | |
| ② | 3<br>3<br>−4 | 2<br>4<br>−3 | 2<br>3<br>−2 | 9<br>−4<br>−1 | 6<br>−4<br>4 | 4<br>2<br>−3 | 2<br>4<br>−2 | 9<br>−2<br>−4 | 9<br>−2<br>−3 | 6<br>2<br>−4 |
| 答 | | | | | | | | | | |

## (三) 直减进位加和直加退位减

### 1. 直减进位加　＋9

拨珠：＋9＝−1＋10　减1进1

1＋9,2＋9,3＋9,4＋9,6＋9,7＋9,8＋9,9＋9

表 4 - 20

| 序　号 | 一 | 二 | 三 | 四 | 五 | 六 | 七 | 八 | 九 | 十 |
|---|---|---|---|---|---|---|---|---|---|---|
| ① | 2<br>9<br>−1 | 1<br>9<br>2 | 6<br>9<br>3 | 3<br>9<br>−1 | 4<br>9<br>5 | 6<br>9<br>−3 | 7<br>9<br>−4 | 7<br>9<br>−2 | 7<br>1<br>9 | 9<br>9<br>−3 |
| 答 | | | | | | | | | | |

(续表)

| 序　号 | 一 | 二 | 三 | 四 | 五 | 六 | 七 | 八 | 九 | 十 |
|---|---|---|---|---|---|---|---|---|---|---|
| ② | 3<br>9<br>5 | 6<br>9<br>1 | 2<br>9<br>6 | 4<br>−3<br>9 | 7<br>−5<br>9 | 7<br>9<br>−5 | 6<br>9<br>3 | 9<br>−6<br>9 | 6<br>9<br>−5 | 9<br>−2<br>9 |
| 答 | | | | | | | | | | |

2. 直减进位加　＋8

拨珠：＋8＝−2＋10　减2进1

2＋8,3＋8,4＋8,7＋8,8＋8,9＋8

表 4－21

| 序　号 | 一 | 二 | 三 | 四 | 五 | 六 | 七 | 八 | 九 | 十 |
|---|---|---|---|---|---|---|---|---|---|---|
| ① | 2<br>8<br>−1 | 4<br>8<br>2 | 7<br>8<br>3 | 3<br>8<br>−1 | 4<br>8<br>5 | 9<br>8<br>−3 | 7<br>8<br>−4 | 7<br>8<br>−2 | 7<br>8<br>3 | 9<br>8<br>−3 |
| 答 | | | | | | | | | | |
| ② | 3<br>8<br>5 | 9<br>8<br>1 | 2<br>8<br>6 | 5<br>−3<br>8 | 7<br>−5<br>8 | 7<br>8<br>−5 | 4<br>8<br>3 | 7<br>−6<br>7 | 9<br>8<br>−5 | 4<br>−1<br>8 |
| 答 | | | | | | | | | | |

3. 直减进位加　＋7

拨珠：＋7＝−3＋10　减3进1

3＋7,4＋7,8＋7,9＋7

表 4－22

| 序　号 | 一 | 二 | 三 | 四 | 五 | 六 | 七 | 八 | 九 | 十 |
|---|---|---|---|---|---|---|---|---|---|---|
| ① | 3<br>7<br>−1 | 4<br>7<br>2 | 7<br>7<br>3 | 9<br>7<br>−1 | 4<br>7<br>5 | 9<br>7<br>−3 | 3<br>7<br>−4 | 7<br>7<br>−2 | 4<br>7<br>3 | 9<br>7<br>−3 |
| 答 | | | | | | | | | | |
| ② | 3<br>7<br>5 | 9<br>7<br>1 | 1<br>7<br>7 | 5<br>−2<br>7 | 7<br>−5<br>7 | 4<br>7<br>−1 | 4<br>7<br>3 | 9<br>−6<br>7 | 7<br>7<br>−5 | 7<br>−3<br>7 |
| 答 | | | | | | | | | | |

4. 直减进位加　＋6

拨珠：＋6＝−4＋10　减4进1

4＋6,9＋6

表 4－23

| 序 号 | | 一 | 二 | 三 | 四 | 五 | 六 | 七 | 八 | 九 | 十 |
|---|---|---|---|---|---|---|---|---|---|---|---|
| ① | | 6 | 4 | 5 | 9 | 4 | 9 | 6 | 7 | 4 | 9 |
| | | 9 | 6 | −1 | 6 | 6 | 6 | 3 | 1 | 5 | 6 |
| | | −1 | 2 | 6 | −1 | 5 | −3 | 6 | 6 | 6 | −4 |
| 答 | | | | | | | | | | | |
| ② | | 3 | 9 | 1 | 5 | 7 | 4 | 4 | 1 | 7 | 7 |
| | | 7 | 7 | 6 | −2 | −5 | 7 | 7 | 2 | 2 | −3 |
| | | 1 | 1 | 7 | 6 | 6 | −1 | 2 | 2 | −1 | 2 |
| 答 | | | | | | | | | | | |

**5. 直减进位加 ＋5**

拨珠：＋5＝−5＋10  减 5 进 1

5＋5,6＋5,7＋5,8＋5,9＋5

表 4－24

| 序 号 | | 一 | 二 | 三 | 四 | 五 | 六 | 七 | 八 | 九 | 十 |
|---|---|---|---|---|---|---|---|---|---|---|---|
| ① | | 6 | 4 | 5 | 9 | 3 | 9 | 6 | 7 | 1 | 9 |
| | | 9 | 5 | 2 | 5 | 5 | 5 | 3 | 1 | 5 | 5 |
| | | −1 | 5 | 5 | −1 | 5 | −3 | 5 | 5 | 5 | −4 |
| 答 | | | | | | | | | | | |
| ② | | 3 | 5 | 7 | 5 | 7 | 4 | 4 | 5 | 7 | 5 |
| | | 5 | 5 | 5 | −2 | 5 | 5 | 5 | 5 | 5 | 2 |
| | | 1 | 1 | 7 | 5 | 2 | 6 | 9 | 4 | −1 | 9 |
| 答 | | | | | | | | | | | |

**6. 直减进位加 ＋4**

拨珠：＋4＝−6＋10  减 6 进 1

6＋4,7＋4,8＋4,9＋4

表 4－25

| 序 号 | | 一 | 二 | 三 | 四 | 五 | 六 | 七 | 八 | 九 | 十 |
|---|---|---|---|---|---|---|---|---|---|---|---|
| ① | | 6 | 7 | 6 | 9 | 6 | 9 | 7 | 7 | 6 | 9 |
| | | 4 | 4 | 4 | 4 | 4 | 4 | 4 | 4 | 4 | 4 |
| | | −1 | 5 | 4 | −1 | 5 | −3 | 9 | 7 | 5 | −4 |
| 答 | | | | | | | | | | | |
| ② | | 6 | 7 | 7 | 7 | 7 | 7 | 7 | 7 | 7 | 7 |
| | | 4 | 4 | 4 | −2 | 4 | 4 | 4 | 4 | 4 | 2 |
| | | 7 | 6 | 7 | 4 | 1 | 6 | 9 | −1 | 7 | 9 |
| 答 | | | | | | | | | | | |

7. 直减进位加　+3

拨珠：+3＝-7+10　减 7 进 1

7+3，8+3，9+3

表 4-26

| 序 号 | 一 | 二 | 三 | 四 | 五 | 六 | 七 | 八 | 九 | 十 |
|---|---|---|---|---|---|---|---|---|---|---|
| ① | 4<br>3<br>3 | 7<br>2<br>5 | 6<br>3<br>3 | 9<br>3<br>-1 | 7<br>3<br>5 | 9<br>3<br>-3 | 7<br>3<br>9 | 7<br>3<br>7 | 5<br>3<br>3 | 9<br>3<br>-4 |
| 答 | | | | | | | | | | |
| ② | 6<br>3<br>7 | 7<br>3<br>6 | 7<br>3<br>2 | 7<br>-2<br>4 | 7<br>5<br>3 | 7<br>4<br>3 | 7<br>8<br>3 | 7<br>9<br>3 | 7<br>2<br>3 | 7<br>1<br>3 |
| 答 | | | | | | | | | | |

8. 直减进位加　+2

拨珠：+2＝-8+10　减 8 进 1

8+2，9+2

表 4-27

| 序 号 | 一 | 二 | 三 | 四 | 五 | 六 | 七 | 八 | 九 | 十 |
|---|---|---|---|---|---|---|---|---|---|---|
| ① | 4<br>2<br>3 | 8<br>2<br>5 | 6<br>2<br>3 | 9<br>2<br>-1 | 7<br>2<br>5 | 9<br>2<br>3 | 7<br>2<br>9 | 8<br>2<br>7 | 5<br>2<br>3 | 9<br>2<br>4 |
| 答 | | | | | | | | | | |
| ② | 6<br>3<br>7 | 9<br>2<br>6 | 9<br>3<br>7 | 7<br>-2<br>4 | 9<br>2<br>1 | 7<br>2<br>2 | 5<br>3<br>2 | 7<br>3<br>9 | 7<br>2<br>7 | 7<br>2<br>9 |
| 答 | | | | | | | | | | |

9. 直减进位加　+1

拨珠：+1＝-9+10　减 9 进 1

9+1

表 4-28

| 序 号 | 一 | 二 | 三 | 四 | 五 | 六 | 七 | 八 | 九 | 十 |
|---|---|---|---|---|---|---|---|---|---|---|
| ① | 4<br>7<br>3 | 7<br>2<br>1 | 6<br>4<br>3 | 9<br>1<br>5 | 7<br>1<br>1 | 9<br>1<br>6 | 7<br>8<br>-1 | 7<br>9<br>5 | 5<br>5<br>3 | 9<br>7<br>-4 |
| 答 | | | | | | | | | | |

(续表)

| 序　号 | 一 | 二 | 三 | 四 | 五 | 六 | 七 | 八 | 九 | 十 |
|---|---|---|---|---|---|---|---|---|---|---|
| ② | 6<br>3<br>7 | 7<br>2<br>6 | 9<br>3<br>7 | 7<br>−2<br>4 | 9<br>1<br>1 | 7<br>2<br>−3 | 5<br>4<br>−3 | 7<br>3<br>9 | 8<br>7<br>−3 | 7<br>2<br>9 |
| 答 | | | | | | | | | | |

10. 直加退位减　−9

拨珠：−9＝−10＋1　借1加1

10−9,11−9,12−9,13−9,15−9,16−9,17−9,18−9

表 4 − 29

| 序　号 | 一 | 二 | 三 | 四 | 五 | 六 | 七 | 八 | 九 | 十 |
|---|---|---|---|---|---|---|---|---|---|---|
| ① | 4<br>7<br>−9 | 7<br>3<br>−9 | 6<br>5<br>−9 | 9<br>1<br>−9 | 7<br>8<br>−9 | 9<br>9<br>−9 | 7<br>4<br>−9 | 7<br>9<br>−9 | 5<br>5<br>−9 | 9<br>4<br>−9 |
| 答 | | | | | | | | | | |
| ② | 16<br>−9<br>5 | 27<br>−9<br>6 | 15<br>−9<br>3 | 17<br>−9<br>4 | 26<br>−9<br>1 | 37<br>8<br>−3 | 45<br>−9<br>−3 | 71<br>−9<br>9 | 46<br>−2<br>−3 | 32<br>−9<br>9 |
| 答 | | | | | | | | | | |

11. 直加退位减　−8

拨珠：−8＝−10＋2　借1加2

10−8,11−8,12−8,15−8,16−8,17−8

表 4 − 30

| 序　号 | 一 | 二 | 三 | 四 | 五 | 六 | 七 | 八 | 九 | 十 |
|---|---|---|---|---|---|---|---|---|---|---|
| ① | 4<br>7<br>−8 | 7<br>3<br>−8 | 6<br>5<br>−8 | 9<br>1<br>−8 | 7<br>9<br>−8 | 9<br>9<br>−8 | 8<br>7<br>−8 | 7<br>9<br>−8 | 5<br>5<br>−8 | 7<br>4<br>−8 |
| 答 | | | | | | | | | | |
| ② | 16<br>−8<br>5 | 27<br>−8<br>6 | 15<br>−8<br>3 | 17<br>−8<br>4 | 26<br>−8<br>1 | 37<br>8<br>−3 | 45<br>−8<br>−3 | 71<br>−8<br>9 | 46<br>8<br>−3 | 32<br>−8<br>9 |
| 答 | | | | | | | | | | |

12. 直加退位减　−7

拨珠：−7＝−10＋3　借1加3

10−7,11−7,15−7,16−7

表 4 - 31

| 序 号 | 一 | 二 | 三 | 四 | 五 | 六 | 七 | 八 | 九 | 十 |
|---|---|---|---|---|---|---|---|---|---|---|
| ① | 4<br>7<br>−7 | 7<br>3<br>−7 | 6<br>5<br>−7 | 9<br>1<br>−7 | 7<br>7<br>−7 | 9<br>9<br>−7 | 7<br>7<br>−7 | 7<br>9<br>−7 | 5<br>5<br>−7 | 7<br>1<br>−7 |
| 答 | | | | | | | | | | |
| ② | 16<br>−7<br>5 | 27<br>−7<br>6 | 15<br>−7<br>3 | 17<br>−7<br>4 | 26<br>−7<br>1 | 37<br>9<br>−3 | 45<br>−7<br>−2 | 71<br>−7<br>9 | 46<br>−7<br>−3 | 32<br>−8<br>9 |
| 答 | | | | | | | | | | |

13. 直加退位减　−6

拨珠：−6＝−10＋4　借 1 加 4

10−6,15−6

表 4 - 32

| 序 号 | 一 | 二 | 三 | 四 | 五 | 六 | 七 | 八 | 九 | 十 |
|---|---|---|---|---|---|---|---|---|---|---|
| ① | 4<br>7<br>9 | 7<br>3<br>−6 | 6<br>9<br>−6 | 9<br>1<br>−6 | 7<br>8<br>−3 | 9<br>9<br>−9 | 7<br>9<br>−6 | 7<br>8<br>−6 | 5<br>5<br>−6 | 6<br>4<br>−6 |
| 答 | | | | | | | | | | |
| ② | 16<br>−6<br>5 | 27<br>−6<br>6 | 15<br>−6<br>3 | 17<br>−6<br>4 | 26<br>−6<br>1 | 37<br>−8<br>−3 | 45<br>−6<br>−3 | 70<br>−6<br>9 | 46<br>9<br>−3 | 32<br>−8<br>9 |
| 答 | | | | | | | | | | |

14. 直加退位减　−5

拨珠：−5＝−10＋5　借 1 加 5

10−5,11−5,12−5,13−5,14−5

表 4 - 33

| 序 号 | 一 | 二 | 三 | 四 | 五 | 六 | 七 | 八 | 九 | 十 |
|---|---|---|---|---|---|---|---|---|---|---|
| ① | 4<br>7<br>−5 | 7<br>3<br>−5 | 6<br>9<br>−5 | 9<br>1<br>−5 | 7<br>8<br>−3 | 4<br>9<br>−5 | 3<br>9<br>−5 | 2<br>8<br>−5 | 5<br>5<br>−5 | 6<br>4<br>−5 |
| 答 | | | | | | | | | | |
| ② | 12<br>−5<br>5 | 23<br>−5<br>6 | 14<br>−5<br>3 | 10<br>−5<br>4 | 24<br>−5<br>1 | 36<br>−8<br>−3 | 44<br>−5<br>−3 | 70<br>−5<br>9 | 41<br>5<br>−3 | 32<br>−8<br>9 |
| 答 | | | | | | | | | | |

15. 直加退位减 —4

拨珠：—4＝—10＋6 借1加6

10—4,11—4,12—4,13—4

表 4 - 34

| 序 号 | 一 | 二 | 三 | 四 | 五 | 六 | 七 | 八 | 九 | 十 |
|---|---|---|---|---|---|---|---|---|---|---|
| ① | 4<br>7<br>—4 | 7<br>3<br>—4 | 6<br>9<br>—4 | 9<br>1<br>—4 | 7<br>8<br>—3 | 4<br>9<br>—4 | 3<br>9<br>—4 | 2<br>8<br>—4 | 5<br>5<br>—4 | 6<br>4<br>—4 |
| 答 | | | | | | | | | | |
| ② | 12<br>—4<br>5 | 23<br>—4<br>6 | 14<br>—4<br>3 | 10<br>—4<br>4 | 24<br>—4<br>1 | 42<br>—8<br>—3 | 44<br>—4<br>6 | 70<br>—4<br>9 | 41<br>4<br>—3 | 32<br>—8<br>9 |
| 答 | | | | | | | | | | |

16. 直加退位减 —3

拨珠：—3＝—10＋7 借1加7

10—3,11—3,12—3

表 4 - 35

| 序 号 | 一 | 二 | 三 | 四 | 五 | 六 | 七 | 八 | 九 | 十 |
|---|---|---|---|---|---|---|---|---|---|---|
| ① | 4<br>7<br>—3 | 7<br>3<br>—3 | 6<br>9<br>—3 | 9<br>1<br>—3 | 7<br>8<br>—3 | 4<br>9<br>—3 | 3<br>9<br>—3 | 2<br>8<br>—3 | 5<br>5<br>—3 | 6<br>4<br>—3 |
| 答 | | | | | | | | | | |
| ② | 12<br>—3<br>5 | 23<br>—3<br>—5 | 14<br>—3<br>—2 | 10<br>—3<br>—4 | 24<br>—3<br>—8 | 42<br>—8<br>—3 | 44<br>—3<br>—9 | 70<br>—3<br>—4 | 41<br>3<br>—3 | 32<br>—8<br>9 |
| 答 | | | | | | | | | | |

17. 直加退位减 —2

拨珠：—2＝—10＋8 借1加8

10—2,11—2

表 4 - 36

| 序 号 | 一 | 二 | 三 | 四 | 五 | 六 | 七 | 八 | 九 | 十 |
|---|---|---|---|---|---|---|---|---|---|---|
| ① | 4<br>7<br>—2 | 7<br>3<br>—2 | 6<br>9<br>—2 | 9<br>1<br>—2 | 7<br>8<br>—2 | 4<br>9<br>—2 | 3<br>9<br>—2 | 2<br>8<br>—2 | 5<br>5<br>—2 | 6<br>4<br>—2 |
| 答 | | | | | | | | | | |

（续表）

| 序 号 | 一 | 二 | 三 | 四 | 五 | 六 | 七 | 八 | 九 | 十 |
|---|---|---|---|---|---|---|---|---|---|---|
| ② | 12<br>−2<br>−9 | 23<br>−2<br>−8 | 14<br>−2<br>−7 | 10<br>−2<br>4 | 24<br>−2<br>1 | 42<br>−8<br>−2 | 44<br>−2<br>−5 | 70<br>−2<br>−3 | 41<br>4<br>−2 | 32<br>−8<br>9 |
| 答 | | | | | | | | | | |

**18. 直加退位减 −1**

拨珠：−1＝−10＋9　借1加9

10−1

表 4 - 37

| 序 号 | 一 | 二 | 三 | 四 | 五 | 六 | 七 | 八 | 九 | 十 |
|---|---|---|---|---|---|---|---|---|---|---|
| ① | 4<br>7<br>−1 | 7<br>3<br>−1 | 6<br>9<br>−1 | 9<br>1<br>−1 | 7<br>8<br>−1 | 4<br>6<br>−1 | 3<br>9<br>−1 | 2<br>8<br>−1 | 5<br>5<br>−1 | 6<br>4<br>−1 |
| 答 | | | | | | | | | | |
| ② | 12<br>−1<br>5 | 23<br>−1<br>6 | 5<br>−1<br>2 | 10<br>−1<br>4 | 20<br>−1<br>1 | 40<br>−8<br>−2 | 30<br>−1<br>6 | 70<br>−1<br>9 | 50<br>1<br>−2 | 32<br>−8<br>9 |
| 答 | | | | | | | | | | |

**（四）破五进位加和满五退位减**

**1. 破五进位加　＋6**

拨珠：＋6＝＋10−5＋1　双上6进1

5＋6,6＋6,7＋6,8＋6

表 4 - 38

| 序 号 | 一 | 二 | 三 | 四 | 五 | 六 | 七 | 八 | 九 | 十 |
|---|---|---|---|---|---|---|---|---|---|---|
| ① | 2<br>3<br>6 | 7<br>−1<br>6 | 6<br>6<br>−1 | 7<br>6<br>−1 | 7<br>1<br>6 | 8<br>6<br>−4 | 3<br>3<br>6 | 2<br>5<br>6 | 8<br>−3<br>6 | 6<br>2<br>6 |
| 答 | | | | | | | | | | |
| ② | 9<br>−4<br>6 | 23<br>2<br>6 | 5<br>2<br>6 | 10<br>2<br>6 | 24<br>2<br>6 | 47<br>6<br>−3 | 38<br>2<br>6 | 75<br>2<br>6 | 57<br>6<br>8 | 32<br>4<br>6 |
| 答 | | | | | | | | | | |

**2. 破五进位加　＋7**

拨珠：＋7＝＋10−5＋2　双上7进1

5＋7,6＋7,7＋7

表 4 - 39

| 序 号 | 一 | 二 | 三 | 四 | 五 | 六 | 七 | 八 | 九 | 十 |
|---|---|---|---|---|---|---|---|---|---|---|
| ① | 2<br>3<br>7 | 7<br>−1<br>7 | 7<br>7<br>−1 | 7<br>7<br>6 | 7<br>1<br>7 | 8<br>7<br>−4 | 3<br>3<br>7 | 2<br>5<br>7 | 8<br>−3<br>7 | 7<br>2<br>7 |
| 答 | | | | | | | | | | |
| ② | 9<br>−4<br>7 | 23<br>2<br>7 | 5<br>2<br>7 | 10<br>7<br>7 | 24<br>2<br>7 | 47<br>7<br>−3 | 38<br>7<br>7 | 75<br>2<br>7 | 57<br>7<br>8 | 32<br>4<br>7 |
| 答 | | | | | | | | | | |

3. 破五进位加 ＋8

拨珠：＋8＝＋10−5＋3 双上8进1

5＋8,6＋8

表 4 - 40

| 序 号 | 一 | 二 | 三 | 四 | 五 | 六 | 七 | 八 | 九 | 十 |
|---|---|---|---|---|---|---|---|---|---|---|
| ① | 2<br>3<br>8 | 8<br>−1<br>8 | 8<br>8<br>−1 | 8<br>8<br>6 | 8<br>1<br>8 | 8<br>8<br>−4 | 3<br>3<br>8 | 2<br>5<br>8 | 8<br>−3<br>8 | 8<br>2<br>8 |
| 答 | | | | | | | | | | |
| ② | 9<br>−4<br>8 | 23<br>2<br>8 | 5<br>2<br>8 | 10<br>8<br>8 | 24<br>2<br>8 | 48<br>7<br>−3 | 38<br>8<br>8 | 85<br>2<br>8 | 58<br>8<br>8 | 32<br>4<br>8 |
| 答 | | | | | | | | | | |

4. 破五进位加 ＋9

拨珠：＋9＝＋10−5＋4 双上9进1

5＋9

表 4 - 41

| 序 号 | 一 | 二 | 三 | 四 | 五 | 六 | 七 | 八 | 九 | 十 |
|---|---|---|---|---|---|---|---|---|---|---|
| ① | 2<br>3<br>9 | 8<br>−1<br>9 | 8<br>8<br>−1 | 8<br>8<br>6 | 8<br>1<br>9 | 8<br>8<br>−4 | 3<br>2<br>9 | 4<br>1<br>9 | 8<br>−3<br>9 | 8<br>2<br>9 |
| 答 | | | | | | | | | | |
| ② | 9<br>−4<br>8 | 23<br>2<br>8 | 5<br>2<br>8 | 15<br>9<br>8 | 24<br>2<br>8 | 48<br>9<br>−3 | 38<br>9<br>8 | 85<br>2<br>8 | 58<br>9<br>8 | 32<br>4<br>8 |
| 答 | | | | | | | | | | |

**5. 满五退位减 —6**

拨珠：—6＝—10＋5—1 借1双下6

11—6,12—6,13—6,14—6

表 4 — 42

| 序　号 | 一 | 二 | 三 | 四 | 五 | 六 | 七 | 八 | 九 | 十 |
|---|---|---|---|---|---|---|---|---|---|---|
| ① | 2<br>9<br>—6 | 8<br>4<br>—6 | 8<br>5<br>—6 | 3<br>8<br>—6 | 8<br>7<br>—6 | 7<br>4<br>—6 | 6<br>8<br>—6 | 2<br>9<br>—6 | 7<br>5<br>—6 | 5<br>8<br>—6 |
| 答 | | | | | | | | | | |
| ② | 14<br>—6<br>8 | 23<br>—6<br>4 | 11<br>—6<br>8 | 24<br>—6<br>3 | 35<br>—6<br>5 | 44<br>—6<br>—3 | 32<br>—6<br>7 | 83<br>—6<br>9 | 52<br>—6<br>5 | 32<br>—6<br>7 |
| 答 | | | | | | | | | | |

**6. 满五退位减 —7**

拨珠：—7＝—10＋5—2 借1双下7

12—7,13—7,14—7

表 4 — 43

| 序　号 | 一 | 二 | 三 | 四 | 五 | 六 | 七 | 八 | 九 | 十 |
|---|---|---|---|---|---|---|---|---|---|---|
| ① | 2<br>9<br>—7 | 8<br>4<br>—7 | 8<br>5<br>—7 | 3<br>8<br>—7 | 8<br>7<br>—7 | 7<br>4<br>—7 | 6<br>8<br>—7 | 2<br>9<br>—7 | 7<br>7<br>—7 | 5<br>8<br>—7 |
| 答 | | | | | | | | | | |
| ② | 14<br>—7<br>8 | 23<br>—7<br>4 | 11<br>—7<br>8 | 24<br>—7<br>3 | 35<br>—7<br>5 | 44<br>—7<br>—3 | 32<br>—7<br>7 | 83<br>—7<br>9 | 52<br>—7<br>5 | 32<br>—7<br>7 |
| 答 | | | | | | | | | | |

**7. 满五退位减 —8**

拨珠：—8＝—10＋5—3 借1双下8

13—8,14—8

表 4 — 44

| 序　号 | 一 | 二 | 三 | 四 | 五 | 六 | 七 | 八 | 九 | 十 |
|---|---|---|---|---|---|---|---|---|---|---|
| ① | 2<br>9<br>—8 | 8<br>4<br>—8 | 8<br>5<br>—8 | 3<br>8<br>—8 | 8<br>7<br>—8 | 7<br>4<br>—8 | 6<br>8<br>—8 | 2<br>9<br>—8 | 7<br>5<br>—8 | 5<br>8<br>—8 |
| 答 | | | | | | | | | | |

（续表）

| 序　号 | 一 | 二 | 三 | 四 | 五 | 六 | 七 | 八 | 九 | 十 |
|---|---|---|---|---|---|---|---|---|---|---|
| ② | 14<br>−8<br>8 | 23<br>−8<br>4 | 11<br>−8<br>8 | 24<br>−8<br>3 | 34<br>−8<br>5 | 44<br>−8<br>−3 | 32<br>−8<br>8 | 83<br>−8<br>9 | 52<br>−8<br>5 | 53<br>−8<br>8 |
| 答 | | | | | | | | | | |

8. 满五退位减　−9

拨珠：−9＝−10＋5−4　　借1双下9

14−9

表 4−45

| 序　号 | 一 | 二 | 三 | 四 | 五 | 六 | 七 | 八 | 九 | 十 |
|---|---|---|---|---|---|---|---|---|---|---|
| ① | 5<br>9<br>−9 | 8<br>6<br>−9 | 8<br>5<br>−9 | 3<br>8<br>−9 | 8<br>7<br>−9 | 7<br>4<br>−9 | 6<br>8<br>−9 | 2<br>9<br>−9 | 7<br>5<br>−9 | 5<br>8<br>−9 |
| 答 | | | | | | | | | | |
| ② | 14<br>−9<br>6 | 23<br>−9<br>4 | 94<br>−9<br>6 | 24<br>−9<br>3 | 34<br>−9<br>5 | 44<br>−9<br>−3 | 32<br>−9<br>6 | 84<br>−9<br>6 | 52<br>−9<br>6 | 64<br>−9<br>6 |
| 答 | | | | | | | | | | |

（五）加减法的基本结合

1. 直接的加和直接的减的基本结合

表 4−46

| 1＋1−1 | 1＋2−2 | 1＋3−3 | 1＋5−5 | 1＋6−6 | 1＋7−7 | 1＋8−8 |
|---|---|---|---|---|---|---|
| 2＋1−1 | 2＋2−2 | 2＋5−5 | 2＋6−6 | 2＋7−7 | | |
| 3＋1−1 | 3＋5−5 | 3＋6−6 | | | | |
| 4＋5−5 | | | | | | |
| 5＋1−1 | 5＋2−2 | 5＋3−3 | 5＋4−4 | | | |
| 6＋1−1 | 6＋2−2 | 6＋3−3 | | | | |
| 7＋1−1 | 7＋2−2 | | | | | |
| 8＋1−1 | | | | | | |

这一类共 26 种加减基本结合，见表 4−46。在掌握加减运算法则和指法以后，对以上 26 种基本结合的反复练习就显得特别重要。练习时要把一位数和多位数结合起来，并把节奏导入练习之中。其方法是：先在盘上拨入基数（被加数）111，口念手拨加 111，减 111，加 111，减 111，加 111，减 111……（练习三次以上）被加数为 111 练完后，将被加数调整为 222，再按上述方法练习。接着顺次调整基数（被加数），将上述的所有基本结合反复练习。

2. 满五加和破五减的基本结合

表 4 - 47

| | | | |
|---|---|---|---|
| 1+4-4 | | | |
| 2+3-3 | 2+4-4 | | |
| 3+2-2 | 3+3-3 | 3+4-4 | |
| 4+1-1 | 4+2-2 | 4+3-3 | 4+4-4 |

这一类共 10 种基本结合,见表 4 - 47。掌握凑五的概念及双上、双下指法动作要领后,按第一类教练的方法反复练习。

3. 进位加和退位减的基本结合

表 4 - 48

| | | | | | | | | |
|---|---|---|---|---|---|---|---|---|
| 1+9-9 | | | | | | | | |
| 2+8-8 | 2+9-9 | | | | | | | |
| 3+7-7 | 3+8-8 | 3+9-9 | | | | | | |
| 4+6-6 | 4+7-7 | 4+8-8 | 4+9-9 | | | | | |
| 5+5-5 | 5+6-6 | 5+7-7 | 5+8-8 | 5+9-9 | | | | |
| 6+4-4 | 6+5-5 | 6+6-6 | 6+7-7 | 6+8-8 | 6+9-9 | | | |
| 7+3-3 | 7+4-4 | 7+5-5 | 7+6-6 | 7+7-7 | 7+8-8 | 7+9-9 | | |
| 8+2-2 | 8+3-3 | 8+4-4 | 8+5-5 | 8+6-6 | 8+7-7 | 8+8-8 | 8+9-9 | |
| 9+1-1 | 9+2-2 | 9+3-3 | 9+4-4 | 9+5-5 | 9+6-6 | 9+7-7 | 9+8-8 | 9+9-9 |

这一类共 45 种基本结合,见表 4 - 48。此一类也可分为补十数的加减和补十数、凑五数相结合两种情况来练习。主要应掌握"本档满十,减补加齐"及"本档不够,减齐加补"的运算要领。按照第一类加减的方法练习。

当上述各类掌握以后,再将所有的 81 种加减法的基本结合都结合在一起练习。因它有九九 81 种加减基本结合,而乘法有"九九歌诀",除法有"九归歌",因此这种加减练习指法的方法称为加减"九九指法操",将所有的加减基本结合列表,见表 4 - 49。

表 4 - 49　加减"九九指法操"

| 1+1-1 | 1+2-2 | 1+3-3 | 1+4-4 | 1+5-5 | 1+6-6 | 1+7-7 | 1+8-8 | 1+9-9 |
|---|---|---|---|---|---|---|---|---|
| 2+1-1 | 2+2-2 | 2+3-3 | 2+4-4 | 2+5-5 | 2+6-6 | 2+7-7 | 2+8-8 | 2+9-9 |
| 3+1-1 | 3+2-2 | 3+3-3 | 3+4-4 | 3+5-5 | 3+6-6 | 3+7-7 | 3+8-8 | 3+9-9 |
| 4+1-1 | 4+2-2 | 4+3-3 | 4+4-4 | 4+5-5 | 4+6-6 | 4+7-7 | 4+8-8 | 4+9-9 |
| 5+1-1 | 5+2-2 | 5+3-3 | 5+4-4 | 5+5-5 | 5+6-6 | 5+7-7 | 5+8-8 | 5+9-9 |
| 6+1-1 | 6+2-2 | 6+3-3 | 6+4-4 | 6+5-5 | 6+6-6 | 6+7-7 | 6+8-8 | 6+9-9 |
| 7+1-1 | 7+2-2 | 7+3-3 | 7+4-4 | 7+5-5 | 7+6-6 | 7+7-7 | 7+8-8 | 7+9-9 |
| 8+1-1 | 8+2-2 | 8+3-3 | 8+4-4 | 8+5-5 | 8+6-6 | 8+7-7 | 8+8-8 | 8+9-9 |
| 9+1-1 | 9+2-2 | 9+3-3 | 9+4-4 | 9+5-5 | 9+6-6 | 9+7-7 | 9+8-8 | 9+9-9 |

习题 5

练习 1

| 一 | 二 | 三 | 四 | 五 | 六 | 七 | 八 | 九 | 十 |
|---|---|---|---|---|---|---|---|---|---|
| 5 | 36 | 30 | 28 | 23 | 38 | 29 | 63 | 9 | 35 |
| 7 | 52 | 7 | 31 | 15 | 27 | 17 | 52 | 5 | 2 |
| 39 | 8 | 5 | 64 | −4 | −54 | 9 | 14 | 27 | −8 |
| 29 | 9 | 27 | 7 | 7 | 6 | 7 | 8 | 71 | 41 |
| 56 | 74 | 85 | 93 | 48 | 76 | 21 | 39 | 59 | 74 |
|  |  |  |  |  |  |  |  |  |  |

练习 2

| 一 | 二 | 三 | 四 | 五 | 六 | 七 | 八 | 九 | 十 |
|---|---|---|---|---|---|---|---|---|---|
| 47 | 41 | 14 | 86 | 6 | 8 | 8 | 9 | 9 | 71 |
| 9 | 2 | 8 | 3 | 5 | 9 | 5 | 47 | 8 | 6 |
| 8 | 7 | 6 | 6 | 38 | 71 | 39 | 8 | 62 | −28 |
| 35 | 6 | 39 | −9 | −29 | −3 | 28 | 3 | 35 | 19 |
| 26 | 41 | 27 | 94 | 34 | 58 | 15 | 62 | 37 | 71 |
| −62 | −48 | −12 | −89 | −27 | −86 | −47 | −63 | −17 | −57 |
|  |  |  |  |  |  |  |  |  |  |

练习 3

| 一 | 二 | 三 | 四 | 五 | 六 | 七 | 八 | 九 | 十 |
|---|---|---|---|---|---|---|---|---|---|
| 56 | 322 | 635 | 368 | 563 | 179 | 635 | 123 | 65 | 6 |
| 32 | −6 | −241 | −97 | −21 | −9 | −24 | 475 | 23 | 159 |
| 478 | 57 | 5 | 58 | 5 | 7 | 56 | 56 | 846 | 267 |
| −51 | −124 | 26 | 9 | 47 | 325 | 2 | 214 | 325 | 9 |
|  |  |  |  |  |  |  |  |  |  |

练习 4

| 一 | 二 | 三 | 四 | 五 | 六 | 七 | 八 | 九 | 十 |
|---|---|---|---|---|---|---|---|---|---|
| 6 | 54 | 85 | 6 | 759 | 948 | 627 | 3 | 8 | 87 |
| 32 | 23 | 415 | 634 | 52 | 56 | 6 | 6 | 95 | 5 |
| 5 | 6 | −25 | 875 | 1 | −74 | 32 | 5 | 634 | 63 |
| 638 | 579 | 8 | 7 | −78 | −8 | −146 | 97 | 2 | 875 |
|  |  |  |  |  |  |  |  |  |  |

# 任务三　加减法的传统练习

## 一、定数

定数是指阿拉伯数字 1、2、3、4、5、6、7、8、9 几个数字。

我们通常将 1+1+1+…+1=100 和 100−1−1−1−…−1=0 称为定数 1 的加减;将 2+2+2+…+2=200 和 200−2−2−2−…−2=0 称为定数 2 的加减;以此类推,一直到定数 9 的加减。

## 二、常数

常数就是我们经常要练习的传统练习。常数练习很多,下面就介绍几种常见的传统练习。

### (一)一条心

一条心也称加 625,即将 625 连加 16 次得出总数 10 000。加 625,4 次为 2 500;8 次为 5 000;12 次为 7 500。练习减法从总数 10 000 中减 625,连减 16 次后还原为 0。

标准运算时间:加或减一次高级水平 15 秒以内;中级水平 15~30 秒;初级水平 30 秒以上。

### (二)七盘清

七盘清也称七盘成。先在算盘上拨 123 456 789 入盘,照此数连加 7 次,在末位上加 9,答数即为 987 654 321。也可从这个总和中先减去 9,然后连续减 8 次 123 456 789,恰好减完。

标准运算时间:加或减一次高级水平 30 秒以内;中级水平 30~50 秒;初级水平 50 秒以上。

各盘的得数如下:原数 123 456 789;第一盘 246 913 578;第二盘 370 370 367;第三盘 493 827 156;第四盘 617 283 945;第五盘 740 740 734;第六盘 864 197 523;第七盘 987 654 312;在末位加 9,盘上数为 987 654 321。

### (三)三盘成

三盘成也称三盘清。在算盘上拨 123 456 789 入盘,然后从左到右见几加几,连拨三盘,最后在末位上加 9,即成 987 654 321。

标准运算时间:高级水平 10 秒以内;中级水平 10~20 秒;初级水平 30 秒以上。

各盘得数如下:

原数 123 456 789;第一盘 246 913 578;第二盘 493 827 156;第三盘 987 654 312;在末位加 9,盘上数为 987 654 321。

### (四)打 142 857

把 142 857 连加 7 次得 999 999,就是打 142 857。

标准运算时间:高级水平 10 秒以内;中级水平 10~20 秒;初级水平 30 秒以上。

### (五)打 16 875

把 16 875 连加 10 次,当盘上仍然出现 16 875 的有效数为止。

标准运算时间：高级水平 15 秒以内；中级水平 15～25 秒；初级水平 25 秒以上。

（六）打 16 835

把 16 835 连加 12 次，得数 202 020，中间每连加 3 次，得数循环出现。例如，第三盘得数为 50 505，第六盘为 101 010，第九盘得数为 151 515。

标准运算时间：高级水平 20 秒以内；中级水平 20～30 秒；初级水平 30 秒以上。

（七）加减百子

加百子就是从个位档开始从 1 起连续加 2、3、4…一直加到 100，答数为 5 050。

标准运算时间：高级水平 60 秒以内；中级水平 60～90 秒；初级水平 90 秒以内。

减百子就是从 5 050 中逐次减 1、2、3…一直减到 100，算盘上还原为 0。

标准运算时间同加法。

打百子打熟了，分段的数大脑早已记住，例如，从 1 加到 20 为 210，1 加到 50 为 1 275，1 加到 100 为 5 050。

为了便于检查自己练习过程中有无错误，各段得数见表 4 - 50。

表 4 - 50

| 加到的数 | 10 | 20 | 36 | 50 | 60 | 70 | 80 | 90 | 100 |
|---|---|---|---|---|---|---|---|---|---|
| 和　数 | 55 | 210 | 666 | 1 275 | 1 830 | 2 485 | 3 240 | 4 095 | 5 050 |
| 减到的数 | 10 | 20 | 30 | 50 | 60 | 70 | 80 | 90 | 100 |
| 差　数 | 4 995 | 4 840 | 4 585 | 3 775 | 3 220 | 2 565 | 1 810 | 955 | 0 |

加减百子是最基本的传统练习，加减基本运算法全部包括在里面，不仅能巩固加减运算，而且能加快拨珠速度，使拨珠计算形成"条件反射"。

加减法的传统练习，对初学者掌握指法的运用、加快拨珠频率、提高基本技能都有一定的作用，但它只是属于基础的练习。要想较快地提高珠算技术水平，必须要有决心和毅力，苦练基本功，运用简捷算法，提高运算速度，力求既"快"又"准"。

# 任务四　加减法的练习法

珠算加减法的拨珠运算，要求能达到不假思索，见数拨珠的程度。除了做传统练习外，还要努力加强基本功的练习。

## 一、指法练习

指法是打好算盘的基础，拨珠指法的正确与否，拨珠频率的高低，直接影响计算的速度和效率。因此，在进行指法练习时拨珠用力要适度，小臂微微抬起，手指离盘面的高度一般掌握在 5 毫米左右，以免带子形成漂珠，注意单指拨珠与联拨的关系，拨珠速度均匀且有节奏。要加强指法传统练习，经常打百子，打 16 875 等，同时要加减法并进练习。总之，拨珠动作应掌握的要领是：轻巧灵敏,用力适度;进退有序,协调连贯;保持节奏,干净利落。

### 二、拨珠看数练习

在计算多位数的加减时,按三位一节打出。每一节数的末一位要摸档拨珠入盘,同时要把拨珠和看数联系起来。因为看数能力的强弱直接影响到计算速度的快慢。看数不能只看数不拨珠,也不是把一行数看完后再拨珠,而通常是分节看数,分节拨珠,边看数,边拨珠。当然,这要根据具体数字而定。例如,6 308 472 这一行数字,可分为两段看数,先看 6 308,同时拨珠打出,在拨子时要摸珠入盘,同时迅速接着打出 472。在打 472 到 2 时,马上转眼看一下行数。在看数时,有分节和小数点处可稍作停顿,例如,738 615.24,可看成 738—615—24,这样,可以提高看的速度。看数只是大脑反映数字,而不能念出数字,若念出数字再把数字拨入算盘,运算速度就慢多了。

对于中型算盘来说,可将计算资料放在算盘的下方,算盘放在计算资料的上方,使资料同算盘的距离保持最佳,算盘紧挨数据,左手的中指在计算行数字的下边。同时眼睛视线看数字、看算盘,使看数、拨珠连为一体。刚开始练习时,可进行置数练习,即在算盘上拨上一行数字,核对有无差错后清盘,再看一行,核对后,再清盘,速度从慢到快,并从位数较少到位数较多,难度逐渐加大。这样,可大大提高看数速度。见图 4-11。

对于小算盘来说,算盘放在桌面身前正中需要计算的账表上,右手指缝夹笔,左手中指按住资料,其余各指握住算盘左端的 1/3 处,用算盘当尺,边打边往下移动算盘,使需要计算的数字始终露出在算盘所用档段的左上方,以便于看数。见图 4-12。

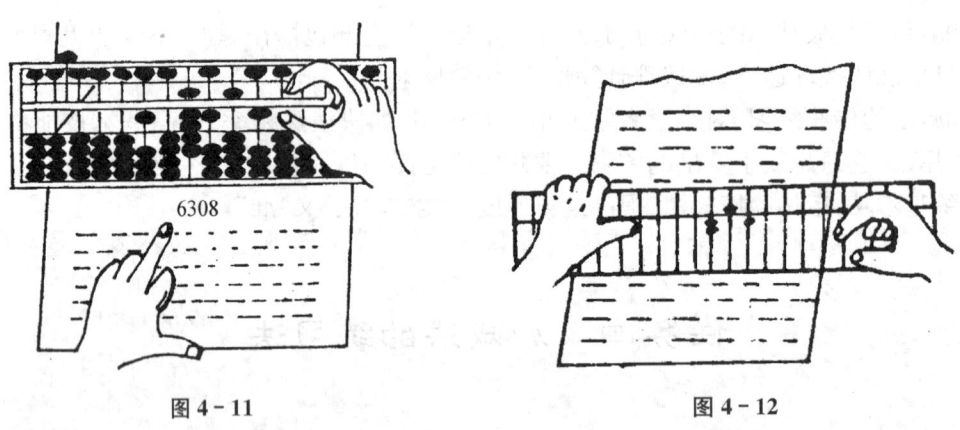

6308

图 4-11　　　　　　　　　　　　　　　图 4-12

看数时要注意不要把数字看颠倒,看漏,数字中的"0"较多时更要注意,例如,不要把 6 054 看成 6 504;将 380 看成 830。

### 三、判断首位数练习

珠算加减法的各行数字参差不齐,只有在运算时认准首位数,正确判断出从哪一档(位)开始拨加减,才不至于出现拨错档位,拨虚珠或重复拨珠。

要正确判断首位数,首先在算盘上定好个位档,再从个位档起从右到左每三档在横梁上做一个计位点。这样,见数后就可将首位数拨在应拨的档次上。

#### 四、摸档拨珠练习

所谓摸档拨珠,就是眼睛不看算盘可拨动算珠。当然,这不是说不可以看算盘,而是眼睛看到算盘的各数后,大脑能迅速作出反应。

摸档拨珠有两种练习方法:一种方法是打百子,要求眼不看算盘从 1 加到 100,若加不到 100,要掌握从 1 加到 36;另一种方法是进行眼睛看数拨珠练习,先从位数较少开始,逐渐增多,在拨最后两位数时,眼睛不能看算盘,算盘上有多个数,要加减那个数,要迅速作出反应,快速拨珠。

摸档拨珠只要能达到三档,就可以使看数拨珠连在一起。例如,

$$
\begin{array}{r}
47\ 935 \\
5\ 389 \\
+604\ 537 \\
\hline
\end{array}
$$

按分节看数拨珠运算,眼睛看 47,手指在拨 7 时,眼睛的视线要看到后面的数 935,手指在拨 5 时,视线转向下一行数字,按同样的方法拨珠,一环紧扣一环。

## 五、先十法

加算时,预见到下位加满十需进位,就在上位相加时多加 1。例如,804＋39,在加 3 时预见到个位 4＋9 需进 1,就在十位上加 4。因在十位上 9 进了位,故个位相加时,不要再进位。这样可减少一次拨珠动作。减算时,也可用先十法,当预见到个位(或下位)不够减需在十位上退 1 时,在十位数相减的同时多减 1。例如,764－38,在减 3 时预见到个位 4－8 需借 1,就在十位上多减 1,即减 4。因在十位上提前多减了 4,故个位减 8 有 2,在个位上 4 加 2 即可。

## 六、写数练习

数字的书写首先必须规范,按标准的数码字书写。其次要注意不要将数字写得过大。因为写得过大,停留在每个数字上的时间长,就写不快。平时在练习时,就应把练习书写数码字同盯盘写数练习结合起来,力求做到只看算盘上的数,不看资料,就能将答数迅速正确地写出。在写答数时,还要注意以下两个方面:一是看算盘时将珠看错,造成书写错误,如将 1 看成 5,5 看成 1;二是书写潦草,批改者无法辨认,则结果视为错误,此种情况在等级鉴定和各级比赛中发生较多。

　项目小结

珠算加减法是学习乘除法的基础,在实际工作中加减法运算应用十分广泛,本项目的学习是整个珠算学习重点。珠算加减法的拨珠运算要求达到不假思索、见数拨珠的程度。因此要从运算的每个环节入手做到:看数迅速,拨珠快准,写数盯盘,条件反射。

复习思考题

1. 现代珠算加减法不用口诀加减法进行计算的优势在哪里？
2. 什么叫定数？什么叫常数？
3. 常用的珠算加减法有哪几种？
4. 如何进行加减法的练习？

习题6

练习1

| 一 | 二 | 三 | 四 | 五 | 六 | 七 | 八 |
|---|---|---|---|---|---|---|---|
| 9 713 | 6 715 | 7 368 | 6 794 | 5 879 | 410 | 2 105 | 45 |
| 9 | 639 | 16 | 26 | 31 | 27 | 14 | 68 |
| 2 974 | 92 | 4 815 | −30 | 108 | 58 | 97 | 1 406 |
| 28 | 47 | 90 | 6 392 | −68 | 1 863 | 7 956 | 357 |
| 134 | 285 | 5 478 | 425 | 4 301 | 394 | 463 | 92 |
| | | | | | | | |

练习2

| 一 | 二 | 三 | 四 | 五 | 六 | 七 | 八 |
|---|---|---|---|---|---|---|---|
| 6 235 | 564 | 6 369 | 597 | 56 | 6 298 | 5 123 | 3 269 |
| 956 | 25 | 624 | 635 | 32 | 829 | 56 | 365 |
| 312 | 654 | 547 | −965 | 4 578 | 632 | 24 | 5 628 |
| 546 | 23 | 6 325 | 5 623 | 635 | 5 648 | 875 | 5 471 |
| 2 347 | 214 | 362 | 3 264 | −2 589 | 536 | 5 416 | 65 |
| | | | | | | | |

练习3

| 一 | 二 | 三 | 四 | 五 | 六 | 七 | 八 |
|---|---|---|---|---|---|---|---|
| 2 658 | 963 | 691 | 398 | 866 | 5 642 | 6 542 | 548 |
| 829 | 56 | 365 | 247 | 32 | 89 | 156 | 365 |
| 632 | 24 | 3 259 | −265 | 563 | 632 | 124 | 6 321 |
| 3 201 | 875 | 6 358 | 2 354 | 3 029 | 5 496 | 875 | 254 |
| 86 | 49 | 31 | 91 | 57 | 70 | 26 | 73 |
| 5 689 | 5 687 | 65 | 9 687 | 18 | 2 154 | 4 187 | 65 |
| | | | | | | | |

练习 4

| 一 | 二 | 三 | 四 | 五 | 六 | 七 | 八 |
|---|---|---|---|---|---|---|---|
| 2 986 | 5 694 | 9 526 | 5 613 | 8 240 | 397 | 19 | 34 |
| 58 | 28 | 5 | 58 | 68 | 61 | 4 793 | 50 |
| 1 063 | 36 | 9 403 | −27 | 790 | 40 | 68 | 397 |
| 18 | 18 | 78 | 1 285 | −50 | 2 569 | 4 586 | 2 465 |
| 923 | 104 | 3 604 | 413 | 9 732 | 283 | 352 | 18 |
| 3 275 | 4 758 | 917 | −309 | 51 | 1 906 | 2 654 | 9 326 |
| | | | | | | | |

练习 5

| 一 | 二 | 三 | 四 | 五 | 六 | 七 | 八 |
|---|---|---|---|---|---|---|---|
| 7 592 | 3 290 | 2 731 | 3 256 | 2 461 | 694 | 8 940 | 60 |
| 534 | 75 | 93 | 83 | 79 | 82 | 96 | 31 |
| 85 | 58 | 6 190 | −74 | 941 | 51 | 52 | 9 643 |
| 2 168 | 62 | 54 | 3 758 | −31 | 9 137 | 2 503 | 702 |
| 976 | 810 | 4 586 | 9 586 | 6 749 | 5 164 | 637 | 58 |
| 6 743 | 4 035 | 984 | −619 | 83 | 9 712 | 3 027 | 7 614 |
| | | | | | | | |

# 5

## 项目五　　珠算基本乘法

### 项目目标

1. 学会判断数的位数，一个数的位数是由这个数的第一个非零数字到小数点的距离决定的
2. 学会使用公式定位法进行积的定位
3. 熟背大九九口诀
4. 学会并至少会用一种乘法运算方法熟练进行多位数的乘法运算

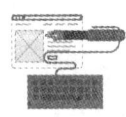

### 项目导入

有人说乘法就加法的简便算法，那么如何学好乘法呢？那就从最简单的乘法口诀开始。

求一个数的若干倍是多少的方法叫乘法。乘法是加法的简便运算，如 $8 \times 2 = 16$，可看作 $8 + 8 = 16$。古代把被乘数称实数，乘数称法数。

$$8 \qquad \times \qquad 2 \qquad = \qquad 16$$

被乘数　　　　　乘数　　　　　积数

（实数）　　　　（法数）　　　　（积数）

乘法的定律有：

(1) 交换律，即 $a \times b = b \times a$。

(2) 结合律，即 $a \times b \times c = a \times (b \times c)$。

(3) 分配律，即 $a \times (b \pm c) = a \times b \pm a \times c$。

一切乘法的运算方法和法则都是根据这三条定律引申出来的。若能巧妙运用这三条定律，则能使乘法运算简捷。由于乘法具有交换律，故可以变换乘数与被乘数的位置，其积不变。

珠算乘法的种类很多，一般可分为以下几类：

（1）按适用范围划分，可分为基本乘法和简捷乘法。

（2）按被乘数的运算顺序划分，可分为前乘法和后乘法。后乘法再按乘的顺序划分，还可分为破头乘、留头乘、掉尾乘、空盘后乘法等。

（3）按置积的位置划分，可分为隔位乘和不隔位乘。

（4）按是否布被乘数和乘数划分，可分为布数乘法和不布数乘法。

# 任务一　积　的　定　位　法

珠算计算因在算盘上没有固定的个位，又是用空档表示 0，如 $625 \times 16 = 10\ 000$，算盘上的读数是 1，如果 $6.25 \times 0.16$，算盘上的读数还是 1。因此，要学好乘法运算，定位是不可缺少的一环。

积的定位法就是确定乘积数值的方法。在算盘上有几档数，如 364，定位不同就表示不同的数，如 364，3 640，36 400 或 36.4，0.364，0.0364，等等。所以，在学习积的定位法之前必须了解一下数的概念。

## 一、数的位数

（一）正位数

一个数只要有整数，它的整数部分数字的个数，称为正位数。有几位整数就称正几位，用"＋"号表示。例如，217（正 3 位），用"＋3"表示；2 170.09（正 4 位），用"＋4"表示。

（二）零位数

纯小数小数点后边到有效数字间没有 0 的数，称为零位数。零位数用"0"表示，如 0.25，0.6378，0.10004 等，都是零位数。

（三）负位数

纯小数小数点后边到有效数字间有 0 的数，称为负位数。负位数用"－"号表示，有几个 0 就称负几位。例如，0.012（负 1 位），用"－1"表示；0.000289（负 3 位），用"－3"表示。

## 二、积的定位法种类

积的定位法有多种，这里只介绍三种较容易掌握并且使用较普遍的三种方法，即公式定位法、移档定位法和积首落档定位法。

（一）公式定位法

一般地说，被乘数的位数 $m$ 与乘数的位数 $n$ 相乘，乘积的位数 $S$ 有两种可能：① $S = m + n$；② $S = m + n - 1$。

那么，在什么情况下用公式①，什么情况下用公式②呢？先看下面两组例题：

第一组

| 4 | × | 8 | = | 32 |
| (1位 | + | 1位) | = | +2位 |
| 3 | × | 45 | = | 135 |
| (1位 | + | 2位) | = | +3位 |

第二组

| 4 | × | 2 | = | 8 |
| (1位 | + | 1位-1位) | = | +1位 |
| 3 | × | 25 | = | 75 |
| (1位 | + | 2位-1位) | = | +2位 |

从以上两组例题中可看出,第一组用公式①;第二组用公式②,虽然两组被乘数与乘数的位数一样,但积数是有差别的。

从第一组可以得出:当积的首位数字比被乘数或乘数的首位数字小时,用公式①,即 $S=m+n$。第一组中,积的首位数比被乘数(或乘数)小,故用公式①进行定位。

从第二组可以得出:当积的首位数字比被乘数或乘数的首位数字大时,用公式②,即 $S=m+n-1$。第二组中,积的首位数比被乘数(或乘数)大,故用公式②进行定位。

如果积的首位数字与被乘数或乘数的首位数当中的其中一个相同,就用另一个进行比较。例如,$2×138=276$,积的首位数字与被乘数首位数字相同,就与乘数首位数字比较,2比1大,故用公式②定位。如果积的首位数字与被乘数或乘数的首位数字都相同时,则比较它们的首二位,首二位再相同时,则比较它们的首三位。例如,$12×15=180$,积的首位数字与被乘数或乘数的首位数字都是1,故比较它们的首二位,积的首二位8比被乘数的首二位2大,故用公式②定位,即2位+2位-1位=+3位。

**【例5-1】** $0.14×0.6243→87402$

定位:积的首位数字8比被乘数首位数字1大,故用 $S=m+n-1$ 定位,即0位+0位-1位=-1位,所以,乘积应为0.087402。

**【例5-2】** $962×0.954→917748$

定位:积的首位数字9与被乘数、乘数的首位数字9相同,比较它们的首二位,1比6小,故用 $S=m+n$ 定位,即3位+0位=+3位,所以,乘积应为917.748。

公式定位法因要判断积与两因数首位的大小,因此,用这种方法定位较慢。

(二)移档定位法

移档定位法(适用于不隔位乘法)是根据乘数的位数定出积的个位。如果 $m$ 位的被乘数与 $n$ 位的乘数相乘时:

(1)若乘数是正位数,被乘数的个位就向右移几档,作为积的个位。

(2)若乘数是零位数,被乘数的个位不变,也即是积的个位。

(3)若乘数是负位数,被乘数的个位就向左移几档,作为积的个位。

**【例5-3】** $476×38.27=18216.52$

定位:被乘数476（$m=3$）置于算盘上,因乘数38.27（$n=2$）,所以被乘数的个位向右移两档作为积的个位。见图5－1。

【例5－4】　476×0.3827＝182.1652

定位：被乘数476($m=3$)置于算盘上，因乘数0.3827($n=0$)，所以被乘数的个位即是积的个位。见图5－2。

【例5－5】　47.6×0.003827＝0.1821652

定位：被乘数47.6($m=2$)置于算盘上，因乘数0.003827($n=2$)，所以个位向左移两档作为积的个位。见图5－3。

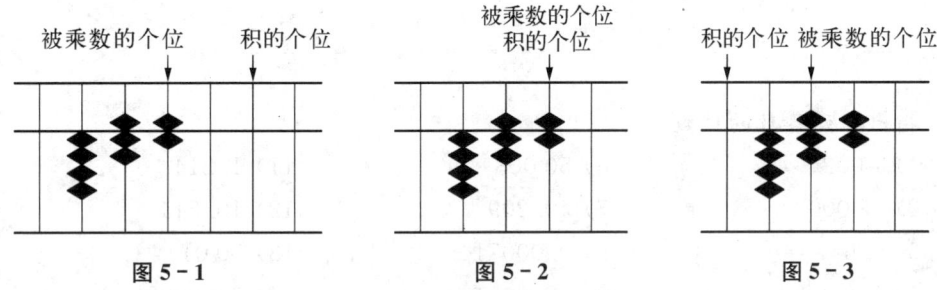

图5－1　　　　　　图5－2　　　　　　图5－3

移档定位法一般适用于破头乘、留头乘、补数乘法等，如用隔位乘法及其他一些简捷算法就需另定个位。

（三）积首落档定位法

顾名思义，积首落档定位法就是根据积的首位数落在被乘数的哪一档上来确定积的位数是多少的一种定位方法。一般包括以下两种情况：

（1）若积的首位数落在被乘数的首位档上，那么积的位数就等于被乘数与乘数的位数之和，即$S=m+n$。

一般说来，如果被乘数和乘数首位数字相乘进位，则积的首位数肯定落在被乘数的首位档上，其积的位数$S=m+n$。

【例5－6】　632×481→303 992

定位：被乘数与乘数首位数字相乘，6×4=24，进位，故积的位数为：3位＋3位＝＋6位，乘积应为303 992。

但是值得注意的是，在有些情况下，被乘数与乘数的首位相乘是不进位的，但后几位的乘加引起了进位，使首位之积又落到了被乘数的首位档上，故其积仍是$S=m+n$。

【例5－7】　342×0.31→10 602

定位：被乘数与乘数首位数字相乘，3×3=9，不进位，但后一位4×3=12，加上9引起了进位，故其位数为：3位＋0位＝＋3位，乘积应为106.02。

（2）若积的首位数落在被乘数首位的右一档上，那么积的位数就等于被乘数与乘数的位数之和减去一位，即$S=m+n-1$。

一般说来，如果被乘数与乘数的首位数字相乘不进位，则积的首位肯定落在被乘数首位的左一档上（除去上述因后几位乘加引起进位的情况），其积的位数$S=m+n-1$。

【例 5 - 8】 2.84×0.31→8 804

定位:被乘数与乘数的首位数字相乘,2×3=6,不进位,故积的位数为:1 位+0 位-1 位=0 位,乘积应为 0.8804。

积首落档定位法定位快、准,尤其适用于现行普遍使用的空盘乘法,因此,值得掌握。为了便于学习和掌握,上述方法还可以概括为一句话、八个字,即:位数相加,空档减一。

 习题 1

1. 指出下列各数的位数

1) 1 002          6) 50 003         11) 1.214

2) 42 000         7) 40.209         12) 10.214

3) 0.647          8) 0.000714       13) 50 014

4) 1.0008         9) 32.0051        14) 0.00002

5) 0.00204        10) 2 834         15) 513.01

2. 分别对下列各题进行定位

1) 4.25×516→2 193            7) 0.314×0.28→8 792

2) 0.425×5.16→2 193          8) 31.4×0.28→8 792

3) 0.00425×0.516→2 193       9) 0.0324×280→8 792

4) 42 500×0.516→2 193        10) 314×280→8 792

5) 0.425×0.516→2 193         11) 0.0314×0.28→8 792

6) 42.5×0.000516→2 193       12) 3.14×2.8→8 792

3. 计算下列各题并进行定位

1) 679×400=                  5) 0.873×0.02=

2) 1.75×6=                   6) 0.479×0.07=

3) 35.74×3=                  7) 2 500×0.004=

4) 2 047×86=                 8) 24 680×9=

4. 分别对下列各题进行定位

1) 0.35×0.26=091            10) 3.26×9.6=31 296

2) 2.4×0.18=432            11) 9.14×1.7=15 538

3) 0.16×9.4=1 504          12) 0.124×2.5=31

4) 0.009×0.03=27           13) 0.692×3.2=22 144

5) 0.17×0.65=1 105         14) 8.15×0.62=5 053

6) 9.1×0.41=3 731          15) 0.509×0.74=37 666

7) 8.2×0.052=4 264         16) 0.0741×0.38=28 158

8) 0.63×6 500=4 095        17) 2.89×64=18 496

9) 0.67×0.28=1 876         18) 0.74×0.47=3 478

19) 0.216×8.1＝17 496

20) 8.97×0.16＝14 352

21) 94×0.326＝30 644

22) 168×0.17＝2 856

23) 59×0.054＝3 186

24) 971×0.39＝37 869

25) 0.174×0.82＝14 268

26) 5.92×3.95＝23 384

27) 0.16×1.08＝1 728

28) 0.47×2.41＝11 327

29) 0.152×3.78＝57 456

30) 68×4.61＝31 348

31) 91×5.82＝52 962

32) 59×9.16＝54 044

33) 41×8.17＝33 497

34) 25×0.631＝15 775

35) 0.652×0.47＝30 644

36) 0.147×0.148＝21 756

37) 0.358×0.932＝333 656

38) 0.174×0.25＝0 435

39) 0.263×0.17＝4 471

40) 0.0401×0.65＝26 065

# 任务二　乘法九九表

乘法九九表是根据 1～9 个数字分别乘以 1～9 九个数字编制的,共计 81 句,又称大九九口诀。见表 5-1。

表 5-1　大九九乘法口诀表

| 乘数＼被乘数 | 一 | 二 | 三 | 四 | 五 | 六 | 七 | 八 | 九 |
|---|---|---|---|---|---|---|---|---|---|
| 一 | 一一 01 | 一二 02 | 一三 03 | 一四 04 | 一五 05 | 一六 06 | 一七 07 | 一八 08 | 一九 09 |
| 二 | 二一 02 | 二二 04 | 二三 06 | 二四 08 | 二五 10 | 二六 12 | 二七 14 | 二八 16 | 二九 18 |
| 三 | 三一 03 | 三二 06 | 三三 09 | 三四 12 | 三五 15 | 三六 18 | 三七 21 | 三八 24 | 三九 27 |
| 四 | 四一 04 | 四二 08 | 四三 12 | 四四 16 | 四五 20 | 四六 24 | 四七 28 | 四八 32 | 四九 36 |
| 五 | 五一 05 | 五二 10 | 五三 15 | 五四 20 | 五五 25 | 五六 30 | 五七 35 | 五八 40 | 五九 45 |
| 六 | 六一 06 | 六二 12 | 六三 18 | 六四 24 | 六五 30 | 六六 36 | 六七 42 | 六八 48 | 六九 54 |
| 七 | 七一 07 | 七二 14 | 七三 21 | 七四 28 | 七五 35 | 七六 42 | 七七 49 | 七八 56 | 七九 63 |
| 八 | 八一 08 | 八二 16 | 八三 24 | 八四 32 | 八五 40 | 八六 48 | 八七 56 | 八八 64 | 八九 72 |
| 九 | 九一 09 | 九二 18 | 九三 27 | 九四 36 | 九五 45 | 九六 54 | 九七 63 | 九八 72 | 九九 81 |

注: 表中第一个中文数字代表被乘数,第二个数字代表乘数,阿拉伯数字代表乘积。

珠算传统乘法是利用此表运算的。在大九九口诀 81 句中有重复的 36 句,如三七 21 和七三 21;六七 42 和七六 42 等。后来,人们为了记忆的需要,把大数在前,小数在后的 36 句口诀删去不用,只剩下 45 句,称为小九九口诀。小九九口诀是小数字在前,大数字在后,念起来比较顺口,又称顺九九。如三四 12,四九 36 等。小九九口诀中乘数和被乘数数字相同的,也称平九九,如三三 09,八八 64 等;反之,大数字在前,小数字在后,念起来比较逆口,称逆九九。如四三 12,八六 48 等。小九九和逆九九合起来称为大九九。

每句口诀由四个字组成,一般有以下两种读法:一种是口诀第一个字指乘数,第二个字指被乘数,第三、第四个字是积的十位和个位数。适用于默念(脑记)法数(如空盘乘法),有利于提高计算速度。另一种是口诀第一个字指被乘数,第二个字指乘数,第三、第四个字是积的十位与个位数,此种读法适用于默记相乘的这位实数、直观法数的乘法(如破头乘法),运算速度稍慢。

由于口诀的乘积有两位的,也有一位的,为了防止加错档次,在默念时,无论是一位的,还是两位的,都作两位看待,因此,每句口诀一律作四字句读,例如,3×7 读作"七三 21",而不读作"七三二十一"(四字句丢十);3×2 读作"二三 06",而不读作"二三得六",0 不能丢,这里的"0"表示积的十位;5×8 读作"八五 40",而不读作"八五四十"。所以在默念口诀时要注意其中的"0"字不能丢。即在九九口诀表中,无论乘积是一位数还是两位数,都以两位数进行计算。

由于大九九口诀在珠算乘法运算时不必颠倒乘数与被乘数的顺序,因而不易发生差错,所以必须熟练掌握大九九口诀。

# 任务三 一位数乘法

所谓一位数乘法,就是乘数是一位数的乘法。一位数乘法很容易学,学好了一位数乘法,多位数乘法也就迎刃而解了,因为实际上多位数乘法是一位数乘法在不同档次上的叠加。现以使用较普遍的破头后乘法、空盘前乘法和隔位乘法为例,说明其运算方法。

## 一、破头后乘法的一位数乘法

破头后乘法的一位数乘法具体运算步骤为:

(1)置数。将被乘数拨在算盘左边,默记乘数。

(2)乘算顺序。将乘数从被乘数的末位起,依次与被乘数相乘,直至被乘数首位止,相乘时默念乘数,眼看相乘位的被乘数。乘的顺序见图 5 - 4。

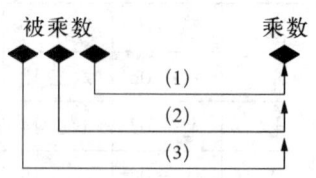

图 5 - 4 破头后乘法

(3)加积档次。被乘数与乘数相乘时,被乘数的本档改为积的十位数,个位数拨在右一档;如果乘积的十位数是零,应拨去被乘数本档数字,以空档表示零,个位数仍拨在右一档上。

(4)定位。用公式定位法定位。

【例 5 - 9】 7 265×4＝29 060(运算步骤见表 5 - 2)

表 5 - 2

| 拨　算　程　序 | 盘　式 | | | | | |
|---|---|---|---|---|---|---|
| | 1 | 2 | 3 | 4 | 5 | 6 |
| ① 从算盘左边第一档起拨入被乘数 7 265,记住乘数 4,默念口诀,随手拨积入盘 | 七 | 二 | 六 | 五 | | |
| ② 被乘数 5 与乘数 4 相乘:四五 20 | 七 | 二 | 六 | 2 | 0 | |
| ③ 被乘数 6 与乘数 4 相乘:四六 24 | 七 | 二 | 2 | 6 | 0 | |
| ④ 被乘数 2 与乘数 4 相乘:四二 08 | 七 | 1 | 0 | 6 | 0 | |
| ⑤ 被乘数 7 与乘数 4 相乘:四七 28 | 2 | 9 | 0 | 6 | 0 | |
| ⑥ 定位:4 位＋1 位＝＋5 位 | 2 | 9 | 0 | 6 | 0 | |

【例 5 - 10】　4 397×5＝21 985(运算步骤见表 5 - 3)

表 5 - 3

| 拨　算　程　序 | 盘　式 | | | | | |
|---|---|---|---|---|---|---|
| | 1 | 2 | 3 | 4 | 5 | 6 |
| ① 从算盘左边第一档起拨入被乘数 4 397,记住乘数 5,默念口诀,随手拨积入盘 | 四 | 三 | 九 | 七 | | |
| ② 被乘数 7 与乘数 5 相乘:五七 35 | 四 | 三 | 九 | 3 | 5 | |
| ③ 被乘数 9 与乘数 5 相乘:五九 45 | 四 | 三 | 4 | 8 | 5 | |
| ④ 被乘数 3 与乘数 5 相乘:五三 15 | 四 | 1 | 9 | 8 | 5 | |
| ⑤ 被乘数 4 与乘数 5 相乘:五四 20 | 2 | 1 | 9 | 8 | 5 | |
| ⑥ 定位:4 位＋1 位＝＋5 位 | 2 | 1 | 9 | 8 | 5 | |

【例 5 - 11】　0.2918×3＝0.8754(运算步骤见表 5 - 4)

表 5 - 4

| 拨　算　程　序 | 盘　式 | | | | | |
|---|---|---|---|---|---|---|
| | 1 | 2 | 3 | 4 | 5 | 6 |
| ① 从算盘左边第一档起拨入被乘数 2 918,记住乘数 3,默念口诀,随手拨积入盘 | 二 | 九 | 一 | 八 | | |
| ② 被乘数 8 与乘积 3 相乘:三八 24 | 二 | 九 | 一 | 2 | 4 | |
| ③ 被乘数 1 与乘数 3 相乘:三一 03 | 二 | 九 | 0 | 5 | 4 | |
| ④ 被乘数 9 与乘数 3 相乘:三九 27 | 二 | 2 | 7 | 5 | 4 | |
| ⑤ 被乘数 2 与乘数 3 相乘:三二 06 | 0 | 8 | 7 | 5 | 4 | |
| ⑥ 定位:0 位＋1 位－1 位＝0 位 | | 8 | 7 | 5 | 4 | |

## 二、空盘前乘法的一位数乘法

空盘前乘法是采用前乘法做乘法运算时,被乘数与乘数都不拨入算盘,而是把题目放在算盘的旁边,默记乘数,眼看被乘数,用被乘数的首位至末位分别与乘数相乘,两因数首位数相乘的十位数拨在相应的档次上,个位数拨在右档上,下次乘积的十位档即在此档,个位再右移一档,以此类推。乘的顺序见图5-5。积的定位采用公式定位法定位。

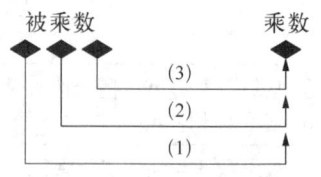

图5-5 空盘前乘法

【例5-12】 6 358×6＝38 148(运算步骤见表5-5)

表5-5

| 拨　算　程　序 | 盘　式 | | | | | |
|---|---|---|---|---|---|---|
| | 1 | 2 | 3 | 4 | 5 | 6 |
| ① 从算盘左边第一档作为起拨档,记住乘数6,眼看被乘数首位6,默念口诀六六36,随手拨积入盘 | 3 | 6 | | | | |
| ② 被乘数第二位3与乘积6相乘:六三18 | 3 | 7 | 8 | | | |
| ③ 被乘数第三位5与乘积6相乘:六五30 | 3 | 8 | 1 | 0 | | |
| ④ 被乘数第四位8与乘积6相乘:六八48 | 3 | 8 | 1 | 4 | 8 | |
| ⑤ 定位:4位+1位＝+5位 | 3 | 8 | 1 | 4 | 8 | |

【例5-13】 80 269×7＝561 883(运算步骤见表5-6)

表5-6

| 拨　算　程　序 | 盘　式 | | | | | |
|---|---|---|---|---|---|---|
| | 1 | 2 | 3 | 4 | 5 | 6 |
| ① 从算盘左边第一档作为起拨档,记住乘数7,眼看被乘数首位8,默念口诀七八56,随手拨积入盘 | 5 | 6 | | | | |
| ② 被乘数第二位0与乘积7相乘:七零00不拨珠 | 5 | 6 | | | | |
| ③ 被乘数第三位2与乘数7相乘:七二14 | 5 | 6 | 1 | 4 | | |
| ④ 被乘数第四位6与乘数7相乘:七六42 | 5 | 6 | 1 | 8 | 2 | |
| ⑤ 被乘数第五位9与乘数7相乘:七九63 | 5 | 6 | 1 | 8 | 8 | 3 |
| ⑥ 定位:5位+1位＝+6位 | 5 | 6 | 1 | 8 | 8 | 3 |

## 三、隔位乘法的一位数乘法

隔位乘法是一种置数后乘法,运算时先将被乘数拨入算盘相应档次,用被乘数的末位至首位分别与乘数相乘,两因数相乘的积的十位数拨在相应的被乘数右一档次上,个位再右移一档,每乘完一位被乘数,即将被乘数本档拨掉,以此类推。积的定位采用公式定位法定位。

【例5-14】　2 764×6＝16 584(运算步骤见表5-7)

表5-7

| 拨　算　程　序 | 盘　　式 | | | | | |
|---|---|---|---|---|---|---|
| | 1 | 2 | 3 | 4 | 5 | 6 |
| ① 从算盘左边第一档拨入被乘数2 764 | 二 | 七 | 六 | 四 | | |
| ② 被乘数4与乘数6相乘：六四24 | 二 | 七 | 六 | 四 | 2 | 4 |
| ③ 拨去被乘数4 | 二 | 七 | 六 | | 2 | 4 |
| ④ 被乘数6与乘数6相乘：六六36 | 二 | 七 | 六 | 3 | 8 | 4 |
| ⑤ 拨去被乘数6 | 二 | 七 | | 3 | 8 | 4 |
| ⑥ 被乘数7与乘数6相乘：六七42 | 二 | 七 | 4 | 5 | 8 | 4 |
| ⑦ 拨去被乘数7 | 二 | | 4 | 5 | 8 | 4 |
| ⑧ 被乘数2与乘数6相乘：六二12 | 二 | 1 | 6 | 5 | 8 | 4 |
| ⑨ 拨去被乘数2 | | 1 | 6 | 5 | 8 | 4 |

习题2

1. 用破头后乘法计算下列一位乘法

　　1) 465×7＝　　　　　　　　6) 218×9＝

　　2) 625×6＝　　　　　　　　7) 148×3＝

　　3) 702×8＝　　　　　　　　8) 4 128×5＝

　　4) 5 309×4＝　　　　　　　9) 2 468×3＝

　　5) 1 574×6＝　　　　　　　10) 6 789×9＝

2. 用空盘前乘法计算下列一位乘法

　　1) 281×4＝　　　　　　　　6) 325×7＝

　　2) 189×6＝　　　　　　　　7) 278×8＝

　　3) 432×3＝　　　　　　　　8) 5 213×4＝

　　4) 2 078×5＝　　　　　　　9) 1 207×6＝

　　5) 4 896×3＝　　　　　　　10) 2 134×9＝

3. 用你喜欢的方法计算下列一位乘法

　　1) 216×2＝　　　　　　　　8) 620×3＝

　　2) 348×5＝　　　　　　　　9) 482×2＝

　　3) 597×8＝　　　　　　　　10) 623×9＝

　　4) 951×9＝　　　　　　　　11) 874×3＝

　　5) 326×4＝　　　　　　　　12) 159×4＝

　　6) 478×6＝　　　　　　　　13) 624×5＝

　　7) 409×7＝　　　　　　　　14) 318×7＝

| | |
|---|---|
| 15) 749×8= | 28) 3 791×9= |
| 16) 526×6= | 29) 1 642×6= |
| 17) 314×4= | 30) 9 563×9= |
| 18) 258×3= | 31) 2 547×6= |
| 19) 831×2= | 32) 8 596×3= |
| 20) 462×6= | 33) 3 412×2= |
| 21) 5 623×3= | 34) 6 297×5= |
| 22) 8 794×6= | 35) 4 621×8= |
| 23) 5 123×2= | 36) 6 231×4= |
| 24) 6 489×4= | 37) 7 109×7= |
| 25) 2 034×5= | 38) 8 306×4= |
| 26) 2 548×7= | 39) 4 179×2= |
| 27) 6 108×8= | 40) 2 683×3= |

# 任务四　多位数乘法

多位数乘法就是被乘数与乘数是两位以上(含两位)的乘法。如 74×23,285×6 等。本节将介绍留头乘法、破头乘法、空盘乘法和隔位乘法四种运算方法。

## 一、留头乘法

留头乘法又称挑心乘,用后乘法进行运算,其运算方法是将被乘数从末位至首位,分别先和乘数的首二位、三位至末位相乘,最后再和乘数的首位数字相乘破身,在被乘数的位置,得出积数。见图 5-6。

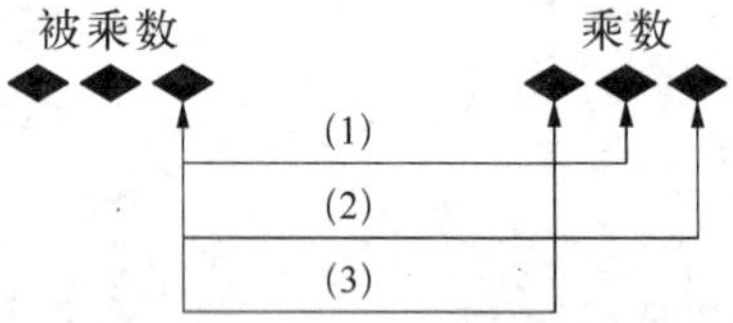

图 5-6　留头乘法

被乘数的末位与乘数的首二位相乘得到的积数,在被乘数末位的右一档上拨入,与乘数首三位相乘的积数,在被乘数末位的右二档上拨入,以此类推。

【例 5-15】　836×427=356 972(运算步骤见表 5-8)

表 5-8

| 拨　算　程　序 | 盘　式 | | | | | |
|---|---|---|---|---|---|---|
| | 1 | 2 | 3 | 4 | 5 | 6 |
| ① 将被乘数 836 拨入算盘 | 八 | 三 | 六 | | | |
| ② 被乘数末位 6 与乘数后二位 27 相乘:二六 12 | 八 | 三 | 六 | 1 | 2 | |
| 七六 42 | 八 | 三 | 六 | 1 | 6 | 2 |

（续表）

| 拨　算　程　序 | 盘　式 | | | | | |
|---|---|---|---|---|---|---|
| | 1 | 2 | 3 | 4 | 5 | 6 |
| ③ 被乘数末位 6 与乘数首位 4 相乘：四六 24 | 八 | 三 | 2 | 5 | 6 | 2 |
| ④ 被乘数首二位 3 与乘数后二位 27 相乘：二三 06 | 八 | 三 | 3 | 1 | 6 | 2 |
| 　　　　　　　　　　　　　　　　　　　七三 21 | 八 | 三 | 3 | 3 | 7 | 2 |
| ⑤ 被乘数首二位 3 与乘数首位 4 相乘：四三 12 | 八 | 1 | 5 | 3 | 7 | 2 |
| ⑥ 被乘数首位 8 与乘数后二位 27 相乘：二八 16 | 八 | 3 | 1 | 3 | 7 | 2 |
| 　　　　　　　　　　　　　　　　　　　七八 56 | 八 | 3 | 6 | 9 | 7 | 2 |
| ⑦ 被乘数首位 8 与乘数首位 4 相乘：四八 32 | 3 | 5 | 6 | 9 | 7 | 2 |
| ⑧ 定位：3 位＋3 位＝＋6 位。积数为 356 972 | 3 | 5 | 6 | 9 | 7 | 2 |

【例 5－16】　37×24.18＝894.66（运算步骤见表 5－9）

表 5－9

| 拨　算　程　序 | 盘　式 | | | | | |
|---|---|---|---|---|---|---|
| | 1 | 2 | 3 | 4 | 5 | 6 |
| ① 将被乘数 37 拨入算盘 | 三 | 七 | | | | |
| ② 被乘数末位 7 与乘数后三位 418 相乘：四七 28 | 三 | 七 | 2 | 8 | | |
| 　　　　　　　　　　　　　　　　　　　一七 07 | 三 | 七 | 2 | 8 | 7 | |
| 　　　　　　　　　　　　　　　　　　　八七 56 | 三 | 七 | 2 | 9 | 2 | 6 |
| ③ 被乘数末位 7 与乘数首位 2 相乘：二七 14 | 三 | 1 | 6 | 9 | 2 | 6 |
| ④ 被乘数首位 3 与乘数后三位 418 相乘：四三 12 | 三 | 2 | 8 | 9 | 2 | 6 |
| 　　　　　　　　　　　　　　　　　　　一三 03 | 三 | 2 | 9 | 2 | 2 | 6 |
| 　　　　　　　　　　　　　　　　　　　八三 24 | 三 | 2 | 9 | 4 | 6 | 6 |
| ⑤ 被乘数首位 3 与乘数首位 2 相乘：二三 06 | 0 | 8 | 9 | 4 | 6 | 6 |
| ⑥ 定位：2 位＋2 位－1 位。积数为 894.66 | | 8 | 9 | 4 | 6 | 6 |

　　由于留头乘法在运算时被乘数字先从首二位进行运算，最后才与首位破身，容易看准位数，不易搞错；运算时多用小九九，初学者容易掌握。但与乘数的读数顺序不一致，所以运算速度不快，而且用五珠算盘运算时，有时上珠要当"10"，很不方便。

## 二、破头乘法

　　破头乘用后乘法运算时，其运算方法是用被乘数的末位至首位，分别逐位与乘数的首位至末位相乘，边乘边加上积数，在被乘数的位置得出积数。见图 5－7。

　　因第一次相乘就要破掉被乘数的本档，故叫破头乘。

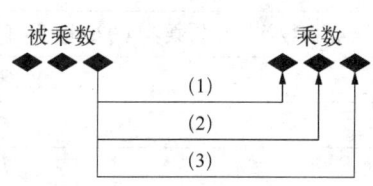

图 5－7　破头乘法

与本章第三节的破头后乘法的一位数乘法比较,只要将被乘数与乘数的位置换一下,就完全一样了。被乘数与乘数首位至末位相乘其积数的拨积方法是:十位在本档,个位在右一档。

【例5-17】 63×2 854＝179 802(运算步骤见表5-10)

表5-10

| 拨 算 程 序 | 盘 式 | | | | | |
|---|---|---|---|---|---|---|
| | 1 | 2 | 3 | 4 | 5 | 6 |
| ① 将被乘数63拨入算盘 | 六 | 三 | | | | |
| ② 被乘数末位3与乘数2 854相乘:二三06 | 六 | 0 | 6 | | | |
| 八三24 | 六 | 0 | 8 | 4 | | |
| 五三15 | 六 | 0 | 8 | 5 | 5 | |
| 四三12 | 六 | 0 | 8 | 5 | 6 | 2 |
| ③ 被乘数首位6与乘数2 854相乘:二六12 | 1 | 2 | 8 | 5 | 6 | 2 |
| 八六48 | 1 | 7 | 6 | 5 | 6 | 2 |
| 五六30 | 1 | 7 | 9 | 5 | 6 | 2 |
| 四六24 | 1 | 7 | 9 | 8 | 0 | 2 |
| ④ 定位:2位+4位＝+6位 | 1 | 7 | 9 | 8 | 0 | 2 |

【例5-18】 314×4 028＝1 264 792(运算步骤见表5-11)

表5-11

| 拨 算 程 序 | 盘 式 | | | | | | |
|---|---|---|---|---|---|---|---|
| | 1 | 2 | 3 | 4 | 5 | 6 | 7 |
| ① 将被乘数314拨入算盘 | 三 | 一 | 四 | | | | |
| ② 被乘数末位4与乘数4 028相乘:四四16 | 三 | 一 | 1 | 6 | | | |
| 零四00 | 三 | 一 | 1 | 6 | | | |
| 二四08 | 三 | 一 | 1 | 6 | 0 | 8 | |
| 八四32 | 三 | 一 | 1 | 6 | 1 | 1 | 2 |
| ③ 被乘数首二位1与乘数4 028相乘:四一04 | 三 | 0 | 5 | 6 | 1 | 1 | 2 |
| 零一00 | 三 | 0 | 5 | 6 | 1 | 1 | 2 |
| 二一02 | 三 | 0 | 5 | 6 | 3 | 1 | 2 |
| 八一08 | 三 | 0 | 5 | 6 | 3 | 9 | 2 |
| ④ 被乘数首位3与乘数4 028相乘:四三12 | 1 | 2 | 5 | 6 | 3 | 9 | 2 |
| 零三00 | 1 | 2 | 5 | 6 | 3 | 9 | 2 |
| 二三06 | 1 | 2 | 6 | 2 | 3 | 9 | 2 |
| 八三24 | 1 | 2 | 6 | 4 | 7 | 9 | 2 |
| ⑤ 定位:3位+4位＝+7位 | 1 | 2 | 6 | 4 | 7 | 9 | 2 |

【例5-19】　0.243×0.185＝0.44955(运算步骤见表5-12)

表5-12

| 拨　算　程　序 | 盘　式 | | | | | |
| --- | --- | --- | --- | --- | --- | --- |
| | 1 | 2 | 3 | 4 | 5 | 6 |
| ① 将被乘数 243 拨入算盘 | 二 | 四 | 三 | | | |
| ② 被乘数末位 3 与乘数 185 相乘：一三 03 | 二 | 四 | 0 | 3 | | |
| 八三 24 | 二 | 四 | 0 | 5 | 4 | |
| 五三 15 | 二 | 四 | 0 | 5 | 5 | 5 |
| ③ 被乘数首二位 4 与乘数 185 相乘：一四 04 | 二 | 0 | 4 | 5 | 5 | 5 |
| 八四 32 | 二 | 0 | 7 | 7 | 5 | 5 |
| 五四 20 | 二 | 0 | 7 | 9 | 5 | 5 |
| ④ 被乘数首位 2 与乘数 185 相乘：一二 02 | 0 | 2 | 7 | 9 | 5 | 5 |
| 八二 16 | 0 | 4 | 3 | 9 | 5 | 5 |
| 五二 10 | 0 | 4 | 9 | 5 | 5 | |
| ⑤ 定位：0 位＋0 位－1 位＝－1 位 | | 4 | 4 | 9 | 5 | 5 |

　　用破头乘法运算,是按乘数各位的自然顺序自左向右进行运算,合乎读数的习惯和拨珠顺序,减少了隔位;同时也不需要用顶珠和底珠,运算速度较快。但由于破头乘法一开始就破掉起乘档的数字,在运算过程中容易忘记被乘数的数字,因此,必须用大九九口诀进行运算,始终把被乘数起乘档的数字念在前面,脑记乘数,手拨积数,这样既克服了上述缺点,又加快了速度,且又不至于搞错档次。

## 三、空盘前乘法

　　空盘前乘法又称不置数乘法,运算时,是将被乘数和乘数均不拨在算盘上,而是眼看被乘数,默记乘数,直接根据算题把积数拨加在算盘对应的档次上。空盘前乘法的计算顺序与前面介绍的其他方法有所不同。其运算方法是先用被乘数的首位,从首位至末位,分别与乘数的各位相乘,直至乘完。见图5-8。

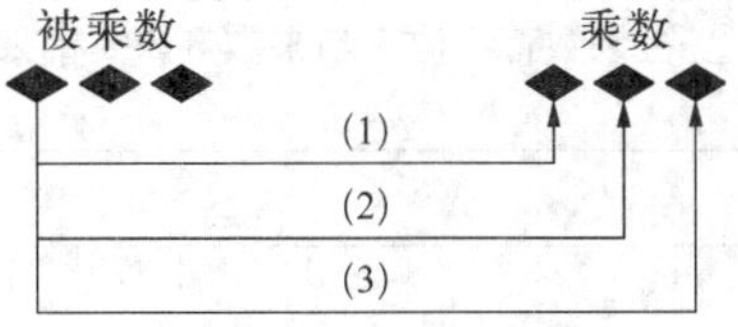

　　在本章第三节里,介绍了空盘前乘法的一位数乘法,是先用乘数同被乘数的各位相乘,其道理是相同的,而且可以这样说,学会了空盘前乘法的一位数乘法,那么空盘前乘法的多位数乘法也就一点即通,只不过移动一下被乘数所乘数字的相应档次而已。即把被乘数与

图5-8　空盘前乘法

乘数首位相乘的十位数拨在算盘右边第一档上,个位拨在右一档,以后每乘一位乘数,同破头乘法一样,逐位向右移,直至乘完;再用被乘数的首二位与乘积各位相乘,首二位与乘数首位相乘时所得的十位数应拨在算盘左边第二档上,以后各位相乘所得的积数逐位向右移;被乘数首三位同乘数首位相乘时所得的十位数应拨在算盘左边第三档上,以后各位相乘所得的积数逐位向右移,以此类推。

【例 5 - 20】　527×438＝230 826(运算步骤见表 5 - 13)

表 5 - 13

| 拨 算 程 序 | 盘 式 | | | | | |
|---|---|---|---|---|---|---|
| | 1 | 2 | 3 | 4 | 5 | 6 |
| ① 被乘数首位 5 与乘数 438 相乘：四五 20<br>　　　　　　　　（从盘首起乘加） | 2 | 0 | | | | |
| 三五 15 | 2 | 1 | 5 | | | |
| 八五 40 | 2 | 1 | 9 | 0 | | |
| ② 被乘数首二位 2 与乘数 438 相乘：四二 08<br>　　　　　　　　（从盘左第二档起乘加） | 2 | 2 | 7 | 0 | | |
| 三二 06 | 2 | 2 | 7 | 6 | | |
| 八二 16 | 2 | 2 | 7 | 7 | 6 | |
| ③ 被乘数末位 7 与乘数 438 相乘：四七 28<br>　　　　　　　　（从盘左第三档起乘加） | 2 | 3 | 0 | 5 | 6 | |
| 三七 21 | 2 | 3 | 0 | 7 | 7 | |
| 八七 56 | 2 | 3 | 0 | 8 | 2 | 6 |
| ④ 定位：3 位＋3 位＝＋6 位 | 2 | 3 | 0 | 8 | 2 | 6 |

【例 5 - 21】　21.84×0.329 6＝7.198464(运算步骤见表 5 - 14)

表 5 - 14

| 拨 算 程 序 | 盘 式 | | | | | | | |
|---|---|---|---|---|---|---|---|---|
| | 1 | 2 | 3 | 4 | 5 | 6 | 7 | 8 |
| ① 被乘数首位 2 与乘数 3 296 相乘：三二 06<br>　　　　　　　　（从盘左第一档起乘加） | 0 | 6 | | | | | | |
| 二二 04 | 0 | 6 | 4 | | | | | |
| 九二 18 | 0 | 6 | 5 | 8 | | | | |
| 六二 12 | 0 | 6 | 5 | 9 | 2 | | | |
| ② 被乘数首二位 1 与乘数 3 296 相乘：三一 03<br>　　　　　　　　（从盘左第二档起乘加） | 0 | 6 | 8 | 9 | 2 | | | |
| 二一 02 | 0 | 6 | 9 | 1 | 2 | | | |
| 九一 09 | 0 | 6 | 9 | 2 | 1 | | | |
| 六一 06 | 0 | 6 | 9 | 2 | 1 | 6 | | |
| ③ 被乘数首三位 8 与乘数 3 296 相乘：三八 24<br>　　　　　　　　（从盘左第三档起乘加） | 0 | 7 | 1 | 6 | 1 | 6 | | |
| 二八 16 | 0 | 7 | 1 | 7 | 7 | 6 | | |
| 九八 72 | 0 | 7 | 1 | 8 | 4 | 8 | | |
| 六八 48 | 0 | 7 | 1 | 8 | 5 | 2 | 8 | |

（续表）

| 拨　算　程　序 | 盘　式 | | | | | | | |
|---|---|---|---|---|---|---|---|---|
| | 1 | 2 | 3 | 4 | 5 | 6 | 7 | 8 |
| ④ 被乘数末位 4 与乘数 3 296 相乘：三四 12<br>（从盘左第四档起乘加） | 0 | 7 | 1 | 9 | 7 | 2 | 8 | |
| 二四 08 | 0 | 7 | 1 | 9 | 8 | 0 | 8 | |
| 九四 36 | 0 | 7 | 1 | 9 | 8 | 4 | 4 | |
| 六四 24 | 0 | 7 | 1 | 9 | 8 | 4 | 6 | 4 |
| ⑤ 定位：2 位＋0 位−1 位＝＋1 位。积数为7.198464 | | 7 | 1 | 9 | 8 | 4 | 6 | 4 |

【例 5－22】　4.007×0.02538＝0.10169766(运算步骤见表 5－15)

表 5－15

| 拨　算　程　序 | 盘　式 | | | | | | | |
|---|---|---|---|---|---|---|---|---|
| | 1 | 2 | 3 | 4 | 5 | 6 | 7 | 8 |
| ① 被乘数首位 4 与乘数 2 538 相乘：二四 08<br>（从盘左第一档起乘加） | 0 | 8 | | | | | | |
| 五四 20 | 1 | 0 | 0 | | | | | |
| 三四 12 | 1 | 0 | 1 | 2 | | | | |
| 八四 32 | 1 | 0 | 1 | 5 | 2 | | | |
| ② 被乘数末位数 7 与乘数 2 538 相乘：二七 14<br>（从盘左第四档乘加） | 1 | 0 | 1 | 6 | 6 | | | |
| 五七 35 | 1 | 0 | 1 | 6 | 9 | 5 | | |
| 三七 21 | 1 | 0 | 1 | 6 | 9 | 7 | 1 | |
| 八七 56 | 1 | 0 | 1 | 6 | 9 | 7 | 6 | 6 |
| ③ 定位：1 位＋（−1 位）＝0 位。积数为0.10169766 | 1 | 0 | 1 | 6 | 9 | 7 | 6 | 6 |

注：被乘数中内有两个 0，不必实乘，但在加积时，要注意 0 后面的数字 7 所处的档次，处在第四档，就从左边第四档开始拨入。

由于空盘前乘法在运算时不需要将被乘数或乘数拨入算盘，因此减少了拨珠布数的时间，提高了运算速度；对于一些特殊的算题，可以打乱计算的固定顺序，便于使用乘法的简捷算法，如跟踪乘法、补数乘法、滚乘法、省乘法等（详见第九章乘法的简捷算法）。但因为空盘前乘法少了布数这一环节，所以必须要注意看数与记数，还应熟记大九九口诀，更应注意起乘的档次，当被乘数与乘数相乘时有小型积或中间有 0 时，尤要注意，防止加错档次。所以说，空盘前乘法虽好，速度也较快，不熟练者也易发生错误。

## 四、隔位乘法

隔位乘法用后乘法进行运算，其运算方法是从被乘数的末位至首位，逐位分别与乘数的各位相乘。被乘数字与乘数首位相乘的积的十位数从下档拨入，个位数在其右档上，乘完整个乘数后，最后去掉该被乘数的数字，如此一直运算下去。隔位乘法同破头乘法的运算方法大致相同，只不过隔位乘法的拨积是从被乘数字的右一档拨入。

**【例5-23】** 374×7.28＝2 722.72(运算步骤见表5-16)

表5-16

| 拨　算　程　序 | 盘　　式 | | | | | | | |
|---|---|---|---|---|---|---|---|---|
| | 1 | 2 | 3 | 4 | 5 | 6 | 7 | 8 |
| ① 在算盘上拨入被乘数374 | 3 | 7 | 4 | | | | | |
| ② 被乘数末位4与乘数728相乘：七四28 | 3 | 7 | 4 | 2 | 8 | | | |
| 二四08 | 3 | 7 | 4 | 2 | 8 | 8 | | |
| 八四32 | 3 | 7 | 4 | 2 | 9 | 1 | 2 | |
| ③ 在算盘上拨去被乘数末位4 | 3 | 7 | 0 | 2 | 9 | 1 | 2 | |
| ④ 被乘数首二位7与乘数728相乘：七七49 | 3 | 7 | 5 | 1 | 9 | 1 | 2 | |
| 二七14 | 3 | 7 | 5 | 3 | 3 | 1 | 2 | |
| 八七56 | 3 | 7 | 5 | 3 | 8 | 7 | 2 | |
| ⑤ 在算盘上拨去被乘数首二位7 | 3 | 0 | 5 | 3 | 8 | 7 | 2 | |
| ⑥ 被乘数首位3与乘数728相乘：七三21 | 3 | 2 | 6 | 3 | 8 | 7 | 2 | |
| 二三06 | 3 | 2 | 6 | 9 | 8 | 7 | 2 | |
| 八三24 | 3 | 2 | 7 | 2 | 2 | 7 | 2 | |
| ⑦ 在算盘上拨去被乘数首位3 | | 2 | 7 | 2 | 2 | 7 | 2 | |
| ⑧ 定位：3位＋1位＝4位。积数为2 722.72 | | 2 | 7 | 2 | 2 | 7 | 2 | |

隔位乘法按乘数的自然顺序读数，又免掉了一开始就破身脑记的麻烦，使运算趋于直观、明显，有利于进行运算。但与破头乘法相比，每乘完一次乘数多了一步拨掉被乘数数字的步骤，因而速度较慢。

习题3

1. 用留头乘法计算下列各题

1) 95×81＝

2) 74×25＝

3) 25×61＝

4) 48×37＝

5) 19×58＝

6) 31×49＝

7) 26×47＝

8) 83×69＝

9) 15×62＝

10) 48×13＝

11) 63×25＝

12) 56×41＝

>>>>>>

13) $82\times25=$　　　　　　　　　　19) $12\times58=$

14) $15\times37=$　　　　　　　　　　20) $68\times61=$

15) $48\times62=$　　　　　　　　　　21) $20\times38=$

16) $81\times47=$　　　　　　　　　　22) $37\times12=$

17) $32\times65=$　　　　　　　　　　23) $65\times48=$

18) $63\times49=$　　　　　　　　　　24) $45\times19=$

2. 用破头乘法计算下列各题

1) $56\times48=$　　　　　　　　　　21) $31\times19=$

2) $67\times19=$　　　　　　　　　　22) $89\times47=$

3) $19\times68=$　　　　　　　　　　23) $23\times51=$

4) $53\times47=$　　　　　　　　　　24) $38\times62=$

5) $74\times32=$　　　　　　　　　　25) $41\times69=$

6) $48\times25=$　　　　　　　　　　26) $64\times25=$

7) $96\times27=$　　　　　　　　　　27) $81\times36=$

8) $34\times650=$　　　　　　　　　28) $50\times68=$

9) $89\times61=$　　　　　　　　　　29) $12\times43=$

10) $32\times84=$　　　　　　　　　30) $47\times19=$

11) $63\times31=$　　　　　　　　　31) $32\times23=$

12) $94\times28=$　　　　　　　　　32) $29\times15=$

13) $19\times67=$　　　　　　　　　33) $34\times41=$

14) $23\times56=$　　　　　　　　　34) $54\times30=$

15) $25\times89=$　　　　　　　　　35) $89\times78=$

16) $56\times34=$　　　　　　　　　36) $62\times24=$

17) $39\times50=$　　　　　　　　　37) $42\times54=$

18) $62\times41=$　　　　　　　　　38) $87\times68=$

19) $78\times62=$　　　　　　　　　39) $20\times95=$

20) $20\times83=$　　　　　　　　　40) $46\times32=$

3. 用隔位乘法计算下列各题

1) $24\times27=$　　　　　　　　　　10) $38\times12=$

2) $42\times38=$　　　　　　　　　　11) $67\times49=$

3) $96\times52=$　　　　　　　　　　12) $47\times15=$

4) $51\times84=$　　　　　　　　　　13) $98\times45=$

5) $32\times67=$　　　　　　　　　　14) $43\times78=$

6) $63\times45=$　　　　　　　　　　15) $17\times18=$

7) $12\times74=$　　　　　　　　　　16) $64\times20=$

8) $59\times61=$　　　　　　　　　　17) $32\times13=$

9) $29\times96=$　　　　　　　　　　18) $58\times74=$

19) $42×75=$          29) $290×71=$

20) $29×75=$          30) $34×17=$

21) $48×63=$          31) $41×93=$

22) $87×59=$          32) $83×28=$

23) $31×62=$          33) $36×147=$

24) $46×63=$          34) $17×16=$

25) $13×27=$          35) $21×60=$

26) $35×28=$          36) $48×28=$

27) $19×43=$          37) $83×27=$

28) $59×36=$          38) $21×95=$

# 任务五　乘法的练习法

## 一、迅速置数,默记乘数

当运用置数乘法进行运算时,首先必须将被乘数拨在算盘上,故置数要快、准。一般地说,将被乘数的首位数拨在算盘左边第一档上,这样,运算好后只需看一下算盘左边第一档上有无积数,便可确定积的位数,而且还可以提高运算速度。这是由于在运算时,一般都把计算题目放在算盘的左下方,运算时就缩短了算盘与计算题目之间的距离,不至于转动脖颈看数字。如果采用空盘前乘法,就要迅速将被乘数和乘数首位相乘之积拨在算盘左一档上。例如,$328×617$,眼看 3 与 6 之积等于 18 拨入算盘,若首位相乘不进位,首档就空出。迅速置数后,为进一步加快速度,还需默记乘数。因为默记了乘数,就减少了看一次数字乘一个数字的麻烦,且乘积在落档时按部就班,不易出错。对于位数较多的(如 6 位以上),可分段记忆,记忆的方法很多,例如,乘数是 1 982,可以记成是 1982 年;乘数是 2 467,可记成三位连续的偶数 2、4、6,而末位 7 与 6 连续,便可记住这四位数,等等。当然我们要求记住乘数,是过目即能记牢,如停顿较长时间才记住,也就不是我们要讲的目的了。

## 二、熟记大九九,摆脱大九九

从前面介绍的多位数乘法可以看到,仅用小九九运算是不行的。因为在运算过程中,有时小数字在前,大数字在后;有时大数字在前,小数字在后,如果都用小九九运算,则要经常颠倒被乘数与乘数的位置,不仅运算速度不快,而且还容易发生差错。例如,$7 493×6$,对于 4 乘以 6,3 乘以 6,顺念口诀,但对于 7 乘以 6,9 乘以 6 就要改念成 6 乘以 7,6 乘以 9,这样一倒一顺,必然要乘一次看一次数,速度肯定降低,而且还容易重复乘加,发生差错。因此,要熟记大九九表。表 5 - 17 提供几种练习与掌握大九九表的方法。

表 5 – 17

| 1. 顺数一位数乘法练习 | 123 456 789×2＝ | 123 456 789×6＝ |
|---|---|---|
| | 123 456 789×3＝ | 123 456 789×7＝ |
| | 123 456 789×4＝ | 123 456 789×8＝ |
| | 123 456 789×5＝ | 123 456 789×9＝ |
| 2. 逆数一位数乘法练习 | 987 654 321×2＝ | 987 654 321×6＝ |
| | 987 654 321×3＝ | 987 654 321×7＝ |
| | 987 654 321×4＝ | 987 654 321×8＝ |
| | 987 654 321×5＝ | 987 654 321×9＝ |
| 3. 变数一位数乘法练习 | 147 258 369×2＝ | 147 258 369×6＝ |
| | 147 258 369×3＝ | 147 258 369×7＝ |
| | 147 258 369×4＝ | 147 258 369×8＝ |
| | 147 258 369×5＝ | 147 258 369×9＝ |
| 4. 顺数两位数乘法练习 | 123 456 789×18＝ | 123 456 789×54＝ |
| | 123 456 789×27＝ | 123 456 789×63＝ |
| | 123 456 789×36＝ | 123 456 789×72＝ |
| | 123 456 789×45＝ | 123 456 789×81＝ |
| 5. 逆数两位数乘法练习 | 987 654 321×18＝ | 987 654 321×54＝ |
| | 987 654 321×27＝ | 987 654 321×63＝ |
| | 987 654 321×36＝ | 987 654 321×72＝ |
| | 987 654 321×45＝ | 987 654 321×81＝ |
| 6. 变数两位数乘法练习 | 356 987 421×72＝ | 356 987 421×36＝ |
| | 356 987 421×63＝ | 356 987 421×27＝ |
| | 356 987 421×54＝ | 356 987 421×18＝ |
| | 356 987 421×45＝ | 356 987 421×99＝ |

　　在熟记了大九九的基础上,还要摆脱大九九。所谓摆脱大九九,就是在看到被乘数和乘数时,不念出其积数就能将其积数拨在算盘上。例如,9 462×7,以空盘前乘法为例,念七九,手拨 63 入盘;念七四,手拨 28 入盘;念七六,手拨 42 入盘;念七二,手拨 14 入盘。这种只念两因数而不念出其积数,本身就提高了运算速度。

　　熟练到一定程度后,可以眼看被乘数和乘数就能随手拨积入盘,即见数拨珠,形成条件反射。例如,3 587×47,用空盘前乘法为例,看被乘数 3 587、默记乘数 4,直拨积数 12、20、32、28 入盘;看被乘数 3 587、默记乘数 7,错一档直拨 21、35、56、49 入盘。当然这种方法不是一日之功便可达到,需要持之以恒的练习。

### 三、注意档次,运用技巧

在乘法运算中,主要是防止拨珠与落档两方面的错误。特别乘积是小型积、中型积和乘数间出现"0"的时候更容易发生差错。防止的办法,就是做到指不离档。指不离档就是手指要指在算盘上积数的个位档,这个个位档即作为下一次乘积的十位档。一般用中指指在算盘相应的档上。具体地说:

(1) 对于小型积,手指要指在个位档。例如,47×286,两因数首位相乘"二四 08",手指要指在 8 这一档上。

(2) 对于中型积,手指要指在个位"0"档上,例如,428×537,两因数首位相乘"五四 20",中指指在"0"这一档上。

(3) 对于乘数间出现"0"时,手指就要作相应移档。一般移档是有规律可循的,就是说乘数中间有几个"0",其积就要往后移几档。如果移多少档还难以判断,可念出口诀进行移档。

因此,还可以得出这样的结论:当乘数中间有"0"时,"0"后面的数字与被乘数相乘是大型积和中型积的,那么,乘数中间有几个"0",积的中间就比乘数中间少一个"0"。如 8×204=1 632,8×2 004=16 032,8×20 004=160 032。

相反,如果后面的数字与被乘数相乘是小型积的,那么,乘数中间有几个"0",积的中间也有几个"0"。如 4×302=1 208,4×3 002=12 008,4×30 002=120 008。

**【例 5 - 24】**    62×7 004=434 248

用空盘前乘法运算,见图 5 - 9。

62×7 004＝

```
        六 七  4  2
          六 零  0  0
            六 零  0  0
              六 四  2  4
        ─────────────────
        二 七  1  4
          二 零  0  0
            二 零  0  0
              二 四  0  8
        ─────────────────
            4  3  4  2  4  8
```

**图 5 - 9**

另外,在进行乘法运算时我们还要学会讨点"便宜",尽可能减少拨珠次数或减少左右移动次数。即所谓"运用技巧"。

一是选择被乘数的技巧。一般做法是:

(1) 选择两因数中有效数字少的作为被乘数,例如,6 274×293,选择 293 就比选择 6 274 作被乘数要少乘一次。

(2) 选择两因数中有 1 的作为被乘数,例如,2 736×4 128,选择 4 128 作被乘数,因当 1 乘以 2 736 时在算盘相应档次上直接拨加即可。

(3) 选择两因数中有 0 的作为被乘数,例如,276×408,选择 408 作为被乘数,因 0 乘任何数在算盘上不需实乘,可跳过一位,另外没有 0 也便于落档。

二是运用一些明显的简便技巧。这在后面有关章节里将作专门介绍,这里只简单介绍:

(1) 提前进位。目的是减少拨珠动作,提高速度。例如,325×349,用空盘前乘法运算时,两数首位相乘虽然是小型积,三三09,但后面 3 乘以 4 得12,其十位与第一盘个位相加已进位,故可提前进位。再如,524×756,用破头后乘法运算,当被乘数末位 4 乘以 7 得 28 与第二位 5 相乘得20,两盘相加为 300,再用 4 乘以 6 得 24,因此,提前进位时可直接得 4×756＝3 024。

(2) 直接拨积。在有些计算题中,被乘数同乘数的乘积是我们较熟悉的,可以直接念出积数。例如,27×1 238,当首位乘以乘数前三位 123 时,不需要念二一 02、二二 04、二三 06,而可以直接念出积数 0 246。再如,43×2 581,当首位 4 与 25 相乘,可直拨乘积 100 入盘,与 81 相乘,可直拨积数 324 入盘。

### 四、迅速定位,迅速写数

乘法的定位在乘法运算中十分重要,它可以检验运算过程中有无搞错档位的现象,例如,421×293＝123 353,定位是 6 位,如积的位数计算出来是 5 位或 7 位,那么肯定就错了。还可以确定带小数题目的取舍幅度,例如,4.23×6.378,在算盘上运算出读数为 2 697 894,得数要保留两位小数,迅速定位为 2 位,故在答案上不必将全部得数都写出,只要将积写成 26.98 即可。因此,定位速度快,不但加快了运算速度,而且也提高了运算的准确性。要想快速定位,须做到两点:一是将被乘数或乘数拨在固定档位上,不要随便移动;二是迅速判断被乘数与积数的位置。

写数快慢同加快速度紧密相连,是提高速度的最后一道关卡。如果一个题目算完,看几眼才能写出六七位的数字,显然就影响了速度的提高。因此,必须严格训练,以达到眼看盘数,手写积数,并能与定位结合起来。

 项目小结

乘法是加法的简捷算法。要想熟练进行乘法运算必先熟背大九九口诀,并能掌握一种以上多位数乘法的运算方法,对于积的各种定位方法要能熟练运用。在练习中必须按乘法"高位乘起,对应相加"的运算法则,切记数字"0"在运算中的占位,如能熟练使用空盘前乘法进行乘法计算就更好了。相信通过大家的努力,一定能熟练掌握。

 复习思考题

1. 如何判断数的位数?

2. 如何用积的公式定位法进行积的定位?

3. 留头乘和破头乘各有哪些优缺点?

4. 为什么要熟练掌握大九九口诀?

5. 何谓空盘前乘法?试举一例说明。

6. 谈谈珠算乘法如何练习和提高。

**习题 4**

1. 用你隔位乘法计算下列各题(积数保留两位小数)

1) $0.848 \times 346 =$

2) $457 \times 0.162 =$

3) $792 \times 917 =$

4) $748 \times 164 =$

5) $951 \times 147 =$

6) $842 \times 146 =$

7) $567 \times 384 =$

8) $1.49 \times 0.472 =$

9) $842 \times 753 =$

10) $853 \times 410 =$

11) $652 \times 384 =$

12) $1.32 \times 59.3 =$

13) $254 \times 648 =$

14) $697 \times 842 =$

15) $689 \times 418 =$

16) $295 \times 813 =$

17) $0.489 \times 0.274 =$

18) $852 \times 416 =$

19) $748 \times 968 =$

20) $813 \times 108 =$

21) $462 \times 806 =$

22) $564 \times 879 =$

23) $659 \times 0.083 =$

24) $624 \times 892 =$

25) $842 \times 654 =$

26) $814 \times 976 =$

27) $579 \times 183 =$

28) $486 \times 864 =$

29) $486 \times 127 =$

30) $135 \times 8\,462 =$

31) $642 \times 787 =$

32) $8.53 \times 0.495 =$

33) $926 \times 476 =$

34) $845 \times 795 =$

35) $427 \times 384 =$

36) $807 \times 748 =$

37) $92.3 \times 51.8 =$

38) $386 \times 248 =$

39) $834 \times 956 =$

40) $927 \times 124 =$

41) $816 \times 427 =$

42) $0.248 \times 1.67 =$

43) $925 \times 543 =$

44) $832 \times 273 =$

45) $468 \times 143 =$

46) $389 \times 842 =$

47) $0.925 \times 0.164 =$

48) $659 \times 832 =$

49) $384 \times 879 =$

50) $928 \times 813 =$

2. 用破头乘法计算下列各题(积数保留两位小数)

1) $1\,247 \times 16 =$

2) $68 \times 9\,842 =$

3) $1\,872 \times 907 =$

4) $0.5187 \times 0.64 =$

5) $2\,681 \times 0.028 =$

6) $8.759 \times 1.53 =$

7) $97 \times 4\,564 =$

8) $26 \times 1\,542 =$

9) $3\,874 \times 64 =$

10) $1\,437 \times 26 =$

11) 7 412×37＝

12) 5 104×0.64＝

13) 54×4 648＝

14) 0.72×8 652＝

15) 8 347×0.592＝

16) 3 095×0.13＝

17) 8 914×76＝

18) 67×7 938＝

19) 0.745×0.24＝

20) 3 247×54＝

21) 8 614×0.076＝

22) 2 849×13＝

23) 83×0.457＝

24) 37.6×5.39＝

25) 1 872×0.82＝

26) 2.42×0.9547＝

27) 563×975＝

28) 4 236×806＝

29) 324×5 930＝

30) 982×4 015＝

31) 7 347×0.68＝

32) 3 524×56＝

33) 96×2 437＝

34) 4 837×0.27＝

35) 0.356×729＝

36) 16.35×0.27＝

37) 39×5 409＝

38) 407×3 628＝

39) 3 016×45＝

40) 4 823×67＝

# 项目六 珠算基本除法

## 项目目标

1. 学会商的定位方法
2. 学会估商、立商、补商和退商的方法
3. 学会并至少会用一种除法运算方法熟练进行多位数的除法运算

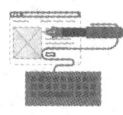

## 项目导入

除法是减法的简便算法,是加减和乘法运算的综合运用,学好除法的关键是减积。下面就让我们来计算。

除法就是将一个数分成若干等份,求一份是多少的方法。也就是说已知两数之积和其中一个因数,求另一个因数的运算叫除法。

例如:　　$27 \div 3 = 9$

被　　除　　商
除　　数　　数
数

其中 27 叫被除数,也叫实数;3 叫除数,也叫法数,9 叫做商数。除法是乘法的逆运算,也是同数连减的简算法。

除法的种类很多,但最基本的方法有两种:一种是商除法;另一种是归除法。

## 任务一　商的定位法

在前一章中介绍了乘积的三种定位方法,商的定位法,其位数概念是与乘积定位法一样的。这里我们着重介绍以下三种商的定位方法。

## 一、公式定位法

乘积的公式定位法有两个公式,即 $S = m + n$ 和 $S = m + n - 1$。

根据除法是乘法的逆运算原理,可知商的两个定位公式: ① $Y = m - n$; ② $Y = m - n + 1$。

其中, $Y$ 表示商的位数; $m$ 表示被除数的位数; $n$ 表示除数的位数。

在什么情况下使用这两个公式呢?

(1) 当被除数的最高位数字小于除数的最高位数字(不够除)时,即被除数整数位减去除数整数位,等于商数整数位。用公式①定位,即 $Y = m - n$。

【例 6 - 1】 $200 \div 80 = 2.5$

3 位 - 2 位 = +1 位

【例 6 - 2】 $2.13122 \div 26 = 0.08197$

1 位 - 2 位 = -1 位

【例 6 - 3】 $0.066024 \div 0.0917 = 0.72$

-1 位 - (-1) 位 = 0 位

(2) 当被除数的最高位数字大于除数的最高位数字(够除)时,即被除数整数位减去除数整数位后再加上 1,等于商数整数位。用公式②定位,即 $Y = m - n + 1$。

【例 6 - 4】 $0.7811 \div 10.7 = 0.073$

0 位 - 2 位 + 1 位 = -1 位

【例 6 - 5】 $47.6 \div 2800 = 0.017$

+2 位 - 4 位 + 1 位 = -1 位

【例 6 - 6】 $910000 \div 91 = 10000$

+6 位 - 2 位 + 1 位 = +5 位

(3) 若被除数的最高位数字与除数最高位数字相等时,则比较其次高位数字:凡被除数次高位数字小于除数次高位数字的,用公式①定位;凡被除数次高位数字大于除数次高位数字的,用公式②定位。

【例 6 - 7】 $9801 \div 99 = 99$

被除数与除数最高位数字均为 9(相等),故比较它们的次高位数字。被除数次高位数 8 小于除数次高位数 9,商的位数 = 4 位 - 2 位 = +2 位。商数为 99。

【例 6 - 8】 $0.144 \div 1.2 = 0.12$

被除数与除数最高位均为 1(相等),比较它们的次高位数。被除数次高位数 4 大于除数次高位数 2,商的位数 = 0 位 - 1 位 + 1 位 = 0 位。商数为 0.12。

(4) 若被除数、除数最高位数和次高位数均相等时,可以从次高位的下一位比较确定,其余可类推。但若被除数与除数的有效数字完全相等时,则用公式②定位。

【例 6 - 9】 $100 \div 0.001 = 100000$

被除数与除数有效数字相等,无法比较确定,直接用公式②定位。商的位数 = 3 位 - (-2) 位 + 1 位 = +6 位。商数为 100000。

### 二、移档定位法

移档定位法也称数档定位法,是按照"等档同向,零位不变"的原则,以除数的位数为准,当除数是正位数时,向左移相应档位;除数是负位数时,向右移相应档位;除数是零位数时,保持不变。

具体方法如下(以归除法为例):

(1) 除数是整数时,除数是正几位数,商数的个位就在被除数个位的左边第几档上。

【例 6 - 10】 2 537.68÷48(见图 6 - 1)

【例 6 - 11】 25 478÷500(见图 6 - 2)

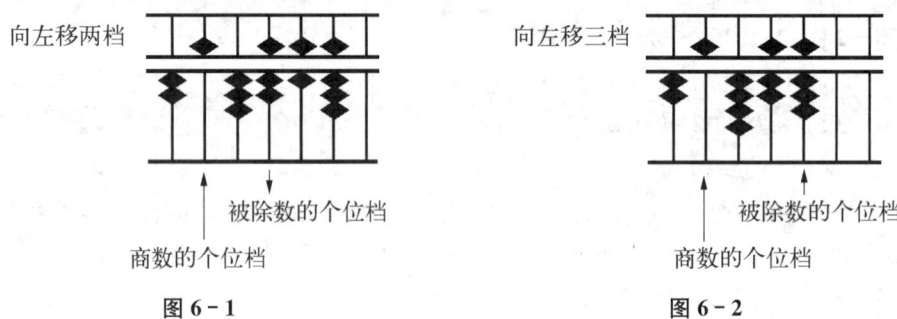

图 6 - 1                    图 6 - 2

(2) 除数是小数时,除数是负几位,商的个位就在被除数个位右边第几档上。

【例 6 - 12】 2.5678÷0.004(见图 6 - 3)

【例 6 - 13】 4.2665÷0.00002(见图 6 - 4)

(3) 除数是 0 位时,被除数的个位档,就是商数的个位档。

【例 6 - 14】 5.46÷0.8=(见图 6 - 5)

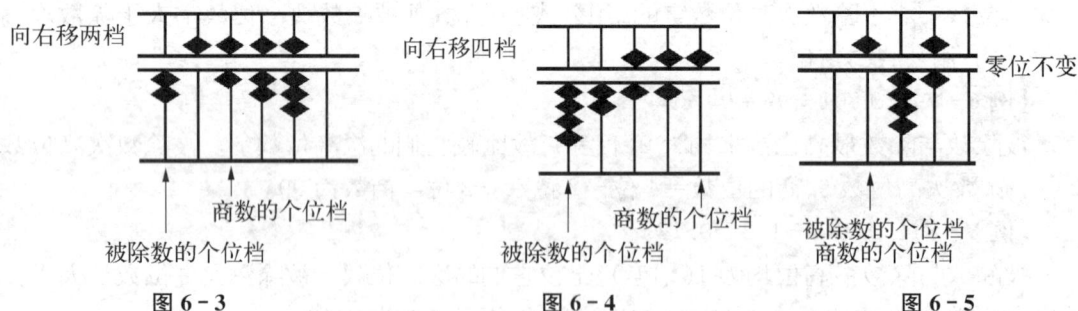

图 6 - 3                    图 6 - 4                    图 6 - 5

由于商除法(隔位除法)在置商时和归除法在置商时相差一个档次,按上述定位时,应相应地多移一个档次。

### 三、算前固定档定位法

(1) 在算盘梁上选好定位部位,然后标上定位标记(小数点和分节号)。见图 6 - 6。

(2) 不隔位除法用公式①上盘,即被除数位数 $m$,减除数位数 $n$ 是几位,则从几位档起布入被除数,运算后各档算珠所表示的数和梁上所标的分节和小数点照抄写成数即为所求商数及数位。

【例 6 – 15】 $467.35 \div 2.06$

3 位－1 位＝＋2 位(见图 6－7)

(3) 隔位除法用公式②上盘。

【例 6 – 16】 $467.35 \div 2.06$

3 位－1 位＋1 位＝＋3 位(见图 6－8)

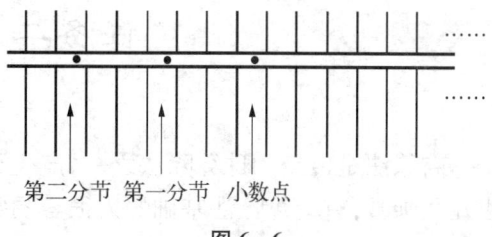

第二分节　第一分节　小数点

图 6－6

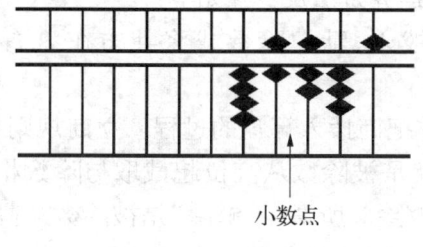

小数点

图 6－7

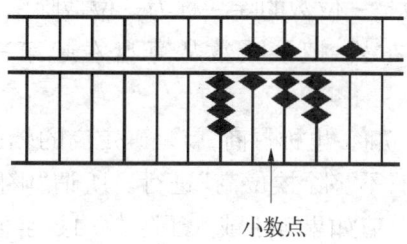

小数点

图 6－8

习题 1

1. 给下列各题定位

1) $34\ 834\ 220 \div 19\ 600 \to 1\ 777\ 256$

2) $2\ 786\ 648 \div 21\ 370 \to 1\ 304$

3) $34\ 082\ 010 \div 6\ 294 \to 5\ 415$

4) $643.651596 \div 874.80 \to 73\ 577$

5) $57.57268 \div 5\ 689 \to 1\ 012$

6) $4\ 511 \div 2.3256 \to 1\ 914$

7) $4\ 000\ 000 : 8.75 \to 457\ 142\ 857$

8) $67 \div 4\ 919 \to 13\ 620\ 654$

9) $0.679559\ 2 \div 0.5701 \to 1\ 192$

10) $474\ 962.64 \div 4\ 962 \to 9\ 572$

2. 给下列各题进行定位

1) $2.613 \div 3.9 \to 67$

2) $0.0559 \div 0.26 \to 215$

3) $29\ 760 \div 620 \to 48$

4) $179.49 \div 31 \to 579$

5) $5.429 \div 8.9 \to 61$

6) $0.88128 \div 5.76 \to 153$

7) $24.582 \div 51 \to 482$

8) $25.668 \div 2.76 \to 93$

9) $163.2 \div 24 \to 68$

10) $0.1425 \div 0.15 \to 95$

11) $1\ 392 \div 29 \to 48$

12) $0.09261 \div 147 \to 63$

13) $1.1424 \div 56 \to 206$

14) $0.18476 \div 31 \to 596$

15) $0.02142 \div 357 \to 6$

16) $0.003026 \div 17 \to 178$

17) $0.172308 \div 249 \to 692$

18) $0.16815 \div 95 \to 177$

19) $110.29 \div 41 \to 269$

20) $832.114 \div 563 \to 1\ 478$

# 任务二　商　除　法

商除法是传统的珠算除法之一,产生于归除法之前,最初应用于筹算。由于它只用乘法九九乘减,有笔算除法基础的人很容易掌握。

## 一、一位数除法

除数是一位数的除法称为一位数除法。其运算方法及步骤如下:

(1) 布数,把被除数从算盘左起第三档拨入,默记除数或将其布在盘右适当的位置。

(2) 立商,也称置商,就是确定商的档位,并把商拨入算盘的过程。立商规则按照"够除隔位商,不够除挨位商"进行。所谓"够除"就是被除数从高位起截取与除数相同的数位,其数字值如果等于或大于除数的数字值叫够除。所谓"不够除"是被除数从高位起截取与除数相同的数位,其数字值如果小于除数的数字值叫不够除。

(3) 试商,也称估商,就是估计被除数够除数几倍,并把试的商拨在"立商"所规定的位置上。

(4) 减积,在被除数(或余数)中减去试商同除数的乘积,从商的右一档开始减。

(5) 商数的记法,除尽的,算盘的数就是商数。除不尽时,根据要求的准确度多除一位,最后用四舍五入法取舍。

(6) 定位,用公式定位法定位。

【例 6-17】　362÷2＝181(运算步骤见表 6-1)

表 6-1

| 拨　算　程　序 | 盘　式 | | | | | |
|---|---|---|---|---|---|---|
| | 1 | 2 | 3 | 4 | 5 | 6 |
| ① 从第三档起布入被除数 362 | | | 3 | 6 | 2 | |
| ② 被除数首位 3 除以 2,够除,估商 1,"够除隔位商",将估商 1 拨在被除数首位隔一档上 | 一 | | 3 | 6 | 2 | |
| 　减:二一 02 | 一 | | 1 | 6 | 2 | |
| ③ 余数的首二位 16 除以 2,估商 8,拨在余数的前一档,并同除数乘减 | 一 | 八 | 1 | 6 | 2 | |
| 　减:二八 16 | 一 | 八 | | | 2 | |
| ④ 余数 2 除以 2,隔位商 1 | 一 | 八 | 一 | | 2 | |
| 　减:二一 02 | 一 | 八 | 一 | | | |
| ⑤ 定位:＋3 位-(＋1)位+1 位＝＋3 位。商数为 181 | 一 | 八 | 一 | | | |

【例 6 - 18】 2 226÷6＝371(运算步骤见表 6 - 2)

表 6 - 2

| 拨　算　程　序 | 盘　式 | | | | | |
|---|---|---|---|---|---|---|
| | 1 | 2 | 3 | 4 | 5 | 6 |
| ① 从第三档起布入被除数 2 226 | | | 2 | 2 | 2 | 6 |
| ② 被除数首二位 22 除以 6，估商 3，挨位商 3(不够除挨位商)，拨在被除首位前一档上并同除数乘减 | | 三 | 2 | 2 | 2 | 6 |
| 减：六三 18 | | 三 | | 4 | 2 | 6 |
| ③ 余数的首二位 42 除以 6，估商 7，拨在余数首位前一档上，并同除数乘减 | | 三 | 七 | 4 | 2 | 6 |
| 减：六七 42 | | 三 | 七 | | | 6 |
| ④ 余数 6 除以 6，估商 1，拨在除数的隔一档上(够除隔位商)，并同除数相乘减 | | 三 | 七 | 一 | | 6 |
| 减：六一 06 | | 三 | 七 | 一 | | |
| ⑤ 定位：4 位－1 位＝＋3 位。商数为 371 | | 三 | 七 | 一 | | |

【例 6 - 19】 4 248÷800＝5.31(运算步骤见表 6 - 3)

表 6 - 3

| 拨　算　程　序 | 盘　式 | | | | | |
|---|---|---|---|---|---|---|
| | 1 | 2 | 3 | 4 | 5 | 6 |
| ① 从第三档起布入被除数 4 248 | | | 4 | 2 | 4 | 8 |
| ② 被除数首二位 42 除以 8，估商 5，按"不够除挨位商"。拨在被除数前一档上，并同除数相乘减 | | 五 | 4 | 2 | 4 | 8 |
| 减：八五 40 | | 五 | | | 2 | 8 |
| ③ 余数的首二位 24 除以 8，估商 3，拨在余数首位前一档上，并同除数相乘减 | | 五 | 三 | | | |
| 减：八三 24 | | 五 | 三 | | | 8 |
| ④ 余数 8 除以 8，隔位商 1 | | 五 | 三 | 一 | | |
| 减：一八 08 | | 五 | 三 | 一 | | |
| ⑤ 定位：4 位－3 位＝1 位。商数为 5.31 | | 五 | 三 | 一 | | |

习题2

用商除法计算下列各题

1) 134÷2＝　　　　　　　　　　2) 175÷7＝

3) 144÷3=

4) 2 895÷5=

5) 372÷6=

6) 248÷8=

7) 4 320÷9=

8) 186÷2=

9) 504÷3=

10) 760÷8=

11) 819÷9=

12) 4 781÷7=

13) 240÷5=

14) 492÷6=

15) 1 428÷4=

16) 140÷2=

17) 2 844÷3=

18) 270÷6=

19) 3 368÷8=

20) 392÷7=

21) 480÷5=

22) 450÷9=

23) 3 640÷5=

24) 210÷6=

25) 218÷2=

26) 246÷3=

27) 469÷7=

28) 2 252÷4=

29) 666÷9=

30) 836÷2=

31) 128÷8=

32) 114÷3=

33) 6 559÷7=

34) 260÷4=

35) 3 744÷6=

36) 445÷5=

37) 1 962÷2=

38) 336÷8=

39) 4 563÷9=

40) 3 010÷7=

## 二、多位数除法

除数是两位以上的除法称为多位数除法。多位数商除法由于除数位数较多,在估商时难度要大一些,运算步骤也多一些。

"商除"本身包含两层意思:"商"(即商量)就是比较法、实多少,估计应该立商多少;"除"就是把所立的商数与除数相乘从被除的数中减去(即除去)。所以在除法运算中,若估商准确就能减少或不用补商和退商,这是提高速度的关键。

在商除法的计算过程中,补商容易退商难,所以估商时一般采用"宁小勿大"的原则。商除法一般采用以下三种估商法。

（一）法首估商法

商除法一般不用整个除数去与被除数比较估商,而是用除数的首数字去与被除数的一位或两位比较估商,称为法首估商法。如 145 464÷319,用除数首位 3 估商。

优点:此种方法能迅速得出初商,初商一般就是确商(实商)。

缺点:用此法估商估出的初商有时比实商略大,这时需要用退商调整,或立商时比所估商酌减1。

（二）法首加1估商法

当除数的首二位数字比较大时,用法首估商误差大,根据估商"宁小勿大"的原则,就应采用法首加1估商法。如6 336÷288,用法首位2加1的3去估商。

优点:此种方法估商克服了采用法首估商不准确、经常需要退商的缺点,加快了运算速度。

缺点:用此法估出的商一般比实商略小,这时需要用补商进行调整,或到最后立商时比所估商酌加1。

**【例6-20】** 2 704÷26=104(运算步骤见表6-4)

表6-4

| 拨 算 程 序 | 盘 式 | | | | | |
|---|---|---|---|---|---|---|
| | 1 | 2 | 3 | 4 | 5 | 6 |
| ① 从第三档起将被除数2 704布入算盘 | | | 2 | 7 | 0 | 4 |
| ② 被除数首二位27比除数首二位,隔商1 | 一 | | 2 | 7 | 0 | 4 |
| 减:二一02 | 一 | | | 7 | 0 | 4 |
| 减:六一06 | 一 | | | 1 | 0 | 4 |
| ③ 余数首位1比除首2,估商4,挨位商4 | 一 | ○ | 四 | 1 | 0 | 4 |
| 减:二四08 | 一 | ○ | 四 | | 2 | 4 |
| 减:六四24 | 一 | ○ | 四 | | | |
| ④ 定位:+4位-2位+1位=+3位。商数为104 | 一 | ○ | 四 | | | |

 习题3

用商除法计算下列各题(除不尽的保留两位小数)

1) 1 273÷19=

2) 700÷28=

3) 1 872÷39=

4) 27 792÷48=

5) 3 658÷59=

6) 2 108÷68=

7) 37 920÷79=

8) 2 697÷29=

9) 2 856÷17=

10) 8 455÷89=

11) 2 457÷27=

12) 26 637÷39=

13) 912÷19=

14) 4 018÷49=

15) 24 276÷68=

16) 4 690÷67=

17) 27 492÷29=

18) 1 665÷37=

19) 7 578÷18=

20) 1 568÷28=

(三)法二位估商法

当除数首位是1时,用法首1估商,如用法首加1的2估商,就会产生误差,遇到此种情况,用法二位估商一般准确无误,例如,5 688÷158=36,用法首估商5,法首加1估商2,用法二位估商3准确无误。此种方法估出的商都是确商,缺点是心算估商难度较大。

**【例6-21】** 1 216÷19=64(运算步骤见表6-5)

表 6－5

| 拨　算　程　序 | 盘　式 | | | | | |
|---|---|---|---|---|---|---|
| | 1 | 2 | 3 | 4 | 5 | 6 |
| ① 从第三档起布入被除数 1 216 | | | 1 | 2 | 1 | 6 |
| ② 被除数首 1 比除首 1 够除,法首加 1 估商法估商或法二位估商法,估商 6 | | 六 | 1 | 2 | 1 | 6 |
| 　减：六一 06 | | 六 | | 6 | 1 | 6 |
| 　减：六九 54 | | 六 | | | 7 | 6 |
| ③ 余首 7 比除首 1 够除,隔位估商 4 | | 六 | 四 | | 7 | 6 |
| 　减：四一 04 | | 六 | 四 | | 3 | 6 |
| 　减：四九 36 | | 六 | 四 | | | |
| ⑤ 定位：4 位－2 位＝＋2 位。商数为 64 | | | | | | |

 习题4

用商除法计算下列各题(除不尽的保留两位小数)

1) 494÷19＝
2) 2 688÷16＝
3) 708÷12＝
4) 12 623÷13＝
5) 510÷15＝
6) 391÷17＝
7) 1 872÷18＝
8) 1 444÷19＝
9) 6 384÷14＝
10) 3 926÷13＝

11) 1 245÷15＝
12) 928÷16＝
13) 1 581÷17＝
14) 10 314÷18＝
15) 2 520÷15＝
16) 944÷16＝
17) 868÷14＝
18) 9 256÷13＝
19) 1 128÷12＝
20) 4 730÷11＝

【例 6－22】　9 649.2÷3.74＝2 580(运算步骤见表 6－6)

表 6－6

| 拨　算　程　序 | 盘　式 | | | | | | | |
|---|---|---|---|---|---|---|---|---|
| | 1 | 2 | 3 | 4 | 5 | 6 | 7 | 8 |
| ① 从第三档起布入被除数 9 649.2 | | | | 9 | 6 | 4 | 9 | 2 |
| ② 被除数首 9 比除首 3 够除,估商 2 | | 二 | | 9 | 6 | 4 | 9 | 2 |
| 　减：三二 06 | | 二 | | 3 | 6 | 4 | 9 | 2 |
| 　减：七二 14 | | 二 | | 2 | 4 | 4 | 9 | 2 |
| 　减：四二 08 | | 二 | | 2 | 1 | 6 | 9 | 2 |

（续表）

| 拨算程序 | 盘式 | | | | | | | |
|---|---|---|---|---|---|---|---|---|
| | 1 | 2 | 3 | 4 | 5 | 6 | 7 | 8 |
| ③ 余首2比除首3不够除,估商5 | 二 | 五 | 2 | 1 | 6 | 9 | 2 | |
| 　减:三五15 | 二 | 五 | | 6 | 6 | 9 | 2 | |
| 　减:七五35 | 二 | 五 | | 3 | 1 | 9 | 2 | |
| 　减:四五20 | 二 | 五 | | 2 | 9 | 9 | 2 | |
| ④ 余首2比除首3不够除,余首二位29比除首3,估商8 | 二 | 五 | 八 | 2 | 9 | 9 | 2 | |
| 　减:三八24 | 二 | 五 | 八 | | 5 | 9 | 2 | |
| 　减:七八56 | 二 | 五 | 八 | | | 3 | 2 | |
| 　减:四八32 | 二 | 五 | 八 | | | | 2 | |
| ⑤ 定位:4位-1位+1位=+4位。商数为2 580 | 二 | 五 | 八 | | | | | |

## （四）补商

商除估商有时试商偏小,如采用法首加1估商时,容易产生初商比实商略小,这时就需要进行补商。方法是商数加1,隔位减去1倍除数。

【例6-23】　216 875÷347＝625(运算步骤见表6-7)

表6-7

| 拨算程序 | 盘式 | | | | | | | |
|---|---|---|---|---|---|---|---|---|
| | 1 | 2 | 3 | 4 | 5 | 6 | 7 | 8 |
| ① 从第三档起布入被除数216 875 | | | 2 | 1 | 6 | 8 | 7 | 5 |
| ② 被除数首二位比首3,估商6,换位商6,同时减商6同除数347的积 | | 六 | 2 | 1 | 6 | 8 | 7 | 5 |
| 　减:三六18 | | 六 | | 3 | 6 | 8 | 7 | 5 |
| 　减:四六24 | | 六 | | 1 | 2 | 8 | 7 | 5 |
| 　减:七六42 | | 六 | | | 8 | 6 | 7 | 5 |
| ③ 余数首8比除首3够除,隔位商2,并同除数乘减 | | 六 | 二 | | 8 | 6 | 7 | 5 |
| 　减:三二06 | | 六 | 二 | | 2 | 6 | 7 | 5 |
| 　减:四二08 | | 六 | 二 | | 1 | 8 | 7 | 5 |
| 　减:七二14 | | 六 | 二 | | 1 | 7 | 3 | 5 |
| ④ 余首二位比除首3,估商4,并同除数乘减 | | 六 | 二 | 四 | 1 | 7 | 3 | 5 |
| 　减:三四12 | | 六 | 二 | 四 | | 5 | 3 | 5 |
| 　减:四四16 | | 六 | 二 | 四 | | 3 | 7 | 5 |
| 　减:七四28 | | 六 | 二 | 四 | | 3 | 4 | 7 |

（续表）

| 拨　算　程　序 | 盘　式 | | | | | | | |
|---|---|---|---|---|---|---|---|---|
| | 1 | 2 | 3 | 4 | 5 | 6 | 7 | 8 |
| ⑤ 余数347同除数347相等,应补商1,商4加上1,隔位减除数 | | 六 | 二 | 五 | | 3 | 4 | 7 |
| 减：347 | | 六 | 二 | 五 | | | | |
| ⑥ 定位：6位-3位＝+3位。商数为625 | | 六 | 二 | 五 | | | | |

**（五）退商**

商除估商有时估出的商比实商略大,这时就会出现商与除数的乘积在被除数中不够减的情况,这时需退商,退商的方法是商数减1,隔位加上多减的那一部分除数。例如,当在商数与除数的首起第三位相乘不够减时,这时将商数减1,减1后的商同除数第三位以下各位相乘减。

【例6-24】　30 014÷698＝43(运算步骤见表6-8)

表6-8

| 拨　算　程　序 | 盘　式 | | | | | | | |
|---|---|---|---|---|---|---|---|---|
| | 1 | 2 | 3 | 4 | 5 | 6 | 7 | 8 |
| ① 从第三档起布入被除数30 014 | | | 3 | 0 | 0 | 1 | 4 | |
| ② 被除数首二位30比除数首位6,估商5,挨位商5,并同除数乘减 | | 五 | 3 | 0 | 0 | 1 | 4 | |
| 减：六五30 | | 五 | | | | 1 | 4 | |
| 减：九五45 不够减 | | 五 | | | | 1 | 4 | |
| ③ 当商数同除数的乘积不够减时,在初商5中退1(减1),变成4,隔一档加还除数首位6 | | 四 | | 6 | 0 | 1 | 4 | |
| ④ 再把商数4同除数第二、第三位的积从被除数中减去 | | 四 | | 6 | 0 | 1 | 4 | |
| 减：九四36 | | 四 | | 2 | 4 | 1 | 4 | |
| 减：八四32 | | 四 | | 2 | 0 | 9 | 4 | |
| ⑤ 余数首二位20比除数首位6,估商3,挨位商3,同时减去商数与除数的积 | | 四 | | 2 | 0 | 9 | 4 | |
| 减：六三18 | | 四 | 三 | | 2 | 9 | 4 | |
| 减：九三27 | | 四 | 三 | | | 2 | 4 | |
| 减：八三24 | | 四 | 三 | | | | | |
| ⑥ 定位：5位-3位＝+2位 | | 四 | 三 | | | | | |

习题 5

用商除法计算下列各题(除不尽的保留两位小数)

1) 43 152÷87＝                11) 6 570÷18＝

2) 5 356÷103＝               12) 65 988÷702＝

3) 6 764÷76＝                13) 4 074÷42＝

4) 23 754÷74＝               14) 4 740÷158＝

5) 31 450÷629＝              15) 6 324÷93＝

6) 8 304÷48＝                16) 30 615÷65＝

7) 16 724÷452＝              17) 36 244÷697＝

8) 6 254÷59＝                18) 1 104÷48＝

9) 3 115÷35＝                19) 23 247÷567＝

10) 36 846÷801＝             20) 5 772÷39＝

## 三、商除辅助试商口诀

商除简单易学,但估商较难,前面已介绍了三种估商方法,下面对于法首估商法作进一步的介绍。法首估商法是用除数的首数字(法首)去与被除数的一位或两位比较估商。对于初学者来说由于试商较难,一时想不出商数是多少。这时根据法首和实首之间的关系编成几句口诀进行试商。口诀如下:

二一 5

三一 3          三二 6

四一 2          四二 5          四三 7

五加倍

六加 2

七、八加 1

九商同

数近商 9

口诀的第一个中文数字代表法首,第二个中文数字代表实首,第三个阿拉伯数字代表商。下面对口诀分别加以介绍。

(1) 二一 5。除数首位数是 2,被除数首位数是 1 时,估商 5。如 120÷24＝5。

(2) 三一 3、三二 6。凡除数首位数是 3,被除数首位数是 1 时,估商 3;被除数首位数是 2 时,估商 6;商大退商调减,商小补商调加。

(3) 四一 2、四二 5、四三 7。凡除数首位是 4,被除数首位数是 1 时,估商 2,如 1 176÷42＝28,此例的首商为 2;被除数首位是 2 时,估商 5;被除数首位是 3 时,估商 7。

【例 6 - 25】  225÷45＝5,用口诀"四二 5",估商 5。

【例 6 - 26】  336÷48＝7,用口诀"四三 7",估商 7。

(4) 五加倍。当除数首位数是 5 时,估商数就等于被除数首位加倍。

【例 6 - 27】　　20÷5＝4(2＋2＝4)估商 4

40÷5＝8(4＋4＝8)估商 8

30÷5＝6(3＋3＝6)估商 6

(5)六加 2。当除数首位数是 6 时,估商数为被除数首位加 2。

【例 6 - 28】　　30÷6＝5(3＋2＝5)估商 5

24÷6＝4(2＋2＝4)估商 4

18÷6＝3(1＋2＝3)估商 3

(6)七、八加 1。当除数首位是 7 或 8 时,估商数一般是被除数首位加 1。

【例 6 - 29】　　24÷8＝3(2＋1＝3)估商 3

32÷8＝4(3＋1＝4)估商 4

40÷8＝5(4＋1＝5)估商 5

14÷7＝2(1＋1＝2)估商 2

21÷7＝3(2＋1＝3)估商 3

30÷7＝4…2(3＋1＝4)估商 4

(7)九商同。当除数首位数是 9 时,估商数与被除数首位相同。

【例 6 - 30】　　14÷9＝1…5 估商 1

20÷9＝2…2 估商 2

34÷9＝3…7 估商 3

(8)数近商 9。当除数大于被除数且两因数相近时,一般商 9。

【例 6 - 31】　　434÷468＝9…18 估商 9

396÷44＝9 估商 9

习题 6

用商除法计算下列各题(除不尽的保留两位小数)

1) 20 468÷602＝

2) 2 146÷37＝

3) 44 574÷51＝

4) 3 332÷49＝

5) 17 900÷20＝

6) 9 432÷786＝

7) 53 010÷90＝

8) 18 963÷387＝

9) 47 100÷75＝

10) 15 792÷24＝

11) 17 748÷51＝

12) 29 884÷62＝

13) 19 344÷39＝

14) 39 520÷760＝

15) 2 646÷27＝

16) 3 290÷94＝

17) 27 927÷87＝

18) 28 635÷415＝

19) 12 545÷13＝

20) 17 220÷820＝

21) 7 840÷245＝

22) 58 028÷89＝

23) 26 334÷57＝

24) 21 515÷65＝

25) 19 372÷58＝

26) 9 100÷364＝

27) 2 204÷29＝

28) 61 752÷93＝

29) 35 459÷601＝

30) 7 252÷74＝

31) 6 460÷85＝

32) 22 240÷695＝

33) 16 075÷25＝

34) 6 111÷97＝

35) 27 930÷38＝

36) 15 226÷46＝

37) 3 915÷87＝

38) 3 886÷134＝

39) 18 333÷21＝

40) 28 811÷47＝

41) 19 754÷581＝

42) 41 748÷49＝

43) 17 710÷385＝

44) 1 501÷79＝

45) 9 617÷163＝

46) 11 220÷68＝

47) 69 120÷90＝

48) 10 437÷213＝

49) 39 400÷40＝

50) 4 552÷52＝

51) 31 564÷607＝

52) 40 128÷528＝

53) 4 526÷73＝

54) 43 719÷59＝

55) 2 356÷38＝

56) 1 862÷50＝

57) 19 028÷284＝

58) 23 564÷86＝

59) 63 902÷718＝

60) 54 730÷65＝

61) 49 632÷94＝

62) 67 308÷79＝

63) 31 005÷45＝

64) 33 575÷79＝

65) 24 564÷356＝

66) 27 272÷28＝

67) 26 588÷391＝

68) 53 248÷64＝

69) 18 827÷281＝

70) 5 355÷85＝

71) 35 182÷49＝

72) 46 872÷651＝

73) 25 884÷36＝

74) 2 214÷27＝

75) 19 654÷62＝

76) 5 291÷407＝

77) 3 876÷51＝

78) 34 176÷384＝

79) 38 688÷93＝

80) 61 834÷86＝

# 任务三　归　除　法

归除法是一种古老的传统算法,它用"九归歌"、"撞归歌"等指导试商、调商和整个除法运算。计算中包括"归"和"除"两个步骤。

## 一、一位数除法

一位数除法又称单归法。除数是一位数的除法称为归,除数是几就称几归,如除数是2称二归,是5称五归。除数从1～9共九类口诀,称为九归口诀(九归歌)。

**（一）九归口诀**

九归口诀也称九归诀和归法诀。它是我国古代劳动人民在长期实践中为了提高除法计算速度,减少心算估商,根据二位除数去分别除 1～9 九个数字应得的一位商数或应余的余数而编造出来的,所以每句口诀中,都包括除数、被除数、商数或余数,求商时可随口呼出,非常方便。

九归口诀介绍如下:

一归:逢一进 1、逢二进 2、逢三进 3、逢四进 4、逢五进 5、逢六进 6、逢七进 7、逢八进 8、逢九进 9。

二归:二一改作 5、逢二进 1、逢四进 2、逢六进 3、逢八进 4。

三归:三一 3 余 1、三二 6 余 2、逢三进 1、逢六进 2、逢九进 3。

四归:四一 2 余 2、四二改作 5、四三 7 余 2、逢四进 1、逢八进 2。

五归:五一改作 2、五二改作 4、五三改作 6、五四改作 8、逢五进 1。

六归:六一下加 4、六二 3 余 2、六三改作 5、六四 6 余 4、六五 8 余 2、逢六进 1、逢双六进 2。

七归:七一下加 3、七二下加 6、七三 4 余 2、七四 5 余 5、七五 7 余 1、七六 8 余 4、逢七进 1、逢双七进 2。

八归:八一下加 2、八二下加 4、八三下加 6、八四改作 5、八五 6 余 2、八六 7 余 4、八七 8 余 6、逢八进 1。

九归:九一下加 1、九二下加 2、九三下加 3、九四下加 4、九五下加 5、九六下加 6、九七下加 7、九八下加 8、逢九进 1。

**（二）口诀解释**

口诀中的第一个中文数字是指除数,第二个中文数字是指被除数,阿拉伯数字是指商和余数。除数是几就称几归。口诀可分为四类。

**1. 逢几进几类**

"逢"是指拨去被除数本档的算珠,"进"是指在左一档加上。当被除数首位数字大于或等于除数时用"逢几进几"的口诀。例如,6÷2＝3,用口诀"逢六进 3",是二归口诀,口诀中没有表明除数是几,除数是隐含在口诀中的。这类口诀比较简单,便于理解和运算。

**2. 改作类**

当被除数首位数字小于除数又刚好能除尽时,运用"改作类"的口诀。"改作"是指在本档改变算珠。例如,40÷8＝5,用口诀"八四改作 5",将本档 4 改为 5。

**3. 余几类**

这类口诀是当被除数首位数字小于除数,相除后有余数时采用。此类口诀不易死记硬背,必须在理解的基础上背熟加以运用。这类口诀包括了除数、被除数、商数和余数,是除法口诀的基本型。

例如,　三　　二　　6　　余　　2
　　　　除　　被　　商　　　　余
　　　　数　　除　　数　　　　数
　　　　　　　数

将本档的 2 改为 6 在其后一档加上 2。

4. 下加类

当被除数首位数字小于除数,相除后商数与原被除数首位相同,后面还有余数时,运用"几几下加几"的口诀。"下加"是指在右一档加上。例如,20÷8＝2…4,用"八二下加 4"的口诀,被除数本档算珠不动,在其右一档加 4。

此类口诀实际上是"几几余几"的特殊形式。口诀可改为"几几余几"较为合适。例如,"六一下加 4",改为"六一余 4";"七一下加 3,七二下加 6"改为"七一余 3,七二余 6";八归中"八一下加 2,八二下加 4,八三下加 6"改为"八一余 2,八二余 4,八三余 6";九归中"九一下加 1,九二下加 2,九三下加 3,九四下加 4,九五下加 5,九六下加 6,九七下加 7,九八下加 8"改为"九一余 1,九二余 2,九三余 3,九四余 4,九五余 5,九六余 6,九七余7,九八余 8"。

九归口诀具有指挥拨珠的作用,规定了拨珠顺序,以及商数和余数的拨放位置。例如,口诀"三一 3 余 1",拨珠顺序是先立商 3,然后在其右档加 1,就是一个变商数剩余数的动作。

(三)运算方法及步骤

(1)布数,一般从算盘左起第二档拨入被除数,要求默记除数。

(2)除的顺序,先用被除数的首位去除以除数,然后依次向右运算直至运算完毕。被除数的每一档用九归口诀运算一次,但当被除数首位大于除数时,用"逢几进几"口诀后,被除数首位还有余数的,这一档还要继续运用口诀求商。例如,9÷2,需分别用"逢八进 4"和"二一改作 5"两句口诀来完成。

(3)商数的记法,除尽除法即一个数除以另一个数(不为零),商是整数或有限小数的除法,算盘上的数就是商数。除不尽除法即一个数除以另一个不为零的数,商只能是无限小数(无限循环或无限不循环小数)的除法,要根据准确度要求进行四舍五入取舍。

(4)定位,用公式定位法定位。

【例 6-32】 2 436÷3＝812(运算步骤见表 6-9)

表 6-9

| 拨　算　程　序 | 盘　式 | | | | | |
|---|---|---|---|---|---|---|
| | 1 | 2 | 3 | 4 | 5 | 6 |
| ① 从算盘第二档起布入被除数 2 436 | | 2 | 4 | 3 | 6 | |
| ② 用口诀"三二 6 余 2"得初商 6 | | 六 | 6 | 3 | 6 | |
| ③ "逢六进 2"得首商 8 | | 八 | 0 | 3 | 6 | |
| ④ "逢三进 1"得商 1 | | 八 | 一 | 0 | 6 | |
| ⑤ "逢六进 2",本档拨去 6,前档进 2 | | 八 | 一 | 二 | | |
| ⑥ 定位:4 位-1 位＝+3 位。商数为 812 | | 八 | 一 | 二 | | |

101

【例6-33】 63 402÷6＝10 567(运算步骤见表6-10)

表6-10

| 拨 算 程 序 | 盘 式 | | | | | |
|---|---|---|---|---|---|---|
| | 1 | 2 | 3 | 4 | 5 | 6 |
| ① 从算盘第二档起布入被除数 63 402 | | 6 | 3 | 4 | 0 | 2 |
| ② 用口诀"逢六进1",商数变为 1 | | 一 | 3 | 4 | 0 | 2 |
| ③ 用口诀"逢六进三改作 5" | | 一 | ○ | 五 | 4 | 0 | 2 |
| ④ 用口诀"六四6余4" | | 一 | ○ | 五 | 六 | 4 | 2 |
| ⑤ 用口诀"六四6余4" | | 一 | ○ | 五 | 六 | 六 | 6 |
| ⑥ 用口诀"逢六进1" | | 一 | ○ | 五 | 六 | 七 | |
| ⑦ 定位：5 位－1 位＋1 位＝＋5 位。商数为 10 567 | | | | | | |

【例6-34】 2 056÷8＝257(运算步骤见表6-11)

表6-11

| 拨 算 程 序 | 盘 式 | | | | | |
|---|---|---|---|---|---|---|
| | 1 | 2 | 3 | 4 | 5 | 6 |
| ① 从算盘第二档起布入被除数 2 056 | | 2 | 0 | 5 | 6 | |
| ② 用口诀"八二下加 4" | | 二 | 4 | 5 | 6 | |
| ③ 用口诀"八四改作 5" | | 二 | 五 | 5 | 6 | |
| ④ 用口诀"八五6余2" | | 二 | 五 | 六 | 8 | |
| ⑤ 用口诀"逢八进1" | | 二 | 五 | 七 | | |
| ⑥ 定位：4 位－1 位＝＋3 位。商数为 257 | | 二 | 五 | 七 | | |

习题7

用归除口诀计算下列各题(除不尽的保留两位小数)

1) 402÷6＝                        7) 3 374÷7＝

2) 1 505÷7＝                      8) 372÷4＝

3) 96÷2＝                         9) 340÷5＝

4) 1 737÷3＝                      10) 760÷8＝

5) 549÷9＝                        11) 116÷4＝

6) 918÷6＝                        12) 294÷2＝

13) 168÷3＝                         17) 1 992÷8＝
14) 186÷6＝                         18) 665÷7＝
15) 1 785÷5＝                       19) 164÷4＝
16) 153÷9＝                         20) 1 126÷2＝

## 二、多位数归除法

除数是两位以上的除法称多位数除法,也称归除。"归"与"除"是两层意思和两步运算,"归"是用法首和被除的数比较,用九归口诀求得初商;"除"是根据估出的初商与除数的第二位以下各位数相乘,逐次从被除数中减去,经过这样的乘减后,初商才成为确商。然后再用同样的方法求出二商、三商……最后求出整个商数。

归除又称大九归,例如,除数是 46 时,称"四归6除";除数是 624 时,称"六归24除"。归除法可分为基本归除、补商、退商和撞归四种类型。

### (一)基本归除

基本归除分两步运算:第一步用九归口诀求得商数;第二步是将用口诀求得的商数乘以除数第二位以下的各位数字,边乘边从被除数中减去相乘之积,简称减积。运算方法及步骤如下:

(1) 布数,将被除数从算盘左边第二档起拨入,眼看除数或默记除数。

(2) 试商,用九归口诀求得商数(初商),称为试商。

(3) 减积,用初商去乘以除数的第二位、第三位……直至乘完除数的最末一位,边乘边从被除数中减去。减积档次图示见图 6-9。

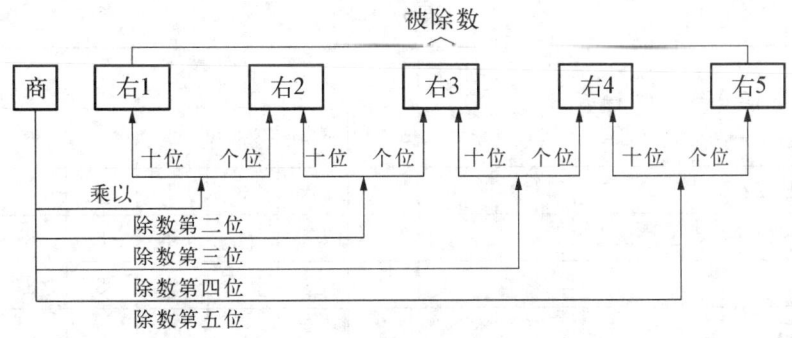

图 6-9　减积档次

从图 6-9 中可以得出减积档次规律:上次减积的个位档,即是本次减积的十位档;除数是第几位,它与商的乘积的个位数就从商右面的第几档减去。

(4) 商数的记法,除尽除法。算盘上的数就是商数,除不尽除法,根据准确度进行四舍五入取舍。

(5) 定位,采用公式定位法进行。

【例 6-35】　259 116÷453＝572(运算步骤见表 6-12)

表 6 - 12

| 拨 算 程 序 | 盘 式 | | | | | | | |
|---|---|---|---|---|---|---|---|---|
| | 1 | 2 | 3 | 4 | 5 | 6 | 7 | 8 |
| ① 布入被除数 259 116 | | 2 | 5 | 9 | 1 | 1 | 6 | |
| ② 法首为 4,用口诀"四二改作 5",将实首 2 改为初商 5,再减去初商 5 和除数第二、第三位相乘的积 | | 五 | 5 | 9 | 1 | 1 | 6 | |
| 减:五五 25 | | 五 | 3 | 4 | 1 | 1 | 6 | |
| 减:三五 15 | | 五 | 3 | 2 | 6 | 1 | 6 | |
| ③ 用口诀"四三 7 余 2",将实首 3 改为 7,右一档加上 2,再减去商 7 和除数第二、第三位相乘的积 | | 五 | 七 | 4 | 6 | 1 | 6 | |
| 减:五七 35 | | 五 | 七 | 1 | 1 | 1 | 6 | |
| 减:三七 21 | | 五 | 七 | | 9 | 0 | 6 | |
| ④ 用口诀"逢八进 2",余首 9 减去 8,在前档拨入 2,再减去商 2 和除数第二、第三位相乘的积 | | 五 | 七 | 二 | 1 | 0 | 6 | |
| 减:五二 10 | | 五 | 七 | 二 | | | 6 | |
| 减:三二 06 | | 五 | 七 | 二 | | | | |
| ⑤ 定位:6 位－3 位＝＋3 位。商数为 572 | | 五 | 七 | 二 | | | | |

【例 6 - 36】 222 885÷635＝351(运算步骤见表 6 - 13)

表 6 - 13

| 拨 算 程 序 | 盘 式 | | | | | | | |
|---|---|---|---|---|---|---|---|---|
| | 1 | 2 | 3 | 4 | 5 | 6 | 7 | 8 |
| ① 布入被除数 222 885 | | 2 | 2 | 2 | 8 | 8 | 5 | |
| ② 法首为 6,用口诀"六二 3 余 2" | | 三 | 4 | 2 | 8 | 8 | 5 | |
| 减:三三 09 | | 三 | 3 | 3 | 8 | 8 | 5 | |
| 减:五三 15 | | 三 | 3 | 2 | 3 | 8 | 5 | |
| ③ 用口诀"六三改作 5" | | 三 | 五 | 2 | 3 | 8 | 5 | |
| 减:三五 15 | | 三 | 五 | | 8 | 8 | 5 | |
| 减:五五 25 | | 三 | 五 | | 6 | 3 | 5 | |
| ④ 用口诀"逢六进 1",将被除本档 6 拨去,向前档进 1 | | 三 | 五 | 一 | | 3 | 5 | |
| 减:三一 03 | | 三 | 五 | 一 | | | 5 | |
| 减:五一 05 | | 三 | 五 | 一 | | | | |
| ⑤ 定位:6 位－3 位＝＋3 位。商数为 351 | | 三 | 五 | 一 | | | | |

**【例 6 – 37】** 2.237 44÷0.874＝2.56(运算步骤见表 6 – 14)

表 6 – 14

| 拨 算 程 序 | 盘 式 | | | | | | | |
|---|---|---|---|---|---|---|---|---|
| | 1 | 2 | 3 | 4 | 5 | 6 | 7 | 8 |
| ① 布入被除数 2.23744 | | 2 | 2 | 3 | 7 | 4 | 4 | |
| ② 法首为 8,用口诀"八二下加 4",实首 2 不动,在其下档加 4,再减去初商 2 和除数第二、第三位相减的积 | | 二 | 6 | 3 | 7 | 4 | 4 | |
| 减:七二 14 | | 二 | 4 | 9 | 7 | 4 | 4 | |
| 减:四二 08 | | 二 | 4 | 8 | 9 | 4 | 4 | |
| ③ 用口诀"八四改作 5",将实首 4 改为 5,再减去商 5 和除数第二、第三位相乘的积 | | 二 | 五 | 8 | 9 | 4 | 4 | |
| 减:七五 35 | | 二 | 五 | 5 | 4 | 4 | 4 | |
| 减:四五 20 | | 二 | 五 | 5 | 2 | 4 | 4 | |
| ④ 用口诀"八五 6 余 2" | | 二 | 五 | 六 | 4 | 4 | 4 | |
| 减:七六 42 | | 二 | 五 | 六 | | 2 | 4 | |
| 减:四六 24 | | 二 | 五 | 六 | | | | |
| ⑤ 定位:1 位－0 位＝＋1 位。商数为 2.56 | | 二 | 五 | 六 | | | | |

 习题8

用归除法计算下列各题(除不尽的保留两位小数)

1) 12 141÷57—

2) 4 183÷89＝

3) 21 280÷280＝

4) 17 784÷39＝

5) 1 674÷54＝

6) 16 688÷596＝

7) 2 726÷47＝

8) 5 766÷62＝

9) 46 413÷81＝

10) 40 936÷602＝

11) 1 225÷49＝

12) 4 453÷73＝

13) 59 585÷85＝

14) 64 578÷687＝

15) 41 040÷95＝

16) 41 085÷913＝

17) 6 192÷86＝

18) 17 922÷309＝

19) 16 714÷61＝

20) 4 410÷245＝

(二)补商

归除法用口诀试商,若一次求出初商准确不用变更,称为一次定商。而用口诀试商,有时两次试商会过小,这就需要用补商的方法。补商有两种情况:一种是用口诀试商后商数的右一档数较大(满十或超十),在乘减前就能判断出应该补商,这时应直接用"逢几进几"口诀进商,然后再乘减;另一种是在乘减前不能判断出是否要补商,乘减以后发现余数大于除数,这时需用"逢几进几"口诀补商后再乘减或商数加 1 补商,隔位减除数一次。

【例6-38】 0.989÷4.3＝0.23(运算步骤见表6-15)

表6-15

| 拨 算 程 序 | 盘 式 | | | |
|---|---|---|---|---|
| | 1 | 2 | 3 | 4 |
| ① 布入被除数989 | | 9 | 8 | 9 |
| ② 用口诀"逢八进2" | 二 | 1 | 8 | 9 |
| 　减：三二06 | 二 | 1 | 2 | 9 |
| ③ 用口诀"四一2余2" | 二 | 二 | 4 | 9 |
| 　减：三二06 | 二 | 二 | 4 | 3 |
| ④ 用口诀"逢四进1"，补商1，得商3 | 二 | 三 | | 3 |
| 　减：三一03 | 二 | 三 | | |
| ⑤ 定位：0位－1位＋1位＝0位。商数为0.23 | 二 | 三 | | |

【例6-39】 1 968÷82＝24(运算步骤见表6-16)

表6-16

| 拨　算　程　序 | 盘 式 | | | | | |
|---|---|---|---|---|---|---|
| | 1 | 2 | 3 | 4 | 5 | 6 |
| ① 布入被除数1 968 | | 1 | 9 | 6 | 8 | |
| ② 用口诀"八一下加2"，实首1不动，右一档加2，超十，动用顶珠。如为上一下四珠算盘，无顶珠作辅记，为11 | | 一 | 11 | 6 | 8 | |
| 11大于除数首位8，继续用口诀"逢八进1" | | 二 | 3 | 6 | 8 | |
| 　减：二二04 | | 二 | 3 | 2 | 8 | |
| ③ 用口诀"八三下加6" | | 二 | 三 | 8 | 8 | |
| 　减：三二06 | | 二 | 三 | 8 | 2 | |
| ④ 用口诀"逢八进1" | | 二 | 四 | | 2 | |
| 　减：二一02 | | 二 | 四 | | | |
| ⑤ 定位：4位－2位＝＋2位。商数为24 | | 二 | 四 | | | |

## 习题9

用归除法计算下列各题(除不尽的保留两位小数)

1) 3 936÷41＝　　　　　　　　　　2) 3 172÷61＝

3) 51 696÷72=　　　　　　　　9) 3 774÷51=

4) 2 905÷83=　　　　　　　　10) 29 784÷73=

5) 2 668÷92=　　　　　　　　11) 8 446÷41=

6) 5 913÷73=　　　　　　　　12) 2 356÷62=

7) 2 747÷41=　　　　　　　　13) 77 771÷83=

8) 34 906÷62=　　　　　　　14) 2 350÷94=

（三）退商

当用九归口诀试商时,试得初商后,遇到余数不够减初商与除数第二位以下各位的乘积时,说明初商偏大,这时就要调减初商,称为退商。

**1. 退商歌**

如果用口诀求得试商后,一开始就发现初商过大,要用"退商歌"退商,它有九句口诀:一归:无除退一下还 1;二归:无除退一下还 2;三归:无除退一下还 3;四归:无除退一下还 4;五归:无除退一下还 5;六归:无除退一下还 6;七归:无除退一下还 7;八归:无除退一下还 8;九归:无除退一下还 9。

口诀的"几归:无除退一下还几"的意思是:在做归除法中,法首是几,立初商后在余数中不够减初商与法商二位的乘积时,就从初商中减掉 1(退 1),在商数的下档加上法数的首数(下还几)。

**【例 6 - 40】**　2 242÷59＝38(运算步骤见表 6 - 17)

表 6 - 17

| 拨　算　程　序 | 盘　　式 | | | | | |
|---|---|---|---|---|---|---|
| | 1 | 2 | 3 | 4 | 5 | 6 |
| ① 布入被除数 2 242 | | 2 | 2 | 4 | 2 | |
| ② 用口诀"五二改作 4" | | 四 | 2 | 4 | 2 | |
| ③ 减:四九 36,不够减,说明初商过大需退,用口诀"无除退一下还 5",初商 4 减去 1,下档还 5 | | 三 | 7 | 4 | 2 | |
| 　减:三九 27 | | 三 | 4 | 7 | 2 | |
| ④ 用口诀"五四改作 8" | | 三 | 八 | 7 | 2 | |
| 　减:八九 72 | | 三 | 八 | | | |
| ⑤ 定位:4 位－2 位＝＋2 位。商数为 38 | | 三 | 八 | | | |

**2. 归除退商**

归除退商可能在求商时的第一位发生,也可能在乘减的过程中发现初商过大不够减,不论是在乘减到哪一位发现不够减,都要"退商",即从初商中减掉 1,并在余数中加上已被减过的那一部分除数,然后再用调减过的商数乘尚未减过的除数,从余数中继续减掉,这种退商又称中途退商。

【例 6 - 41】 22 302÷378＝59(运算步骤见表 6 - 18)

表 6 - 18

| 拨算程序 | 盘　　式 | | | | | |
|---|---|---|---|---|---|---|
| | 1 | 2 | 3 | 4 | 5 | 6 |
| ① 布入被除数 22 302 | | 2 | 2 | 3 | 0 | 2 |
| ② 用口诀"三二 6 余 2" | | 六 | 4 | 3 | 0 | 2 |
| 减:七六 42 | | 六 | | 1 | 0 | 2 |
| 减:八六 48,不够减 | | 六 | | 1 | 0 | 2 |
| ③ 退商,商数减 1,加上除数 37,减去商数 5 乘以 8 的积数 | | 五 | 3 | 8 | 0 | 2 |
| 减:八五 40 | | 五 | 3 | 4 | 0 | 2 |

此题的下一步将用到撞归口诀,在下面加以介绍。

 习题 10

用归除法计算下列各题(除不尽的保留两位小数)

1) 1 215÷27＝　　　　　　　11) 2 052÷27＝

2) 2 808÷39＝　　　　　　　12) 102÷38＝

3) 986÷17＝　　　　　　　13) 21 479÷47＝

4) 7 124÷26＝　　　　　　　14) 4 897÷59＝

5) 864÷48＝　　　　　　　15) 54 739÷67＝

6) 49 932÷57＝　　　　　　16) 2 009÷49＝

7) 3 627÷39＝　　　　　　　17) 25 788÷28＝

8) 17 192÷28＝　　　　　　18) 3 572÷47＝

9) 741÷19＝　　　　　　　19) 3 770÷58＝

10) 28 896÷48＝　　　　　　20) 3 237÷39＝

(四) 撞归

在归除法中,有时实、法首位相同,称为齐头,但以下位实小于法,如 35÷37,48÷49 等,这时就要使用"撞归"。撞归口诀如下:一归:见一无除作 91;二归:见二无除作 92;三归:见三无除作 93;四归:见四无除作 94;五归:见五无除作 95;六归:见六无除作 96;七归:见七无除作 97;八归:见八无除作 98;九归:见九无除作 99。

口诀中的"见几无除"是指当被除数和除数的首数相同,但被除数的第二位小于除数的第二位(有时第二位也相同而第三位被除数小于除数,以此类推),这时若逢几进 1,必不够减(无除)。"作 9 几"是指这时不能进 1,应改作"9 几"(本档改商 9,把余数加在下档)。

【例 6 - 42】 65 475÷675＝97(运算步骤见表 6 - 19)

表 6-19

| 拨　算　程　序 | 盘　　式 | | | | | |
|---|---|---|---|---|---|---|
| | 1 | 2 | 3 | 4 | 5 | 6 |
| ① 布入被除数 65 475 | | 6 | 5 | 4 | 7 | 5 |
| ② 实、法首为 6,齐头,用口诀"见六无除作 96",下档满十记十 | | 九 | 11 | 4 | 7 | 5 |
| 　减:七九 63 | | 九 | 5 | 1 | 7 | 5 |
| 　减:五九 45 | | 九 | 4 | 7 | 2 | 5 |
| ③ 用口诀"六四 6 余 4",记十 | | 九 | 六 | 11 | 2 | 5 |
| ④ 补商,用口诀"逢六进 1" | | 九 | 七 | 5 | 2 | 5 |
| 　减:七七 49 | | 九 | 七 | | 3 | 5 |
| 　减:五七 35 | | 九 | 七 | | | |
| ⑤ 定位:5 位－3 位＝＋2 位。商数为 97 | | 九 | 七 | | | |

习题 11

1. 单归练习

1) 516÷2＝

2) 1 158÷2＝

3) 1 782÷3＝

4) 3 069÷3＝

5) 3 424÷4＝

6) 8 436：4—

7) 12 345÷5＝

8) 64 375÷5＝

9) 2 778÷6＝

10) 63 846÷6＝

11) 74 688÷7＝

12) 87 297÷7＝

13) 33 448÷8＝

14) 65 672÷8＝

15) 10 912÷8＝

16) 96 966÷4＝

17) 30 321÷9＝

18) 62 778÷6＝

19) 63 994÷7＝

20) 27 654÷5＝

21) 43 671÷3＝

22) 64 352÷4＝

23) 12 578÷2＝

24) 69 848÷8＝

25) 30 258÷9＝

26) 37 842÷7＝

27) 69 345÷5＝

28) 96 144÷6＝

29) 64 521÷3＝

30) 12 348÷9＝

2. 基本归除(除不尽的保留两位小数)

1) 3 848÷104＝

2) 61 776÷143＝

3) 64 240÷176＝

4) 7 752÷204＝

5) 1 456÷28＝

6) 3 645÷243＝

7) 11 739÷39＝

8) 3 896÷376＝

9) 4 410÷345＝

10) 3 315÷418＝

11) 342 705÷465＝

12) 119 010÷432＝

13) 8 064÷576＝

14) 117 288÷543＝

15) 27 456÷572＝

16) 161 581÷563＝

17) 43 617÷754＝

18) 2 976÷62＝

19) 368 354÷634＝

20) 4 408÷76＝

21) 44 826÷732＝

22) 53 037÷83＝

23) 41 838÷734＝

24) 7 743÷89＝

25) 4 264÷82＝

26) 456 224÷848＝

27) 49 000÷875＝

28) 41 472÷96＝

29) 47 045÷97＝

30) 11 496÷958＝

3. 补商练习（除不尽的保留两位小数）

1) 1 944÷24＝

2) 16 848÷216＝

3) 32 408÷716＝

4) 67 548÷204＝

5) 25 568÷34＝

6) 24 920÷35＝

7) 242 316÷318＝

8) 144 892÷356＝

9) 2 491÷47＝

10) 19 584÷408＝

11) 15 846÷417＝

12) 27.1145÷4.27＝

13) 1 944÷54＝

14) 2 912÷52＝

15) 436 029÷543＝

16) 16.56÷6.9＝

17) 6 784÷64＝

18) 7 504÷67＝

19) 26 598÷78＝

20) 450 000÷75＝

21) 219 648÷704＝

22) 7 462÷82＝

23) 5 134÷85＝

24) 5 893 437÷813＝

25) 59 878÷98＝

26) 43 141.46÷93.4＝

27) 734 632÷916＝

28) 1 834.3÷83＝

29) 95 424÷672＝

30) 352.17÷8.19＝

4. 退商练习（除不尽的保留两位小数）

1) 51 744÷147＝

2) 83 268÷162＝

3) 0.45936÷0.198＝

4) 8.81988÷1.708＝

5) 11 637÷27＝

6) 10 056÷24＝

7) 8 729÷29＝

8) 135 177÷287＝

9) 4 788÷38＝

10) 154.44÷360＝

11) 703.12÷376＝

12) 200 700÷45＝

13) 2 107÷4.9＝

14) 114 658÷743＝

15) 12 816÷48＝

16) 9 006÷57＝

17) 21 672÷56＝

18) 315 594÷591＝

19) 278 587÷589＝

20) 304 488÷682＝

21) 244 447÷679=

22) 327.63÷0.67=

23) 290 929÷696=

24) 54 216÷78=

25) 517 334÷778=

26) 60.370 4÷782=

27) 516 864÷768=

28) 53 927÷794=

29) 1 054÷274=

30) 709 776÷496=

5. 撞归练习(除不尽的保留两位小数)

1) 2 558÷27=

2) 230 748÷246=

3) 4 007.36÷7 280=

4) 27 528÷296=

5) 33 930÷39=

6) 256 251÷373=

7) 355 572÷357=

8) 41.16÷49=

9) 442 432÷7 496=

10) 46 853÷47=

11) 5 096÷52=

12) 542 592÷576=

13) 528 468÷564=

14) 535 344÷7 587=

15) 60 099÷767=

16) 294 192÷681=

17) 607 064÷621=

18) 264.1516÷674=

19) 7 296÷76=

20) 68 672÷74=

21) 756 602÷77=

22) 740 873÷763=

23) 305.76÷78=

24) 691 496÷872=

25) 17 127 504÷8 703=

26) 83 955 197÷8 453=

27) 0.92463÷9.42=

28) 36 650.835÷9 165=

29) 0.23287713÷0.024 19=

30) 67 680 624÷7 568=

6. 综合练习(除不尽的保留两位小数)

1) 10.07946÷7 038=

2) 16 963.47÷115.3=

3) 2 256 372÷807=

4) 4 875 180÷935=

5) 2 863 731÷8 014=

6) 0.464427÷0.009172=

7) 14 684 516÷3 058=

8) 17 214.46÷1 753=

9) 60.4498÷0.8734=

10) 16 762 447÷673=

11) 148.9563÷271=

12) 2 433 972÷7 654=

13) 13 728.09÷189=

14) 220 332÷516=

15) 745 561÷927=

16) 628 680÷403=

17) 463 008÷168=

18) 3 108 924÷876=

# 任务四 除法的练习法

## 一、方法的选择

前面介绍了二种基本除法:商除法和归除法。那么选择哪种方法来练习更好呢?商除法和归除法在方法上各有什么优缺点呢?

（一）商除法的优缺点

商除法的优点包括以下几个方面：

（1）商除法是古老的求商方法，它只用九九乘法口诀乘减，一般人易于学习和掌握。

（2）商除法对算盘没用特定的要求，即使是上二下五珠算盘计算时也不用顶、底两珠。

（3）不用口诀，意味着不死搬硬套，心算求商，回旋余地较大，对提高脑力有很大帮助。

（4）一旦掌握求商规律，一次试商成功，其求商准确、运算速度快的优势将能得到充分发挥，是其他运算方法无法比拟的。

商除法的缺点包括以下几个方面：

（1）商除法用被除数和除数比较估商，对初学者来说，在做多位数除法时，达到估商完全准确比较困难，估商不准，调商更繁。

（2）商数不是用被除数改成，而是另立一处，增加了运算手续，又较归除法多了商数与除数首位相乘从被除数中减去其积的过程。

（3）由于商除需隔档立商，增加了隔位、跳位，会影响运算效率。

（二）归除法的优缺点

归除法的优点包括以下几个方面：

（1）归除法求商数，可用歌诀随口呼出，不用心算估商、定商。

（2）归除法的商数，由被除数改成，不像商除法商数另立一处；同时归除法还省去了商数与除数首位相乘，从被除数中减去的过程。

（3）归除法用退商法调商，比商除法调商容易。

归除法的缺点包括以下几个方面：

（1）学习归除法，事先须熟背归除口诀61句，口诀不但难记而且易混，不易学习和掌握。

（2）归除法和笔算联系不大，就是熟悉笔算除法的人，学习归除也要从头学起。

（3）归除法只归一位，多位除法依靠乘减，因而位数越多，效率越低。

（4）归除法做除法运算时，常用顶底两珠，有时七珠算盘尚不足用，还需"悬珠当十"或"欠珠默记"，容易出错。

综上所述，商除法和归除法各有其优缺点，商、归孰优之争由来已久。随着社会经济、文化的发展，商除法以其简单明了、易于理解、便于学习的优点，而宜于为人们广泛采用。

## 二、迅速估商

无论是商除法还是归除法都存在着试商的快慢问题，这是能否提高除法运算速度的关键。商除法试商主要依靠心算，要"算前位，顾后位"。关键还在于提高心算两位数除以一位数、三位数除以两位数的能力。两位数除以一位数的心算，在于乘法大九九口诀的熟练程度如何。由此，三位数除以两位数的心算，要培养一位数乘以两位数的心算能力，要能熟背乘法双九九口诀(见乘法简捷法)则更好，只有这样，才能一次求得确商，不需补商和退商，提高商除法的运算速度。

归除法运算必须熟背九归口诀，口诀的熟练可以通过表6-20中几种乘除还原练习来达到。

表 6－20

| 1. 顺数一位数乘除还原练习① | 123 456 789×2＝246 913 578÷2＝123 456 789<br>123 456 789×3＝370 370 367÷3＝123 456 789<br>123 456 789×4＝493 827 156÷4＝123 456 789<br>123 456 789×5＝617 283 945÷5＝123 456 789<br>123 456 789×6＝740 740 734÷6＝123 456 789<br>123 456 789×7＝864 197 523÷7＝123 456 789<br>123 456 789×8＝987 654 312÷8＝123 456 789<br>123 456 789×9＝1 111 111 101÷9＝123 456 789 |
|---|---|
| 2. 逆数一位数乘除还原练习 | 987 654 321×2＝1 975 308 642÷2＝987 654 321<br>987 654 321×3＝2 962 962 963÷3＝987 654 321<br>987 654 321×4＝3 950 617 284÷4＝987 654 321<br>987 654 321×5＝4 938 271 605÷5＝987 654 321<br>987 654 321×6＝5 925 925 926÷6＝987 654 321<br>987 654 321×7＝6 913 580 247÷7＝987 654 321<br>987 654 321×8＝7 901 234 568÷8＝987 654 321<br>987 654 321×9＝8 888 888 889÷9＝987 654 321 |
| 3. 变数一位数乘除还原练习② | 469 185 732×2＝938 371 464÷2＝469 185 732<br>469 185 732×3＝1 407 557 196÷3＝469 185 732<br>469 185 732×4＝1 876 742 928÷4＝469 185 732<br>469 185 732×7＝3 284 300 124÷7＝469 185 732<br>469 185 732×8＝3 753 485 856÷8＝469 185 732<br>469 185 732×9＝4 222 671 588÷9＝469 185 732 |
| 4. 顺数两位数乘除还原练习 | 123 456 789×18＝2 222 222 202÷18＝123 456 789<br>123 456 789×27＝3 333 333 303÷27＝123 456 789<br>123 456 789×36＝4 444 444 404÷36＝123 456 789<br>123 456 789×45＝5 555 555 505÷45＝123 456 789<br>123 456 789×54＝6 666 666 606÷54＝123 456 789<br>123 456 789×63＝7 777 777 707÷63＝123 456 789<br>123 456 789×72＝8 888 888 808÷72＝123 456 789<br>123 456 789×81＝9 999 999 909÷81＝123 456 789 |
| 5. 逆数两位数乘除还原练习 | 987 654 321×18＝17 777 777 778÷18＝987 654 321<br>987 654 321×27＝26 666 666 667÷27＝987 654 321<br>987 654 321×36＝35 555 555 556÷36＝987 654 321<br>987 654 321×45＝44 444 444 445÷45＝987 654 321<br>987 654 321×54＝53 333 333 334÷54＝987 654 321<br>987 654 321×63＝62 222 222 223÷63＝987 654 321<br>987 654 321×72＝71 111 111 112÷72＝987 654 321<br>987 654 321×81＝80 000 000 001÷81＝987 654 321 |

① 练习的方法是：被乘数总是 123 456 789,乘以从 2～9 中任一数,再用得出的积除以这个数答数必然是 123 456 789。按照这样的方法反复练习达到熟练。

② 当顺数和逆数还原练习熟练以后,可以改变被除数的数字顺序,如将 123 456 789 改为 147 258 369,被乘数仍然是原来的数字组合而成的,所以可由练习者任意组合来练习。

### 三、学会默记除数

看数、记数的本领是珠算学习者必须学会的基本功。除法运算如果能记住除数,不仅求商快,求商后乘减时就显得容易且速度快。一般要求在布被除数摸盘的时候,眼看除数并在最快的时间内记住除数,被除数一布完就能立即全身心地投入计算。

### 四、快速定位准确写数

除法定位一般采用公式定位法,即被除数位数减去除数位数,关键在于是否加1。如何快速准确地判断是否加1呢? 一般是把被除数从固定的档位拨入,商除法从盘左第三档起拨入,归除法从盘左第二档拨入,运算完毕看商数落在哪一档,如第一档无数,定位时只将被除数的位数减去除数的位数即可;如第一档有数字,则被除数的位数减去除数的位数后再加1。商数相对于积数来讲位数少,抄写时要能盯盘写数,同时边写边考虑定位。

 **项目小结**

除法的方法很多,一般来说,商除法是最古老的不用口诀、心算求商方法,它和笔算的方法基本相同,易于学习和掌握。在除法运算过程中,必须遵循置商原则和运算法则,并注意商为小数题的运算。初学者只要深入研究商除法估商的方法就能够快速进行商除法的运算,对于速度有更高要求的选手可以尝试改商除法等方法。

 **复习思考题**

1. 如何用移档定位法进行商的定位?

2. 如何理解"够除"和"不够除"?

3. 商除法和归除法在估商和减积方面各有哪些优缺点?

4. 判断题(下面的说法对的在后面括号里画"√",错的画"×")

(1) 在珠算除法中,被除数简称实,除数简称法。( )

(2) 一位数除法是多位数除法的基础。( )

(3) 公式定位法就是用比较实、法的大小并用公式来定位的一种方法。( )

(4) 商的定位法选用应与积的定位法相一致。( )

(5) 除法既是同数连减的简捷算法,又可以看做是乘法的逆运算。( )

 **习题 12**

任选一种方法计算下列各题(除不尽的保留两位小数)

1) 58 368÷912=

2) 20 091÷37=

3) 44 132÷59=

4) 34 360÷40=

5) 3 528÷21=

6) 63 891÷687=

7) 1 590÷10=

8) 24 273÷837=

9) $4\,725 \div 75 =$

10) $15\,288 \div 24 =$

11) $18\,290 \div 59 =$

12) $54\,312 \div 62 =$

13) $5\,766 \div 30 =$

14) $36\,528 \div 761 =$

15) $3\,654 \div 42 =$

16) $10\,192 \div 104 =$

17) $11\,658 \div 87 =$

18) $40\,590 \div 495 =$

19) $32\,271 \div 93 =$

20) $37\,766 \div 821 =$

21) $21\,805 \div 245 =$

22) $54\,080 \div 65 =$

23) $1\,824 \div 57 =$

24) $1\,974 \div 21 =$

25) $34\,512 \div 48 =$

26) $29\,848 \div 364 =$

27) $10\,944 \div 19 =$

28) $5\,670 \div 30 =$

29) $29\,712 \div 619 =$

30) $47\,286 \div 74 =$

31) $18\,582 \div 57 =$

32) $47\,190 \div 605 =$

33) $3\,276 \div 52 =$

34) $14\,796 \div 27 =$

35) $24\,016 \div 38 =$

36) $3\,956 \div 46 =$

37) $12\,876 \div 87 =$

38) $13\,104 \div 234 =$

39) $63\,020 \div 92 =$

40) $1\,176 \div 14 =$

41) $43\,586 \div 589 =$

42) $32\,640 \div 40 =$

43) $81\,888 \div 853 =$

44) $45\,360 \div 70 =$

45) $31\,356 \div 369 =$

46) $2\,788 \div 68 =$

47) $5\,072 \div 16 =$

48) $38\,193 \div 439 =$

49) $8\,148 \div 14 =$

50) $950 \div 25 =$

51) $32\,084 \div 617 =$

52) $61\,050 \div 825 =$

53) $6\,643 \div 73 =$

54) $44\,800 \div 50 =$

55) $26\,676 \div 36 =$

56) $30\,924 \div 15 =$

57) $17\,892 \div 284 =$

58) $44\,978 \div 86 =$

59) $24\,738 \div 798 =$

60) $1\,392 \div 16 =$

61) $9\,223 \div 401 =$

62) $7\,488 \div 78 =$

63) $3\,936 \div 41 =$

64) $8\,265 \div 95 =$

65) $6\,408 \div 356 =$

66) $1\,152 \div 12 =$

67) $24\,346 \div 329 =$

68) $5\,440 \div 64 =$

69) $67\,792 \div 892 =$

70) $55\,854 \div 58 =$

71) $40\,204 \div 46 =$

72) $54\,038 \div 659 =$

73) $4\,862 \div 13 =$

74) $2\,646 \div 27 =$

75) $2\,356 \div 62 =$

76) $35\,028 \div 417 =$

77) $50\,917 \div 59 =$

78) $26\,112 \div 384 =$

79) $15\,168 \div 64 =$

80) $9\,114 \div 186 =$

# 7

## 项目七　　　账表算和翻打传票技术

### 项目目标

1. 学会运用加减法知识进行账表的运算
2. 掌握加减法的横行运算方法
3. 熟练进行账表算的简捷查错法
4. 学会传票运算的操作要领和技巧

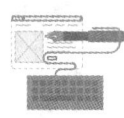

### 项目导入

　　账表算是会计人员较重要的基本功,账表算的关键是"轧平",古代会计把会计结账"轧平"称为"合龙门",由此可以知道账表算的重要性。下面我们就来看看账表如何进行计算。

## 任务一　　账　表　算

### 一、账表算的结构

　　账表算又称表格算,是珠算技术比赛五项目之一,是把纵行运算与横行运算合并于一张表格中,用横行栏和纵行栏相互交叉的数据分别进行横行和纵行相加减运算,最后求得两个总数相等,俗称"轧平"的计算。

　　账表算的运用极其普遍,特别是财会、统计人员经常同账表算打交道,并用它作为汇总数据的重要方法。

　　全国新标准比赛使用的账表,其结构一般为:

　　(1)每张表由横五栏纵20行数码组成,即纵向五个算题、横向20个算题。要求纵、横轧平,结出总计数。

（2）账表中各行数字最低为四位，最高为八位。纵向每题为 120 个字码，四至八位数各四行组成；横向每题为 30 个字码，由四至八位数各一行组成。均为整数，不带角分。

（3）每张账表中有四个减号，纵向第四、第五题中各有两个，并分别排列在横向四个题中。

（4）账表算不设倒减法。

## 二、账表算的运算方法

账表算每题必须做到准确无误，最后才能使横栏与纵行两个总额相等。因此，它的难度显然要比加减法运算大得多。一张账表中如果在横栏与纵行中错了一道算题，那么运算结果，横栏与纵行两总额就不能相等。

现行全国比赛办法规定账表的纵向 5 题，每题 14 分；横向 20 题，每题 4 分；纵横两总数轧平，再加 50 分。因此要尽量做到使每道题都能计算准确，这就需要在运算方法上下一定的工夫。由于平时练习都是接触到直行加减算，对横行加减算练习太少，所以对横行加减算就缺乏一种能提高运算速度的简捷算法。在本节里，我们着重探讨一下账表算的运算方法。

（一）基本功训练

很显然，账表算的基本功来源于基本加减法，它同加减法最初练习一样，必须有过硬的拨珠指法和看数写数等本领。就账表算而言，其练习程序可按如下步骤进行：

（1）握盘。把账表平放于桌上，表的正面对准自己的胸前，用左手握住菱珠小算盘（用此种算盘打账表最适合）放于账表面上，用右手逐行从上而下夹笔拨珠。握盘的方法是，用左手握算盘左端约四、五档的上下框边，拇指握住算盘的下框，食指、中指、无名指和小指等四指握住算盘的上框，食指与中指尽量能接近清盘器可随时清盘。握盘时不要把手指弯曲于算盘底部，以免触珠或使算盘不平。

（2）算前定位。前面已介绍过，运算前在算盘上可标明位数，并按三位一个分节，这样便可迅速判断出所给的数据的最高位或最低位在算盘上所处的位置。

（3）移盘。尽管改良中型算盘经过改装在其底部安有三个呈三角形的橡皮垫，这样便在算盘底部形成一纸厚的空隙。但是，通常也不用左手将账表在算盘底下作上下移动。因为这样做会使左手离开算盘，那么左手握盘已失去意义，从而也就实现不了提高运算速度的目的。因此，在开始运算时，即将算盘放于表的上方，露出第一行算题，左手握盘，右手夹笔拨珠，再移动算盘露出第二行算题，左手握盘，右手夹笔拨珠……如此一直移盘运算下去。熟练时，可把整个动作连贯起来，即在右手拨珠的同时，左手则缓缓将算盘向下移动至下一道算题，此时刚好上一道算题已拨完，同时已看好下道算题的数据，迅速拨珠，如此完成下去。注意移盘时要持平，千万不要倾斜，以免滑珠；动作要轻稳以防串珠。

（二）横行加减算

1. 一目一行进行运算

同加减法横行运算一样，看一行打一行。一行数字运算好后，左手向右移指着下一行数字，右手从高位到低位进行拨珠。这种打法比较传统，对于初学者掌握一些基本要领很有好处，但它运算速度缓慢，手左右移动次数太多，且首位数比较难找。

2. 一目两行进行运算

待有了比较好的握盘、移盘等基本功后,就有必要进行速度练习,也就是要采取珠算与心算相结合的运算方法。横行珠脑结合运算主要有:一是将账表的横行两行合并作一次运算,运算两次后,第五行直接拨加,简称"二二一"打法;二是将首尾两行合并作一次运算,中间一行直接拨加,这种方法犹如一人挑着柴担一样,简称"二一二"打法。

由此可见,横行一目两行的运算主要是解决横行两行合并连加算的问题,这里介绍几种方法:

(1) 先十法,就是在两数相加时,预见到某位相加需进位(或退位),提前进行进位(退位)。例如,638+27=665,预见到个位8+7需进1,就在十位档上3+2时提前多加1(即6)。当遇到连续进位时,运用先十法,可以大大减少拨珠次数。例如,13 876+7 365=21 241,预见到其千位以下位数都要进一,故首先在万位上加1为2,其下相应位数皆多加1,便得答数21 241。

对于加减混合题,由于减法是加法的逆运算,因此可用下列方法来进行运算:当被减数不够减时,需向前档借1,本档加上退1的补数。例如,346−38按常规运算,被减数346拨入算盘后,减去38时是在十位档减去3,个位档减去8,而个位档的被减数只有6,不够减需向十位档借1,个位档加上补数2。这样拨珠次数为三次。如预先在十位档多减1,即直接减去4,个位档加上减数8的补数2,这样就减少拨珠一次。再如,785 639−49 258,减数可化成减1,原数看补,即将−49 258可看成−50 000+742,便得答数736 381。当被减数与减数的前位是相同的,而后一位被减数又小于减数,如7 382−386千位上预前位减1,百位和十位变9,个位凑补为4,即得6 996,这样很显然减少了拨珠次数。

(2) 分节加减。横行数字在表中一般距离较大,认档落珠有一定困难,如改用横行按分节号运算,数字较少,视线较短,就易于合并定档拨珠,且准确率较高。

现以一行账表横行题为例,见表7-1,说明此种运算方法。运算步骤见表7-2。

表7-1

| 序 号 | 一 | 二 | 三 | 四 | 五 | 合 计 |
|---|---|---|---|---|---|---|
| 1 | 2 354 987 | 20 913 874 | 439 067 | 53 618 | 8 401 | |

表7-2

| 拨 算 程 序 | 盘 式 | | | | | | | |
|---|---|---|---|---|---|---|---|---|
| | 8 | 7 | 6 | 5 | 4 | 3 | 2 | 1 |
| ① 从最高节算起,第1、2两数最高节 2+20+1 (先进)→23 | 2 | 3 | | | | | | |
| 第1、2两数中间节 354+913+1(先进)→1 268 | 2 | 3 | 2 | 6 | 8 | | | |
| 第1、2两数末节 987+874→1 861 | 2 | 3 | 2 | 6 | 8 | 8 | 6 | 1 |
| ② 从最高节算起,第3、4两数最高节 439+53 →492 | 2 | 3 | 7 | 6 | 0 | 8 | 6 | 1 |

（续表）

| 拨 算 程 序 | 盘 式 | | | | | | | |
|---|---|---|---|---|---|---|---|---|
| | 8 | 7 | 6 | 5 | 4 | 3 | 2 | 1 |
| 第3、4两数末节 067＋618→685 | 2 | 3 | 7 | 6 | 1 | 5 | 4 | 6 |
| ③ 最后直加第5数8 401,照数拨入算盘,得出答数 | 2 | 3 | 7 | 6 | 9 | 9 | 4 | 7 |

（3）来回运算,就如竖行加减的来回运算一样,所不同的是,每"来"一次不是一行而是五行,每"回"一次也是五行。具体打法是:将第一行横一、二栏,横三、四栏,横五栏从高位到低位拨加后,再将第二行横五、四栏,横三、二栏,横一栏从低位到高位拨加,如此进行下去。也可以采用前面所述的一目两行的"二一二"行的打法。这种打法可减少手在运算中的移动次数,又大大减少了找位(只要确定个位就行了)的时间,速度还是较快的。

来回打法也适合于传票算。我国现行规定传票算是20页为一题,如果用来回打法刚好是十个来回,若第一行是从左至右,那么最后一行就是从右至左,因此可以检验少打或者多打。但来回打法如同织布一样,一会儿左,一会儿右,速度虽然快,练习起来比其他方法又要难一些。这里仅举一例,分别用"二二一"行来回打法和"二一二"行来回打法进行运算。账表数据见表7-3。

表7-3

| 序 号 | 一 | 二 | 三 | 四 | 五 | 合 计 |
|---|---|---|---|---|---|---|
| 1 | 4 709 | 78 915 | 17 905 361 | 812 609 | 4 732 861 | 23 584 458 |
| 2 | 79 385 126 | 3 046 | 9 053 628 | 63 571 | 286 039 | 88 791 410 |
| 3 | 4 621 583 | 84 670 912 | 718 243 | 2 487 | 57 403 | |
| 4 | 674 021 | 3 259 876 | 17 905 | 15 390 248 | 9 182 | |

仅以第1、2两行的计算过程为例。

"二二一"行来回运算法:

第一行的运算步骤见表7-4。

表7-4

| 拨 算 程 序 | 盘 式 | | | | | | | |
|---|---|---|---|---|---|---|---|---|
| | 8 | 7 | 6 | 5 | 4 | 3 | 2 | 1 |
| ① 横栏第一、第二栏从高位到低位算起心算相加得出83 624拨入算盘 | | | | | 8 | 3 | 6 | 4 |
| ② 横栏第三、第四栏从高位到低位算起心算相加得出18 747 973入盘,这时算盘读数为18 831 597 | 1 | 8 | 8 | 3 | 1 | 5 | 9 | 7 |
| ③ 横栏第五栏4 752 861直接入盘,得出结果为23 584 458 | 2 | 3 | 5 | 8 | 4 | 4 | 5 | 8 |

第二行的运算步骤见表 7-5。

表 7-5

| 拨算程序 | 盘式 | | | | | | | |
|---|---|---|---|---|---|---|---|---|
| | 8 | 7 | 6 | 5 | 4 | 3 | 2 | 1 |
| ① 横栏第五、第四栏从低位到高位心算出 016 943 入盘 | | | 3 | 4 | 9 | 6 | 1 | 0 |
| ② 横栏第三、第二栏从低位到高位心算出 4 766 509 入盘,得 9 406 284 | | 9 | 4 | 0 | 6 | 2 | 8 | 4 |
| ③ 横栏第一栏从低位到高位直拨 62 158 397 入盘,得出结果为 88 791 410 | 8 | 8 | 7 | 9 | 1 | 4 | 1 | 0 |

"二一二"行来回运算法:

第一行的运算步骤见表 7-6。

表 7-6

| 拨算程序 | 盘式 | | | | | | | |
|---|---|---|---|---|---|---|---|---|
| | 8 | 7 | 6 | 5 | 4 | 3 | 2 | 1 |
| ① 横栏第一、第二栏从高位到低位算起心算相加得出 83 624 | | | | 8 | 3 | 6 | 2 | 4 |
| ② 横栏第三栏直拨加 17 905 364 入盘,得 17 988 988 | 1 | 7 | 9 | 8 | 8 | 9 | 8 | 8 |
| ③ 横栏第四、第五栏从高位到低位算起心算相加得出 5 595 470 入盘,得出结果 23 584 458 | 2 | 3 | 5 | 8 | 4 | 4 | 5 | 8 |

第二行的运算步骤见表 7-7。

表 7-7

| 拨算程序 | 盘式 | | | | | | | |
|---|---|---|---|---|---|---|---|---|
| | 8 | 7 | 6 | 5 | 4 | 3 | 2 | 1 |
| ① 横栏第五、第四栏从低位到高位心算得出 016 943 入盘 | | | 3 | 4 | 9 | 6 | 1 | 0 |
| ② 横栏第三栏从低位到高位直接拨 8 263 509 入盘,得 9 403 238 | | 9 | 4 | 0 | 3 | 2 | 3 | 8 |
| ③ 横栏第二、第一栏从低位到高位心算得出 27 188 397 入盘,计算结果为 88 791 410 | 8 | 8 | 7 | 9 | 1 | 4 | 1 | 0 |

(三)纵行加减算

纵行加减算的珠脑心算主要有一目两行、一目三行、一日多行弃九法等,这在第八章中将详细阐述,这里就不再赘述。

习题 1

1. 计算下列纵横行各题

| 序 号 | 一 | 二 | 三 | 四 | 五 | 合 计 |
|---|---|---|---|---|---|---|
| 1 | 124 936 | 4 018 | 845 207 | 9 285 | 165 | |
| 2 | 845 | 9 264 | −617 | −7 398 | 348 029 | |
| 3 | 421 | 76 035 | 5 109 | 56 213 | 8 907 | |
| 4 | 97 182 | 21 943 | −91 325 | −8 405 | 3 021 | |
| 5 | 893 | 8 730 | 648 | 6 021 | 945 607 | |
| 6 | 9 405 | 984 | −6 273 | 974 | 52 076 | |
| 7 | 578 063 | 2 165 | 386 | 761 | 183 | |
| 8 | 90 438 | 893 | 3 901 | −10 817 | 149 | |
| 9 | 419 | 61 508 | 748 | 431 729 | 6 703 | |
| 10 | 3 691 | 726 | −1 024 | 493 | 582 | |
| 合 计 | | | | | | |

2. 计算下列纵横行各题并轧平表格

| 序 号 | 一 | 二 | 三 | 四 | 五 | 合 计 |
|---|---|---|---|---|---|---|
| 1 | 13 409 | 324 | 40 568 | 536 | 45 319 | |
| 2 | 7 452 | 435 621 | 7 165 | 8 903 | 207 | |
| 3 | 6 013 | 9 708 | 281 957 | 468 | 6 845 | |
| 4 | 218 379 | −31 024 | 548 | 9 317 | 72 306 | |
| 5 | 631 | 109 | 6 023 | 502 948 | 5 178 | |
| 6 | 637 | 675 | 271 | 517 | 859 | |
| 7 | 823 | 289 107 | 639 024 | 4 165 | 308 | |
| 8 | 6 542 | −316 | 4 809 | 47 265 | 6 071 | |
| 9 | 459 | 4 231 | 964 | 927 | 412 396 | |
| 10 | 802 967 | −87 092 | 103 | 31 589 | 249 | |
| 11 | 1 427 | 5 764 | 39 481 | 921 | 6 298 | |
| 12 | 7 504 | 809 | 875 | 6 024 | 704 | |
| 13 | 92 461 | −546 | 3 021 | 703 | 103 657 | |
| 14 | 586 | 7 658 | 572 | 8 074 | 915 | |
| 15 | 67 815 | −9 785 | 9 674 | 127 036 | 3 826 | |
| 合 计 | | | | | | |

### 三、账表算的简捷查错法

在珠算运算过程中对计算结果有怀疑特别是现行比赛的账表算纵横两行轧不平,就必须学会迅速查出差错并且予以更正,这样使运算的准确率得以提高。在实际工作中,学会迅速查错,有利于提高自己的工作效率,少出现差错。本节将介绍一些基本差错的原因及订正方法。

(一)由于带珠、看数、心算等发生的错误

这类错误查找的方法有两种:

(1)头错复头,尾错复尾。采用这种方法时,差错数有两个特点:一是差错数是一个不规律的数字;二是差错数在首一、首二位数或在最末一位数字或最末的一二位数字。

如果差数在首一二位数上,就把首位次位重新计算,第三位用四舍五入法估数加入;如果差数在最末一位上,只要用目测心算累计出末位个位,不记进位数就行了;如果差数错在最末的第二位上(十位数),就要计算末二位数字之和。

(2)错在中间某一位时,查法有两种:一是重新计算差错数的本位及后一位,对后一位数用四舍五入法加计。如果中间数字错两位,就要查两位本位,再查两位后一位用四舍五入法加计。二是目测差错数位前后有无相同或相似数码,如差数正好是此相同或相似数码的差额,便是看数错误。如 366 看成 336;中间数 417 看成 477,中间数差 6。

(二)由于漏算或重算所致的差错

当发生的差错数很没有规律,但在算题里出现与差错数相同的数,可能就是重算或漏算了算题,立即加以纠正。

例如,6 489+257+6 103+849+948+536=15 182,当得出答数是 14 234 时,两者差额少了 948,在看原数中正好有此数,说明就漏算了。

(三)由于看错位数所致的差错

这种差错一般是一个多位数。错位情况一种可能是把小数字看大;还有一种情况可能是把大数字看小。这样,这类差错题一般是把原数扩大或缩小了十倍,因此,可以把差数先除以 9 所得的商数再乘以 10 或除以 10 便可得到查正。

例如,纵行与横栏两个总数相差 576,576÷9=64,64×10=640,就可以判定是将 640 看成了 64,然后,再在横栏或纵行中查找,如发现是在第四横栏与第 8 纵行交叉处有 640,就复算一下第四横栏与第 8 纵行的合计数,看错在哪一行栏,予以更正。

(四)由于颠倒数字所致的差错

颠倒数字而发生的差错有两个特点:一是差数是一位或两位数字;二是差数能被 9 除尽。

#### 1. 两位数颠倒

一般来说,凡是差数在两位数以内且是 9 的倍数(即差数是 9 至 81 以内的 9 的倍数),肯定是最末两位数字颠倒。例如,账表算纵横两栏总数相差 63,63÷9=7,那么就在表内各组迅速找出两数相差为 7 的数。如 07、18、29 等组是否看成了 70、81、92,然后查对一下这些数字所在栏的合计数,迅速更正。

凡是差数在 90 至 810 以内 9 的倍数,肯定是最末第二和第三位数字颠倒,凡是差数在 900 至 8 100 以内 9 的倍数,一定是在最末第三和第四位数字颠倒,其余以此类推。仍以账表为例,如果纵横第五行 974 328 误打成 947 328,两者差数为 27 000,27 000÷9＝3 000,即在最末第四行数字 74 打成了 47。再如,加减算中打出得数与正确答案相差 270,被 9 除为 30,说明在最末第二、第三行数字看错,然后查找各组数字有可能出现差数 3 的,如 03、14、25、36、47,一直到 69 等,发现后核对一下,予以更正。

**2. 三位数颠倒**

三位数倒置所引起的差数同样能被 9 除尽,同时也是 11 的倍数,且差错的首尾之和等于 9。当差数除以 9 再除以 11 所得的商数,即为倒置两位的首尾之差。例如,将 401 看作 104,差数为 297,297÷3＝33,33÷11＝3,即 3 为被误看倒置数的首尾之差(4 与 1 之差)。

同样,当在差数中出现多几个 0 或少几个 0 时,就说明在高位上或低位上三数倒置。例如,将 670 误打成 67 000,多 66 330,66 330÷9＝7 370,7 370÷11＝67,即得出差错的位置。再如,将 54 000 误打成 540,少 53 460,53 460÷9＝5 940,5 940÷11＝54,找出有关行次,予以更正。

**(五)无规则差错及防止方法**

**1. 两倍差查找法**

由于看错数字的正负号,该加的成减,该减的成加,就会产生两倍于该数字的差错,可将差数用 2 除一下,再看计算组里有否与差数半数相同的数。以加作减的差数是小于错算数组的两倍,以减作加的差数是大于错算数组里的两倍,查出后,予以更正。

**2. 由于用力不当而发生带珠的情况**

菱珠小算盘珠距较小,拨珠时如果用力猛一点,算珠就会弹回;用力不足,又会拨不到预定的地方,形成在离中梁与算盘之间"似是而非"的数字,这样往往会产生类似于多 5 或少 5 的错误。另外还会出现带珠的情况,纠正方法是拨珠时要清醒、谨慎,注意手指的清晰度和用力度,无名指与小拇指放在正确的位置。

对于有规律的差错,还是容易订正的,对于无规律的差错,查对时就很麻烦,因为得重复计算,因此,提高计算的准确度是至关重要的。表 7-8 中,纵横两栏合计不平,请查出属哪一种差错,并予以订正。

表 7-8

| 序　号 | 一 | 二 | 三 | 四 | 五 | 合　计 |
|---|---|---|---|---|---|---|
| 1 | 493 217 | 52 073 | 4 217 | 4 098 | 317 | 493 217 |
| 2 | 956 | 684 | 843 | 21 408 | 457 201 | 956 |
| 3 | 532 | 4 309 | 508 | 537 | −978 | 532 |
| 4 | 8 293 | 8 951 | 87 125 | −5 126 | 907 | 8 293 |
| 5 | 914 | 396 872 | 627 | 275 | −1 056 | 914 |
| 6 | 1 065 | 485 | 645 791 | −8 029 | 8 314 | 1 065 |

（续表）

| 序 号 | 一 | 二 | 三 | 四 | 五 | 合 计 |
|---|---|---|---|---|---|---|
| 7 | 896 074 | 2 103 | 3 098 | 637 | −1 792 | 896 074 |
| 8 | 748 | 13 964 | 532 | 615 483 | 753 | 748 |
| 9 | 803 | 8 027 | 6 439 | −3 901 | 5 048 | 803 |
| 10 | 70 438 | 675 | 971 | 839 | −6 952 | 70 438 |
| 11 | 86 507 | 513 | 30 569 | −41 507 | 324 | 86 507 |
| 12 | 3 862 | 704 851 | 198 | 9 264 | −87 043 | 3 862 |
| 13 | 14 509 | 627 | 7 025 | −703 | 39 621 | 14 509 |
| 14 | 152 | 209 | 4 086 | 973 614 | 486 | 152 |
| 15 | 2 471 | 6 415 | 201 483 | 506 | 590 386 | 2 471 |
| 合 计 | 1 580 541 | 1 200 758 | 993 512 | 1 567 395 | 1 005 518 | 6 347 742 |
| | | | | | | 6 347 724 |

# 任务二　翻打传票技术

## 一、翻打传票的基础知识

传票：用以传递记账用的凭证叫传票，是记账凭证的前称。目前传票算是全国珠算技术比赛和全国会计技能比赛会计电算化赛项的项目之一。它在实际工作中运用的相当广泛，如计算成沓的发票、收支凭证、有价证券等。因此学习传票算是很重要的。

现行珠算比赛和会计技能比赛中使用的传票，其规格为：

（1）长 19 厘米，宽 9 厘米的 60 克书写纸，用 4 号手写体铅字印制。每面各行数字下加横线，其中二行和四行为粗线。

（2）传票左上角装订成册，中间夹 1～2 根色带，每本共 100 页（反面没有数字）。

（3）每页五行，各行数字从 1～100 页均为 550 字，每笔最高为 7 位数，最低为 4 位数，全为金额单位。

（4）每连续 20 页为一题，计 110 字，0～9 各字码均衡出现。命题时任意选定起止页数。例如，第一题从第 6 页至第 25 页（一）行，第二题从 29 页至 48 页（三）行等。

（5）在每个数字前由上至下依次印有题号（一）、（二）、（三）、（四）、（五），（一）表示第一行数字，（二）表示第二行数字，以此类推。

（6）页码印在右上角，一般用阿拉伯数字标明，每一页的尺寸一样，并在左上角有空白处，计算时可用夹子夹起运算。

（7）比赛时采用限时不限量的比赛办法，每场规定 15 分钟，每题规定打 20 页某一行数字的合计，共计 110 个数字，计算正确每对一题得 15 分。

图 7-1 为一页传票的样式，表 7-9 为一张传票算题示例。

甲1

| (一) | 48.28 |
| (二) | 58 360.24 |
| (三) | 15.96 |
| (四) | 70.65 |
| (五) | 9 135.01 |

图 7-1 一页传票

表 7-9 一张传票算题

| 顺 序 | 起 讫 页 数 | 行 次 | 答 数 |
|---|---|---|---|
| 一 | 11~30 | (二) | |
| 二 | 28~47 | (五) | |
| 三 | 50~69 | (三) | |
| 四 | 69~88 | (一) | |
| 五 | 46~65 | (四) | |
| … | … | … | |

表 7-9 中，"顺序"表示计算的顺序，"一"表示第一道题，"二"表示第二道题，以此类推。比赛时不允许跳题，即两题之间丢一题不打。"起讫页数"中的"起"表示从哪一页开始计算，"讫"表示运算到哪一页为止。表 7-9 中第一题的起讫页数是 11~30，表示从第 11 页起开始运算，一直运算到 30 页止。"行次"表示计算这一题的第几行，表 7-9 中第一题的行次是(二)表示要从 11 页起一直到 30 页共计 20 页都计算第二行数字，20 页计算完毕得出的答数，写在表中的答数栏内，这样就完成了一道题的运算。

## 二、翻打传票的基本功

翻打传票技术是一种综合运算，它不仅作为加减法运算，还要掌握左手翻页、找页以及心算等基本功。

（一）传票摆放的位置

在进行传票运算时，一般是左手翻动传票，右手打算盘。传票应摆放在合适的位置上，如果使用小算盘，可将传票放在算盘的左上方。为便于左手翻页，传票的左底边应离开算盘顶框约 2 厘米左右，左手放进传票偏左的位置上，用拇指突出的部位翻动传票。如果使用中型算盘或大算盘，可将传票斜放在算盘的左下方。

（二）打扇形

在拿到传票时，首先检查传票中是否有缺页、重页的情况。为了不使在翻动传票时一次翻两页或更多页，在运算前可将传票捻成扇形，并使每张传票自然松动，不会出现粘在一起的情况。传票捻成扇形后可恢复原状进行翻页或不恢复原状，用票夹夹住保留扇形翻页。打扇形的方法是用两手拇指放在传票封面上，两手的其余四指在背面，左手捏住传票的左上角，右手拇指放在传票下面，然后向下捏，传票自然展开成扇形，扇形幅度不宜过大，只要把传票封面向下突出,背面向上突出,以左手食指能全部夹住已打开的传票为好。

（三）翻页

在传票运算中,练好翻页的基本功非常重要,翻页速度的快慢,直接影响到传票运算的速度和准确率。翻页时要把左手的中指、无名指和小指平放在传票的左下角,当拇指翻上一页后,食指迅速放在其下面,将传票夹住。随即拇指作翻页的准备。翻页与拨珠必须同时进行,票页不宜掀得太高,角度越小越好,以能看清数据为准。

（四）找页

现行珠算比赛传票算不是一页一页打下来的,而是任意连续的20页,如表7-9中的五道算题,第一题就是11页到30页,第二题又倒至28页至47页。由此,就必须学会传票的找页,找页是打传票的一个很重要的基本功。找页又务必与看行、看数、拨珠等动作连贯在一起。现以第一节所举例子为例,讲解一下如何翻页找页。当左手拿到传票后,翻动几次迅速找到11页,然后看数运算,运算完一题后,右手迅速抄写答数,并用眼睛余光先快速注意下一题的起页,确定下一题是顺着继续往下翻还是倒着往回找页,于是用左手同时作顺翻或倒翻的动作。如第二题的起页为28页是倒翻方向,于是将传票页数往前倒,方法是将左手食指放下倒回传票,有时能刚好倒在起页上。有时还需翻动一两次,不过这个动作要在右手答数抄好左右就能完成。第三题起页是50页,属顺翻,在第二题计算完后,右手抄答数,眼睛余光注意到起页是50页,就可以大约翻过几页,尽量能翻到靠近起页为妙。

当然这些方法在刚开始练时还有很大难度,初练时可一项一项地练,先练翻页,翻到运用自如为止;再练找页,凭手的感觉估计传票20页、40页、60页、80页的厚度,再估计传票30页、50页、70页、90页的厚度。在此基础上可练习翻各题的起页,一般要在翻两三次就能找到起页就差不多了。

（五）记页

打传票时,除了要掌握找页和翻页这两个基本功外,还要掌握好记住所打页数的基本功。为了避免计算过页或行算不够页,最好每打一页默记一页,打第一次默记1,打第二次默记2…打到二十页默记20,最后对照该题的讫止页码,如无误,就立即书写答数,如果打一目两页,一题只要记十次。来回打时记去数,也只默记十次。

（六）看数和记数

看数练习是珠算练习的第一环节。因此,打传票也离不开看数。翻页和找页熟练后,看数不熟练,仍影响计算速度的快慢。由于传票上的数字与其他项目的数字不同,传票算题离算盘距离较远,而且每个计算题又是不同的行次,因此在初练时必须先看数字再看算盘,随着算题的加长,便应改为边看边默记边入盘。记数时,根据数字三位一分节的特点去看、去记。对较长的数据可以分两次看完。经过较长时间的训练后,方可达到随翻随看随拨珠,并且可以采用下面将要介绍的方法进行运算。

## 三、传票算的计算方法

（一）一次一页的打法

所谓一次一页的打法,就是翻一页打一页。一次一页打法可分为传统打法与来回打法两种。

传统打法是翻一页传票将算题规定计算的某一行次的数字从左至右拨入算盘,然后再翻一页传票,再将算题规定计算的某一行次的数字从左至右拨入算盘,由此运算完为止。例如,计算 39 页至 58 页第三行的和数。39 页第三行是 687.41,40 页是 29 138.65,41 页是 5 317.92……运算时,先找出 39 页第三行数字是 687.41,并由高位到低位拨入算盘,然后翻过 39 页,眼看 40 页第三行数字为 29 138.65,并由高位到低位拨加 29 138.65,以此类推。

来回打法曾在第一节账表算的横行加减算中提到过,它是先从高位运算到低位,翻过一页后,再从低位运算到高位,这样反反复复运算完毕。

由此可见,传统打法从高位到低位运算起,容易看数拨珠,便于运算,但速度不快,也会发生多翻页或少翻页的错误。而来回打法速度相比之下要比传统打法快,且可以知道多翻或少翻页的错误,但难度比传统打法大一些,容易看错位或看错行。总之,一次一页打法不是理想的高速打法,它必定要受到左右手协调性的制约,且它又是纯粹性的珠算打法,要想加快或想提高运算速度,就必须突破传统的一次一页的打法。

（二）一次两页的打法

所谓一次两页的打法,就是心算两页合计直接一次拨珠。心算两页合计如同心算加减法所采用的一目两行一样,练习熟练还是容易掌握的。这里主要就是牵涉到如何一次翻两页的问题。一次翻两页的具体方法是:中指、无名指、小指放在传票封面上,食指放在起页上,拇指略翻起传票,翻的高度以能看到次页传票数字为标准,然后用心算计算出两页有关行次的数字之和拨入算盘。当和数的最后两个数字或一个数字即将摸档拨入算盘时,拇指则迅速将前两页翻过,食指夹住,再用拇指略翻起传票,如此一次两页的进行下去。

（三）一次三页的打法

所谓一次三页的打法,就是将传票的三页有关数字心算相加一次拨珠。其翻页方法是:无名指和小指放在传票的封面上,中指放在算题的起页上,然后拇指翻起一页用食指夹住,拇指再翻起一页,使眼睛能迅速看清三页里有关行次的数字,然后心算出三页对应行数字之和直接拨入算盘。当和数的最后两位数字即将摸档拨入算盘时,拇指应迅速将前三页翻过,中指夹住,拇指翻起一页,食指夹住,拇指再翻过一页,如此方法一次翻三页传票运算下去。由于三页一次运算难度更大,故可先将算题的第一、第二页有关行数迅速心算,再与第三页对应行数字相加,一次拨珠成功。

（四）一次二十页的打法

所谓一次二十页的打法,就是心算二十页的有关算题数字一次拨珠。这就要求练习者要有珠算式心算的基础(珠算式心算将在后面有关章节里详细介绍)。翻页的方法有两种:一是按传统的一次一页的打法,左手迅速翻页,大脑心算;二是用两手翻页,像点钞票一样,按分节进行脑心算。

因算题数字较多,故心算可分三次进行:先对最高位十万位至千位进行心算,算好二十页数字之和拨入算盘;再将传票倒回页,心算百位至个位的数字之和,算好二十页加入算盘;最后再将传票倒回起页,心算最后两位小数之和,算好二十页加入算盘。

（五）一次两页和一次三页打法的练习

一次两页和一次三页的打法速度较快,但难以练习,难以掌握,关键问题是翻页和心算要过关。因此,我们可以分步进行练习:

(1) 模拟拨珠心算练习。平时单独训练翻页心算,不进行拨珠运算,先练一次翻两页心算,再练一次翻三页心算。

(2) 用一次翻两页,心算传票第五行数字,因为第五行数字是传票的最后一行,容易看得清,记得住,不易错位或错行,然后再逐步往上移,即一次两页心算第四行、第三行直至第一行。

(3) 用一次翻三页,心算传票各页第五行数字,然后逐步往上移,心算各页第四行、第三行直至第一行。

总之,只要下一定的功夫,多算多练,必能收到很好的效果。目前国内选手采用一次二页或一次三页打法。

现行的全国会计技能比赛规定翻打传票比赛采用爱丁数码公司翰林提 T96BW 输入设备,计算时只能一页页用数字小键盘录入,不得采用心算技术。

# 任务三 翰林提传票翻打录入技能

传票翻打,也称为传票算,是指在经济核算过程中,对各种单据、发票或凭证进行汇总计算的一种方法、一般采用加减运算。它是加减运算在实际工作中的具体应用,可以为会计核算、财会分析、统计报表提供及时、准确、可靠的基础数字,是财经工作者必备的一项基本功。

近年来,在省级乃至全国的中等职业学校会计技能比赛中,除了会计电算化以外,就是点钞和传票翻打。传票翻打大多采用爱丁数码翰林提传票录入。

## 一、翰林提翻打传票的使用步骤

1. 系统主界面选择【传票录入】进入到【传票录入】目录。

```
位置☜传票录入

    [A]传 票 录
    [B]传 票 算
    [C]成长历程
    [D]设     置
    [E]关 于 库


为您提供系统的传票训练方案!        ‖传票录入
```

2. 选择"[D]设置",进行[组别设置]。将[组别设置]为"每组 20 个",[随机设置]为"随即跳转",设置完毕后按[Enter]自动保存设置。

```
位置◇ 传票录入:/设置


☞ 组别设置: ◀ 每组20个 ▶

   随机设置:    随机跳转



[←→]修改  [ENT]保存   [ESC]退出        |传票录入
```

说明：此步骤只需在第一次使用时设置,或需要更改训练方式时设置。

```
位置◇ 传票录入:/传票算


          [A]传票算练习
          [B]传票算测试




                              |传票录入
```

3. 在【传票录入】目录下选择"[B]传票算",进入【传票算】功能菜单。

(1) 选择"[B]传票算测试"或者"[A]传票算练习"。

两者的区别在于：测试模式下,系统可以保存最后成绩,并且可以通过无线模块发送测试成绩,该模式可以做比赛时使用。练习模式下,系统不保存成绩,也不能发送成绩,但是可以保存成长历程,该模式只用作练习时使用。

以下以传票算测试为例介绍。

```
位置◇ 传票录入:/传票算测试/选择文件
 爱丁传票
  天津传票
  自编传票
  大连传票.TXT
  辽宁比赛传票.TXT
  上海传票.TXT



[↑↓←→]选择  [ENT]确认  [ESC]退出     |文件管理
```

(2) 例如选择[爱丁传票],下一步选择所要录入的传票页 A～D。
(3) 例如选择[爱丁传票 A],开始设置：测试时间、起始页、行次。

位置 ⟡ 传票录入:/传票算测试/选择文件

**爱丁传票A.TXT**
爱丁传票B.TXT
爱丁传票C.TXT
爱丁传票D.TXT

[↑↓←→]选择   [ENT]确认   [ESC]退出    ‖文件管理

4. 设置完毕后,按[Enter]键即可开始录入。

位置 ⟡ 传票录入:/传票算测试/选择文件

每组题数:20
**测试时间:10**
**起 始 页:10**
☞ **行   次:2**

[↑↓←→]选择   [ENT]确认   [ESC]退出    ‖文件管理

(1) 关于录入界面的相关解释说明:

第  1组    起止页码:   6 6－7 0   第4行

答案:  ┌─────────────────────┐
       │ 1 2 3 4 5 6 7 8 9  │
       └─────────────────────┘

计算区域:┌────────────────┐
         │ 1 2 3 4 5 6   │
         └────────────────┘
         ＋

                          倒计时: 08：04

第一部分内容为:当前输入的组别、当前组的起止页、输入的行序号。

中间部分内容为:上一组数据的最终结果。

下面部分内容为:当前组数据的计算区域,学生可以任意＋/－计算。

(2) 用户退出或者倒计时结束时,系统会按照录入界面提示页码和行次进行累加自动计算成绩,并且显示在屏幕上。

位置 ⟡ 传票录入:/传票算/测试成绩

传 票 本: **爱丁传票A.TXT**
组别设置: 20
测试时间: 10:00
得   分: 195
起 始 页: 10
行   次: 2

[F1]发送成绩 [ESC] 退出!    ‖传票录入

## 二、翰林提翻打传票的正确姿势和指法

要想熟练的运用翰林提来进行传票翻打,姿势和指法都是相当重要的。正确的姿势和指法不仅可减轻人的疲劳感,在进行传票翻打训练中也能起到事半功倍的作用。

1. 正确的姿势

(1) 身体坐直,上体略为前倾,肩部放松,身体和桌沿保持一拳头的距离,腰背不要弯曲,两脚自然分开着地与肩同宽,不可以交叉,头稍低垂。

(2) 小臂与手腕略向上倾斜,手腕平直,两肘微垂,轻轻贴于腋下。

(3) 手指弯曲自然适度,自然下垂,形成勺状,轻放在小键盘上。

(4) 打字时手腕要悬空,敲击键盘要有节奏,击完键后手指要立即回到基准键位。

(5) 各个手指要分工明确,各司其职,不能越到其他区域敲击键盘。

(6) 击键的力度要适中,做到果断、迅速,不能拖泥带水,不能连击,不能触动非击键。击键手指应富有弹性、有节奏感。

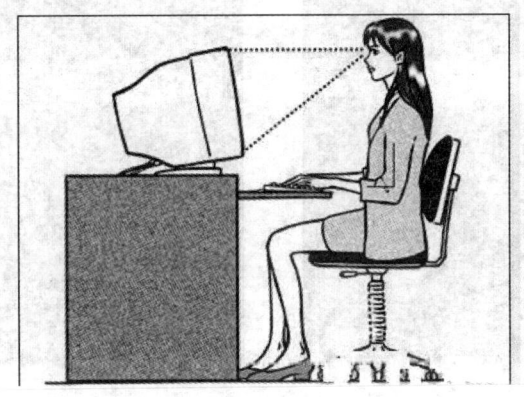

2. 准确的指法

翰林提传票翻打使用小键盘区,一般右手操作,手指在键盘上的位置非常重要。要提高数字的录入速度,各手指负责的按键有严格的分工。为了便于有效地使用小键盘,通常规定右手的食指、中指、无名指和小指依次位于第三排的"4"、"5"、"6"、"Enter"基准键上。其中"5"键上有一个小突起,是用来定位的。当准备操作小键盘时,手指应轻轻地放在相应的基准键上。按完其他键后,应立即回到相定的基准键上。

各手指的分工如表 7 - 10 所示。

表 7 - 10　各手指的分工

| 右手手指 | 基准键位 | 手指分工 |
| --- | --- | --- |
| 大拇指 | | 0 |
| 食指 | 4 | Num Lock、7、4、1 |
| 中指 | 5 | /、8、5、2 |
| 无名指 | 6 | *、9、6、3、.(小数点) |
| 小拇指 | Enter | 一、+、Enter |

### 三、翻打传票的具体步骤

**1. 整理传票**

传票在翻打前,首先要检查传票是否有错误,如有无缺页、重页、数码不清、错行、装订方向错误等,一经发现,应及时更换传票,待检查无误后,方可整理传票。

整理传票即将传票捻成扇形,使每张传票自然松动,不会出现粘在一起的情况。

票面捻扇形的方法:两手拇指放在传票封面上,两手的其余四指放在背面上,左手捏住传票的左上方,右手拇指放在传票封面的右下方。然后,右手拇指向顺时针方向捻动,左手配合右手向反方向用力,轻轻捻动即成扇形。扇形幅度不宜过大,只要把传票封面向下突出,背面向上突出,便于翻页即可。最后用夹子将传票的左上角夹住,再用一个较小的票夹夹在传票最后一页的右下角,将传票架起,使扇形固定,防止错乱。

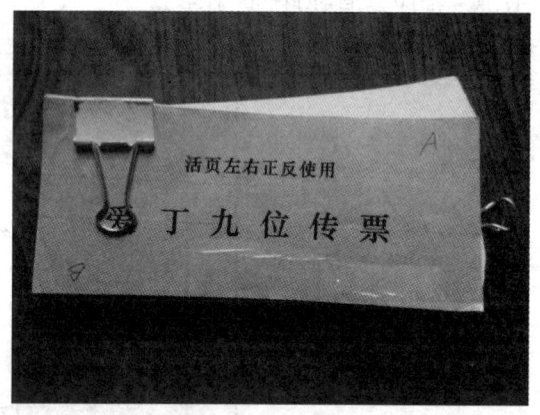

**2. 摆放合理**

整理好的传票应摆放在桌面适当的位置。如果使用小键盘,可将传票放在算具的左下方,贴近算具,以便于看数翻打。

提示:捻成的扇形幅度不宜过大,只要把传票封面向下突出,便于翻页即可。

**3. 找页迅速**

因为传票算须从传票中找出某 20 页的起页码,找页的动作快慢、准确与否,直接影响传票翻打的准确与速度。找页是传票翻打的基本功之一,必须加强练习。

找页的关键是练手感,即摸纸页的厚度,如 10 页、20 页、30 页、50 页等的厚度,做到仅凭手的感觉就可以一次翻到临近的页码上,然后,再用左手向前向后调整,迅速翻至要找的页码。

找页时可按以下步骤进行训练,循序渐进地进行练习,要求做到 2~3 次找到目标页码,争取 1~2 次找到目标页码。

(1)先练找 50 页。传票共有 100 页,将其对半分,找起来较易,应反复练习。

(2)再练找 10 页。10 页厚度是一个最重要的页码,它是"找页"中最重要的一步,要多花时间练习,明确了 10 页厚度,对以后的练习将大有裨益。

（3）再练找 20 页、30 页、40 页、60 页、70 页、80 页。20 页是 10 页厚度的两倍，30 页是 10 页厚度的 3 倍，以此类推，就能迅速找到目标页码。

（4）最后练找任意页码。因传票算运算页码在 1～100 之间，要迅速找到目标页码，关键是要练好找任意页码。

找页的基本要求是：右手在敲击数字小键盘传票的数字时，用眼睛的余光看清下一传票的起始页数，用左手迅速准确找到对应页数，做到边写答案边找页。

4. 翻页准确

传票翻打要求用左手翻传票，右手敲击数字小键盘，两手同时进行。传票翻页的方法是：将左手的小指、无名指放在传票封面的左下方，食指、拇指放在每题的起始页，然后中指配合挡住已翻过的页，食指配合将传票一页一页掀起。

翻页与计算必须同时进行，票页不宜翻得过高，角度应适宜，以能看清数据为准。翻页输入时，可采用一次一页打法，也可采用一次两页或三页打法。

提示：翻页练习是传票翻打的基础，只有左手能很准确、连贯、快速地翻开传票，才能进行传票翻打录入。

5. 记页到位

在传票运算时，为了避免计算过页或计算不够页，应掌握记页（数页）的方法。

记页，就是在运算中记住终止页，当估计快要运算完该题时，用眼睛的余光扫视传票的页码，以防过页。

6. 数页精确

数页就是边运算边默念已打过的页数，最好每打一页，默念一页，以 20 页为一组为例，打第一次默念 1，打第二次默念 2……默念到 20 时核对该题的起止页数，如无误，立即按回车键。

如果采用一目两页打法，仍以 20 页为一组为例，每题只数 10 次，即打前两页时默念 1，再打两页时默念 2……默念到 10 时，核对该题的起止页数，如无误，立即按回车键。

提示：记页、数页看似很简单,但在实际操作过程中却是很重要,开始练习就应该养成记页、数页的好习惯,避免多算或少算而影响运算速度。

 **项目小结**

账表算来源于会计业务,是一项实用性较强的珠算技术。账表算是在熟练掌握加减法计算技能的基础上学习的,只要具备加减法计算能力就能进行账表算练习了。传票算来源于金融系统的一般业务,由于金融系统装备现代化,使用小键盘数字键录入是目前的发展方向,因此学会使用小键盘数字键录入传票有利于会计人员的结算业务,因此也是会计人员的基本技能之一。

 **复习思考题**

1. 什么是账表算?现行全国珠算心算比赛的账表算如何轧平?
2. 简述账表算练习的简单程序。
3. 账表算如何查错?
4. 什么是传票算?请你谈谈现行全国珠算心算比赛传票的规格。
5. 打好传票需要具备哪些基本功?

 **习题 2**

1. 计算下列纵横行

| 序　号 | 一 | 二 | 三 | 四 | 五 | 合　计 |
|---|---|---|---|---|---|---|
| 1 | 7 592 | 3 290 | 2 731 | 3 256 | 2 461 | |
| 2 | 534 | 75 | 93 | 83 | 79 | |
| 3 | 85 | 58 | 6 190 | −74 | 941 | |
| 4 | 2 168 | 62 | 54 | 3 758 | −31 | |
| 5 | 976 | 810 | 4 586 | 9 586 | 6 749 | |
| 6 | 6 743 | 4 035 | 984 | −619 | 83 | |
| 7 | 91 | 367 | 82 | 21 | 36 | |
| 8 | 803 | 9 421 | 6 254 | 72 | 6 326 | |
| 9 | 2 104 | 76 | 70 | 9 405 | −285 | |
| 10 | 30 | 9 481 | 358 | 901 | 7 508 | |
| 合　计 | | | | | | |

2. 计算下列纵横行并轧平账表

| 序 号 | 一 | 二 | 三 | 四 | 五 | 合 计 |
|---|---|---|---|---|---|---|
| 1 | 4 186 | 2 189 | 1 620 | 2 145 | 14 | |
| 2 | 24 | 64 | 82 | 72 | 68 | |
| 3 | 7 415 | 47 | 5 089 | −63 | 8 623 | |
| 4 | 70 | 51 | 43 | 2 647 | −20 | |
| 5 | 865 | 709 | 5 142 | 5 497 | 5 638 | |
| 6 | 5 632 | 3 264 | 873 | −508 | 72 | |
| 7 | 80 | 256 | 71 | 10 | 2 643 | |
| 8 | 7 923 | 8 310 | 2 645 | 61 | 531 | |
| 9 | 13 | 65 | 69 | 8 394 | −174 | |
| 10 | 564 | 8 370 | 247 | 890 | 6 497 | |
| 合 计 | | | | | | |

3. 请查出下列账表不平的原因

| 序 号 | 一 | 二 | 三 | 四 | 五 | 合 计 |
|---|---|---|---|---|---|---|
| 1 | 36 | 49 | 457 | 316 | 6 895 | 7 753 |
| 2 | 425 | 78 | 9 528 | −57 | −63 | 9 911 |
| 3 | 739 | 3 256 | 36 | 9 582 | 1 408 | 15 021 |
| 4 | 91 | 741 | 29 | 467 | 63 | 1 391 |
| 5 | 1 | 90 | 3 068 | 84 | −748 | 2 495 |
| 6 | 4 857 | 136 | 475 | 24 | 652 | 6 144 |
| 7 | 361 | 9 182 | 61 | −82 | 321 | 9 843 |
| 8 | 4 368 | 47 | 923 | 953 | −5 192 | 1 099 |
| 9 | 6 247 | 156 | 70 | −1 493 | 57 | 5 037 |
| 10 | 25 | 283 | 5 184 | 61 | 978 | 6 531 |
| 合 计 | 17 150 | 14 018 | 19 831 | 9 855 | 4 371 | 64 750 |
| | | | | | | 65 225 |

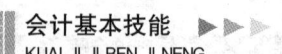

4. 请查出下列账表不平的原因

| 序 号 | 一 | 二 | 三 | 四 | 五 | 合 计 |
|---|---|---|---|---|---|---|
| 1 | 9 361 | 9 730 | 67 | 5 819 | 320 | 25 297 |
| 2 | 74 | 41 | 6 398 | 639 | 87 | 7 239 |
| 3 | 8 023 | 482 | 12 | 72 | 4 361 | 12 950 |
| 4 | 92 | 85 | 568 | −481 | 519 | 783 |
| 5 | 86 | 136 | 39 | 3 640 | −892 | 3 009 |
| 6 | 153 | 4 075 | 107 | −92 | 75 | 4 318 |
| 7 | 47 | 329 | 52 | 924 | −574 | 778 |
| 8 | 807 | 5 096 | 4 301 | 80 | 628 | 10 912 |
| 9 | 4 312 | 87 | 962 | −6 503 | −61 | −1 203 |
| 10 | 569 | 124 | 7 485 | 715 | 473 | 9 366 |
| 合 计 | 23 524 | 20 185 | 19 991 | 4 813 | 4 936 | 73 512 |
| | | | | | | 73 449 |

# 项目八　　珠算加减法的简捷算法

## 项目目标

1. 学会倒减法的运算方法
2. 学会并熟练掌握补数加减法的运算方法
3. 学会珠脑结合并行加减法的心算法,至少应掌握一目二行心算的方法和技巧

## 项目导入

如何快速地进行珠算加减运算呢? 就是要设法减少拨珠次数,如何减少拨珠次数呢?最简单的办法就是脑算。下面我们就来学学珠算加减法的简捷算法。

## 任务一　传统简捷算法

### 一、补数加减法

如果两个数的和是 10,100,1 000 等 10 的乘方数(10 的整数次幂),这两个数就互为补数。一个数和它的补数的和,叫做这个数的齐数。例如,6 和 4 互为补数,齐数是 10;37 的补数是 63,齐数是 100,等等。

某数与它的齐数、补数的关系如下:

$$齐数＝原数＋补数$$
$$补数＝齐数－原数$$
$$原数＝齐数－补数$$

两个互为补数的特点是:"前位凑九、末位凑十。"如 36 874 的补数是 63 126。

补数加减法对百货店的营业员来说是一种快速的计算方法,商店里商品的价格大多是 1.98 元、7.95 元、99.90 元。这样利用补数加减法计算起来就方便了。

【例 8 - 1】 一顾客在玩具店购买了一辆小火车、一只小山羊、一把自动发火手枪和一个变形金刚,它们的单价分别是 8.92 元、9.80 元、19.90 元和 95.90 元,问总共应收多少钱?

$$8.92+9.80+19.90+95.90=8.92+10.00-0.20+20.00-0.10+100-4.10=134.52(元)$$

【例 8 - 2】 $3.25+98.80+295.90-85.80-29.5=3.25+100-1.20+300-4.10-100+14.20-30+0.5=282.65$

## 二、分节加减法

分节加减法是指在加法(减法)运算中,利用分节号和小数点,上下同位数对齐,从左到右相加(减),分节逐节运算,这种方法对于看数和记数能力较差的计算者更加适合,可以化繁为简。这种方法也适合于珠算式心算和传票算。

【例 8 - 3】

$$
\begin{array}{r}
426\ 725 \\
518\ 624 \\
386\ 903 \\
+\quad 216\ 742 \\
\hline
1\ 546 \\
+\quad 2\ 994 \\
\hline
1\ 548\ 994
\end{array}
$$

即把题目分为两组,先将(426+518+386+216)相加,再将(725+624+903+742)相加,即得 1 548 994。

## 三、倒打法

倒打法是打破加减法"位数对齐,高位算起"的传统,同笔算加减法一样,从低位算起。这种方法最大的优点是解决了加减法位数不齐判断首位档难的问题。缺点是改变了传统的看数习惯,不是按 13 579.46 看,而是看成 64.975 31。

【例 8 - 4】

$$
\begin{array}{r}
375.42 \leftarrow(从右往左拨) \\
65163.89 \leftarrow \\
+\quad 2\ 702.46 \leftarrow \\
\hline
\end{array}
$$

倒打法是将数字看倒,从低位加到高位,加完一笔数后,手往右移,再从低位加到高位。上例从右往左拨加 24 573,9 836 156,642 072。

倒打法对于账表算的纵行、横栏以及传票算都很适用,只要勤于练习是不难掌握的。

### 四、来回打法

来回打法是将传统的高位算起和倒打法相结合的一种很实用的打法,是将第一笔数字从高位运算到低位,第二笔数字从低位运算到高位,以此类推。这种打法的优点是既减少了手在算盘上移动的次数,又减少了一半判断首位数的时间,计算的速度加快了。

【例 8 - 5】

$$
\begin{array}{r}
\rightarrow 374\ 615 \\
28\ 936 \leftarrow \\
\rightarrow 9\ 017 \\
+\ 5\ 142\ 908 \leftarrow \\
\hline
\end{array}
$$

先从高位到低位,拨入 374 615;再从低位到高位,拨加 63 982;再从高位到低位,拨加 9 017;再从低位到高位,拨加 8 092 415。

来回打法又叫穿梭打法,它也适用减法和加减混合算。在传票上采用此法则刚好十个来回,不会出现多打或少打一页的情况。

### 五、倒减法

实际工作中特别是账表运算往往会遇到多笔加减中途不够减的情况,通常是将被减数与减数调换相减,得出负值,这样次序调换相当繁杂。为了计算便利,遇到这样的算题,可利用虚借 1 的方法,减去应减的减数,求得其差数,就称为倒减法。

【例 8 - 6】 $364-425=-61$

倒减法:$364+(1\ 000)-425-1\ 000=939-1\ 000=-61$

【例 8 - 7】 $7\ 265-8\ 076-3\ 718+2\ 539=-1\ 990$

运算方法及步骤:

(1) 先把被减数 7 265 拨入;减去 8 076,不够减,向万位虚借 1 变成 17 265,够减。

(2) 减去 8 076,得 9 189。

(3) 减去 3 718,够减,得 5 471。

(4) 加上 2 539,得 8 010。

(5) 归还虚借的 1,得 -1 990。

即 8 010 的补数加上负号。

【例 8 - 8】 $7\ 318-9\ 462-5\ 237+9\ 078=1\ 697$

运算方法及步骤:

(1) 拨入被减数 7 318。

(2) 减去 9 462,不够减,虚借 1 变成 17 318,够减。

(3) 减去 9 462,得 7 856。

(4) 减去 5 237,够减,得 2 619。

（5）加上 9 078,得 11 697。

（6）归还前借 1,得 1 697。

倒减法规律是：

（1）加减混合算,见加则加,见减则减,不够减借了再减。

（2）运算终了,借了已还,读盘面数,取正号;借了未还,读盘面数的补数,取负号。

 习题 1

1. 用补数加减法计算下列各题

   1) 548.79＋796.88＋92 989.83＋69 975.49＋896.76＝

   2) 1 984.36＋2 949.86＋997.95＋68 329.95＋54 698.87＝

   3) 24 173.26＋85 969.78＋69 259.76＋949.99＋68.98＝

   4) 89 103.25＋789.96＋6 989.69＋95 899.49＋68 795＝

   5) 68 341.72＋95.99＋894 959.95＋89.78＋659.93＝

   6) 724 896＋234 999－76 989－68 928－94 996＝

   7) 13 763.28－899.76＋3 959.59－9 495.49－898.79＝

   8) 81 571.32－6 996.78－949.87－2 198.78－989.88＝

   9) 37 684.16－8 495.59－698.79－949.48＝

   10) 124 376＋253 198－49 998－74 959－68 949＝

2. 用分节加减法计算下列各题

| 一 | 二 | 三 | 四 | 五 |
| --- | --- | --- | --- | --- |
| 12 603 | 291 548 | 32 948 | 4 930 | 7 481 259 |
| 9 875 | 764 | 6 037 | 75 157 | 9 520 |
| 425 162 | 9 132 | 741 192 | 865 | 965 327 |
| 421 792 | 741 849 | 3 065 | 965 234 | 6 054 |
| 45 935 | 7 026 | 96 259 | 7 092 | 41 527 |
| 358 681 | 82 183 | 72 871 | 95 263 | 859 243 |
| 42 940 | 528 | 952 142 | －2 904 | 6,231 740 |
| 36 209 | 29 531 | 9 580 | 1 247 | 9,562 018 |
|  |  |  |  |  |

3. 用倒打法计算下列各题

   1) 43 265＋1 764＋52 698＋264＋326 145＝

   2) 206.78＋7 424.14＋20 615.784＋302.14＋87.96＝

   3) 246.13＋7 924.18＋92 643.76＋206.84＋374.25＝

   4) 92 604.15＋206.78＋924.15＋94 304.78＋32.18＝

5) 628.74＋6 043.18－726.18－2 643.19－76.28＝

6) 24 153.92－698.74＋9 264.13＋68 043.26＝

7) 362 546.19＋70.32－69 842.78－302.14－179.39＝

8) 25 436.78－284.36－1 989.14＋2 683.24－763.26＝

9) 14 436.78－214 362.65－62 478.90－59.37＝

10) 892 641＋385 416－17 864－92 364－5 438＝

4. 用来回打法计算下列各题

练习1

| 一 | 二 | 三 | 四 | 五 |
| --- | --- | --- | --- | --- |
| 703 | 1 546 | 46 | 4 830 | 31 |
| 8 625 | 274 | 7 032 | 52 | 8 590 |
| 90 | 8 139 | 189 | 675 | －18 |
| 1 289 | 48 | 3 075 | －56 | 7 054 |
| 35 | 2 097 | 58 | 2 089 | －503 |
| 761 | 63 | 621 | 46 | 96 |
| 40 | 596 | 49 | －9 804 | －2 649 |
| 908 | 31 | 8 560 | 31 | 824 |
| 37 | 780 | 23 | －213 | －67 |
| 621 | 25 | 1 594 | 3 492 | 126 |
| | | | | |

5. 用倒减法计算下列各题

| 一 | 二 | 三 | 四 | 五 |
| --- | --- | --- | --- | --- |
| 804 | 8 705 | 34 | 89 | 4 059 |
| －9 652 | 94 | 176 | 561 | －70 |
| 736 | －213 | －93 | －37 | 216 |
| －63 | 61 | －520 | －423 | －9 870 |
| －8 917 | －3 098 | 83 | －6 048 | －324 |
| 40 | 521 | －4 157 | －91 | 45 |
| 5 092 | －7 240 | 20 | －1 928 | －5 698 |
| －47 | 83 | 9 465 | －60 | 63 |
| －132 | 4 597 | 179 | 572 | 5 301 |
| 68 | 16 | 83 | 7 854 | －17 |
| | | | | |

# 任务二 珠脑结合并行加减法

现代珠算的一个重要特点就是珠脑结合,加减法的珠脑结合并行计算,是把几个加(减)数的同位数用脑算两行合一,三行合一,或多行合一,并将加后的和(差)数分别拨入算盘。

## 一、一目两行法

脑算一目两行法有两种情况:一种是直加法,另一种是先十法。

### (一)直加法

两行合并是并行计算的基础,因此两行合并的心算练习非常重要。两数之和有三种情况:不满十、满十和超十。

【例8-9】
$$\begin{array}{r} 3\ 7\ 6 \\ +\ 2\ 1\ 3 \\ \hline 5\ 8\ 9 \end{array}$$

↑③ 6+3=9,不满十,直加

↑② 7+1=8,不满十,直加

↑① 3+2=5,不满十,直加

【例8-10】
$$\begin{array}{r} 3\ 7\ 9 \\ +\ 7\ 3\ 1 \\ \hline 1\ 1\ 1\ 0 \end{array}$$

↑③ 9+1=10,满十

↑② 7+3=10,满十

↑① 3+7=10,满十

【例8-11】
$$\begin{array}{r} 4\ 2\ 6 \\ +\ 8\ 9\ 5 \\ \hline 1\ 3\ 2\ 1 \end{array}$$

↑③ 6+5=11,超十

↑② 2+9=11,超十

↑① 4+8=12,超十

### (二)先十法

先十法是一种提前进位的方法。计算时从高位算起,脑算本位数时,目测后一位是否满十或超十,满十或超十时,本位数则加1;否则就是本数的和。

【例8-12】
$$\begin{array}{r} 3\ 9\ 7 \\ +\ 4\ 8\ 5 \\ \hline 8\ 8\ 2 \end{array}$$

↑③ 7+5=12,拨入2

↑② 9+8=17+1=8,拨入8

↑① 3+4=7+1=8,拨入8

### (三)一目两行加减抵消法

一目两行心算遇到加减混合题时,用两行同位数抵消的方法,抵消后正则加,负则减。

142

【例 8-13】

$$9\,6\,2\,5$$
$$-\,4\,8\,3\,2$$
$$\overline{\phantom{-}4\,7\,9\,3}$$

↑④ 5－2＝3,拨加 3

↑③ 2－3＝－1,拨减 1

↑② 6－8＝－2,拨减 2

↑① 9－4＝＋5,拨加 5

## 二、一目三行法

（一）一目三行直加法

一目三行直加的原理同一目两行直加原理相同,就是从高位到低位或从低位到高位,将三行同位数之和脑算后,依次拨入算盘。但由于三行合并数字增加,无论心算还是看数都比两行合并难度大,因此更要勤于练习,找出三行数字组合的规律,最后形成条件反射。

【例 8-14】

$$4\,7\,6$$
$$8\,3\,9$$
$$+\,6\,1\,8$$
$$\overline{1\,9\,3\,3}$$

↑③ 6＋9＋8＝23,拨加 23

↑② 7＋3＋1＝11,拨加 11

↑① 4＋8＋6＝18,拨加 18

【例 8-15】

$$7\,6\,2\,4$$
$$8\,7\,6$$
$$4\,2\,1$$
$$3\,2\,8\,6$$
$$4\,1\,7$$
$$+\,4\,8\,9\,2$$
$$\overline{1\,7\,5\,1\,6}$$

运算步骤:

第一步:将第一、第二、第三行自左至右心算相加,拨入算盘。

(1) 7＋0＋0＝7,拨加 7。

(2) 6＋8＋4＝18,拨加 18。

(3) 2＋7＋2＝11,拨加 11。

(4) 4＋6＋1＝11,拨加 11。

第二步:将第四、第五、第六行自左至右心算相加,拨入算盘。

(1) 3＋0＋4＝7,拨加 7。

(2) 2＋4＋8＝14,拨加 14。

（3）8＋1＋9＝18，拨加18。

（4）6＋7＋2＝15，拨加15。

此时，算盘上的和数是17 516。

（二）一目三行提前进位法

一目三行直加法熟练以后，在此基础上只要肯下工夫，掌握一目三行提前进位法是不难的。一目三行提前进位法在计算时，脑算本位三行同位数之和，目测后位数是否进位，后位进几则本位加进位，以此类推。

【例8－16】

$$
\begin{array}{r}
3\ 724 \\
6\ 895 \\
8\ 318 \\
264 \\
3\ 078 \\
+\ 5\ 924 \\
\hline
28\ 203
\end{array}
$$

运算步骤：

第一步：将第一、第二、第三行自左至右心算相加，拨入算盘。

（1）首万位拨加1。

（2）3＋6＋8＝17＋1＝8，拨加8。

（3）7＋8＋3＝18＋1＝9，拨加9。

（4）2＋9＋1＝12＋1＝3，拨加3。

（5）4＋5＋8＝17＝7，拨加7。

第二步：将第四、第五、第六行自左至右心算相加，拨入算盘。

（1）0＋3＋5＝8＋1＝9，拨加9。

（2）2＋0＋9＝11＋1＝2，拨加2。

（3）6＋7＋2＝15＋1＝6，拨加6。

（4）4＋8＋4＝16＝6，拨加6。

此时，算盘上的和数是28 203。

【例8－17】

$$
\begin{array}{r}
5\ 982 \\
809 \\
3\ 921 \\
6\ 014 \\
2\ 847 \\
+\ 3\ 126 \\
\hline
22\ 699
\end{array}
$$

运算步骤：

第一步：将第一、第二、第三行自左至右心算相加，拨入算盘。

（1）5＋0＋3＝8＋2＝10，拨加10。

(2) 9+8+9−26+1=7,拨加 7。

(3) 8+0+2=10+1=1,拨加 1。

(4) 2+9+1=12=2,拨加 2。

第二步:将第四、第五、第六行自左至右心算相加,拨入算盘。

(1) 首万位拨加 1。

(2) 6+2+3=11+0=1,拨加 1。

(3) 0+8+1=9+0=9,拨加 9。

(4) 1+4+2=7+1=8,拨加 8。

(5) 4+7+6=17=7,拨加 7。

此时,算盘上的和数是 22 699。

(三) 一目三行弃九法

一目三行弃九法也是一种提前进位的方法。

1. 连加法

连加法三行弃九法的要领是:首位加 1,中间各位弃 9,末位弃 10,少减多加。

所谓"首位加 1",就是最高位相加后再加 1。这是由于后面的各位都提前进 1,即后面的各位相加满 10 向前进位,如此逐位向前进,一直进到首位推理出来的。

所谓"中间各位弃 9",就是中间各位的三数之和等于或大于 9,就弃掉一个 9,余几加几,相加小于 9,则减去一个差数。

所谓"末位弃 10",就是末位三数之和满 10 表明已向前进 1,三数之和大于 10,在末位上加上弃 10 的差数,如果小于 10 则末位减去这个差数。

【例 8−18】

$$37\ 218$$
$$6\ 209$$
$$+\ 1\ 581$$
$$\overline{45\ 008}$$

运算步骤:

(1) 首位 3+1=4,拨加 4(首位加 1)。

(2) 7+6+1−9=5,拨加 5(多加)。

(3) 2+2+5−9=0,不拨珠。

(4) 1+0+8−9=0,不拨珠。

(5) 8+9+1−10=8,拨加 8(多加)。

此时,算盘上的和数是 45 008。

【例 8−19】

$$371\ 456$$
$$28\ 026$$
$$+\ 4\ 918\ 134$$
$$\overline{5\ 317\ 616}$$

运算步骤:

(1) 4+1=5,拨加 5(首位加 1)。

(2) 3＋9－9＝3,拨加 3(多加)。

(3) 7＋2＋1－9＝1,拨加 1(多加)。

(4) 1＋8＋8－9＝8,拨加 8(多加)。

(5) 4＋0＋1－9＝－4,拨减 4(少减)。

(6) 5＋2＋3－9＝1,拨加 1(多加)。

(7) 6＋6＋4－10＝6,拨加 6(多加)。

此时,算盘上的和数是 5 317 616。

【例 8－20】
$$\begin{array}{r} 37\ 425 \\ 621\ 870 \\ +\ 5\ 013\ 982 \\ \hline 5\ 673\ 277 \end{array}$$

首位加 1 可以根据具体情况而定,不一定是加在最高位。

运算步骤:

(1) 先从百万位、十万位、万位拨加 567(首位加 1 在万位上加)。

(2) 7＋1＋3－9＝2,拨加 2(多加)。

(3) 4＋8＋9－9＝12,拨加 12(多加)。

(4) 2＋7＋8－9＝8,拨加 8(多加)。

(5) 5＋0＋2－10＝－3,拨减 3(少减)。

此时,算盘上的和数是 5 673 277。

2. 连减法

连减法三行弃九法的要领是:首位减 1,中间各位弃 9,末位弃 10,多减少加。

【例 8－21】
$$\begin{array}{r} 37\ 256 \\ -\ 628 \\ -\ 372 \\ -\ 214 \\ \hline 36\ 042 \end{array}$$

运算步骤:

(1) 拨入 36 256(其中 6 作为首数,即 7－1＝6)。

(2) 6＋3＋2＝11－9＝2,拨减 2(多减)。

(3) 2＋7＋1＝10－9＝1,拨减 1(多减)。

(4) 8＋24＋4＝14－10＝4,拨减 4(末位弃 10,多减)。

其运算结果是 36 042。

【例 8－22】
$$\begin{array}{r} 73\ 258 \\ -\ 703 \\ -\ 314 \\ -\ 258 \\ \hline 71\ 983 \end{array}$$

运算步骤：

(1) 拨入 73 258(其中 3 作为首位数,3－1＝2)。

(2) 7＋3＋2＝12－9＝3,拨减 3(多减)。

(3) 0＋1＋5＝6－9＝3,拨加 3(少加弃 10,多减)。

其运算结果是 71 983。

**3. 加几弃九减几法**

上面分析了弃九法的运算方法,采用这种方法容易错 1,其原因就是弃九法要求中间各位弃 9,末位弃 10,运算时容易把末位也弃 9。现行的全国比赛题的加减算是 15 行或 20 行。这样,就有必要将 15 行的分为五组,20 行的分为七组,分几组就"加几弃九减几"。

【例 8－23】

$$
\begin{array}{r}
37\ 258 \\
6\ 418 \\
76\ 321 \\
5\ 908 \\
24\ 165 \\
3\ 587 \\
62\ 469 \\
76\ 288 \\
3\ 969 \\
60\ 428 \\
5\ 390 \\
28\ 094 \\
7\ 196 \\
8\ 398 \\
+\ 92\ 146 \\
\hline
498\ 035
\end{array}
$$

上例 15 行分成五组,运用"首位加 5,各位弃 9,末位再减 5。"

运算步骤：

先在十万位档拨入 5。

第一步：

(1) 3＋7＝10－9＝1,拨加 1。

(2) 7＋6＋6＝19－9＝10,拨加 10。

(3) 2＋4＋3＝9－9＝10,不拨珠。

(4) 5＋1＋2＝8－9＝－1,拨减 1。

(5) 8＋8＋1＝17－9＝8,拨加 8(各位弃 9 多加少减)。

第二步：

(1) 0＋2＋1＝2－9＝－7,拨减 7。

(2) 5＋4＋3＝12－9＝3,拨加 3。

(3) 9+1+5=15−9=6,拨加 6。

(4) 0+6+8=14−9=5,拨加 5。

(5) 8+5+7=19−9=10,拨加 10。

第三步:

(1) 6+7+0=13−9=4,拨加 4。

(2) 2+6+3=11−9=2,拨加 2。

(3) 4+2+9=15−9=6,拨加 6。

(4) 6+8+6=20−9=11,拨加 11。

(5) 9+8+9=26=9=17,拨加 17。

第四步:

(1) 6+2+0=8−9=−1,拨减 1。

(2) 0+5+8=13−9=4,拨加 4。

(3) 4+3+0=7+9=−2,拨减 2。

(4) 2+9+9=20−9=11,拨加 11。

(5) 8+0+4=12−9=3,拨加 3。

第五步:

(1) 0+0+9=9−9=0,不拨珠。

(2) 7+8+2=17−9=8,拨加 8。

(3) 1+3+1=5−9=−4,拨减 4。

(4) 9+9+4=22−9=13,拨加 13。

(5) 6+8+6=20−9=11,拨加 11。

最后再在末档减去 5。其运算结果是 498 035。

如果题型是 20 行,则"加 7 弃九减 7",分成七组进行计算。

（四）一目三行加减正负抵消法

一目三行加减正负抵消法,用三行同位数抵消的方法,抵消后正则加,负则减。

【例 8 - 24】

$$
\begin{array}{r}
36\ 148 \\
5\ 206 \\
-3\ 728 \\
56\ 245 \\
-60\ 143 \\
2\ 518 \\
\hline
36\ 246
\end{array}
$$

运算步骤:

第一步:

(1) 3+0−0=3,拨加 3。

(2) 6+5−3=8,拨加 8。

(3) 1+2−7=−4,拨减 4。

(4) 4+0-2=2,拨加 2。

(5) 8+6-8=6,拨加 6。

第二步:

(1) 5-6+0=-1,拨减 1。

(2) 6-0+2=8,拨加 8。

(3) 2-1+5=6,拨加 6。

(4) 4-4+1=1,拨加 1。

(5) 5-3+8=10,拨加 10。

其运算结果是 36 246。

## 三、一目五行法

提高计算速度的方法一般有两种:一种是依靠加快拨珠频率;另一种是依靠减少拨珠次数。提高拨珠频率是有限的,减少拨珠次数是无限的。前面介绍的一目两行、一目三行法都是以减少拨珠次数,即加强心算为目的。现行全国比赛及等级鉴定标准题型的加减算(包括账表),其行数是 15 行或 20 行一题,这种题型更适合于用一目五行法进行计算。15 行题分三组三次计算完毕,20 行题分四组四次计算完毕,移盘的次数也较少。一目五行法的数字组合较多,难度较大,且行距较长,给看数读数带来了较大的困难,所以要善于找出五个数字相加的规律,注意培养锻炼自己看数的能力,经过一段时间的刻苦努力,一目五行一眼成是不难达到的。

(一)一目五行直加法

一目五行直加法就是从高位到低位,将五行同位数之和脑算后,依次拨入算盘。

【例 8-25】

$$
\begin{array}{r}
37\ 258 \\
50\ 243 \\
72\ 156 \\
3\ 714 \\
+\ 69\ 817 \\
\hline
233\ 188
\end{array}
$$

运算步骤:

(1) 3+5+7+6=21,拨加 21。

(2) 7+0+2+3+9=21,拨加 21。

(3) 2+2+1+7+8=20,拨加 20。

(4) 5+4+5+1+1=16,拨加 16。

(5) 8+3+6+4+7=28,拨加 28。

其运算结果是 233 188。

(二)一目五行弃双九法

一目五行弃双九法运算的要领是:首位加 2,中间各位弃双 9,末位弃双 10,少减多加。

【例 8 - 26】
$$
\begin{array}{r}
46\ 145 \\
63\ 852 \\
30\ 726 \\
58\ 964 \\
+\ 43\ 069 \\
\hline
242\ 756
\end{array}
$$

运算步骤:

(1) 先在十万位上拨加 2。

中间[(2)(3)(4)(5)]各位弃双九,多加少减。

(2) 4+6+3+5+4=22-18=4,拨加 4。

(3) 6+3+0+8+3=20-18=2,拨加 2。

(4) 1+8+7+9+0=25-18=7,拨加 7。

(5) 4+5+2+6+6=23-18=5,拨加 5。

末位弃双十

(6) 5+2+6+4+9=26-20=6,拨加 6。

其运算结果是 242 756。

【例 8 - 27】
$$
\begin{array}{r}
60\ 413 \\
56\ 839 \\
70\ 962 \\
56\ 328 \\
+\ 51\ 340 \\
\hline
295\ 882
\end{array}
$$

运算步骤:

(1) 先在十万位上拨加 2(首位加 2)。

(2) 6+5+7+5+5=28-18=10,拨加 10。

(3) 0+6+0+6+1=13-18=-5,拨减 5。

(4) 4+8+9+3+3=27-18=9,拨加 9。

(5) 1+3+6+2+4=16-18=-2,拨减 2。

(6) 3+9+2+8+0=22-20=2,拨加 2。

其运算结果是 295 882。

 习题 2

1. 用一目两行法计算下列各题

| 一 | 二 | 三 | 四 | 五 |
| --- | --- | --- | --- | --- |
| 360 | 68 | 401 | 49 | 3 408 |
| 75 | 523 | 78 | 1 076 | -49 |

(续表)

| 一 | 二 | 三 | 四 | 五 |
|---|---|---|---|---|
| 8 493 | 79 | 4 935 | −420 | 2 854 |
| 429 | 7 140 | 28 | 7 239 | −81 |
| 3 967 | 39 | 3 675 | −86 | 576 |
| 92 | 4 812 | 901 | 418 | 90 |
|  |  |  |  |  |

2. 用一目三行法计算下列各题（加减混合算用正负抵消法计算）

| 一 | 二 | 三 | 四 | 五 |
|---|---|---|---|---|
| 907 | 21 | 284 | 2 159 | 790 |
| 85 | 3 095 | 71 | −37 | −48 |
| 462 | 81 | 625 | 360 | 431 |
| 36 | 574 | 93 | −49 | 96 |
| 5 403 | 6 917 | 8 527 | −203 | −153 |
| 712 | 43 | 309 | 48 | 6 108 |
| 96 | 9 028 | 14 | 3 965 | 43 |
| 4 538 | 532 | 6 428 | 79 | 6 027 |
| 192 | 70 | 59 | 5 106 | −527 |
|  |  |  |  |  |

3. 用一目三行弃九法计算下列各题

| 一 | 二 | 三 | 四 | 五 |
|---|---|---|---|---|
| 140 | 46 | 903 | 97 | 1 906 |
| 52 | 281 | 56 | 3 054 | −97 |
| 6 971 | 57 | 9 712 | −980 | 8 629 |
| 987 | 5 390 | 86 | 5 817 | −63 |
| 1 745 | 17 | 1 452 | −64 | 254 |
| 78 | 9 638 | 703 | 936 | 70 |
| 64 | 403 | 89 | 5 783 | 3 681 |
| 326 | 2 590 | 9 016 | −10 | −24 |
| 31 | 46 | 28 | 264 | 719 |
|  |  |  |  |  |

4. 用一目五行法计算下列各题

| 一 | 二 | 三 | 四 | 五 |
|---|---|---|---|---|
| 85 | 6 025 | 41 | 4 159 | 754 |
| 102 | 78 | 370 | −57 | 2 081 |
| 3 694 | 9 137 | 83 | 4 508 | −50 |
| 64 | 31 | 926 | −19 | 135 |
| 4 158 | 298 | 13 | 109 | 42 |
| 97 | 70 | 7 645 | 53 | −376 |
| 302 | 564 | 82 | 762 | 69 |
| 68 | 31 | 209 | −24 | −1 928 |
| 7 134 | 704 | 3 750 | 860 | 807 |
| 902 | 6 289 | 681 | 38 | −34 |
|  |  |  |  |  |

# 任务三 珠脑结合并行加减法的练习方法

## 一、列出数字排列组合表

### （一）两个一位数的排列组合

1～9两个一位数相加的排列共计81种(9×9)，除去交换位置其和数相同的部分，如3+2=2+3,5+9=9+5等36种，实际组合只有45种。为了便于查找和记忆，两行数字组合表见表8-1。

表8-1 两行数字组合表

| | | | | | | | | |
|---|---|---|---|---|---|---|---|---|
| 1+1=2 | 1+2=3 | 1+3=4 | 1+4=5 | 1+5=6 | 1+6=7 | 1+7=8 | 1+8=9 | 1+9=10 |
| 2+2=4 | 2+3=5 | 2+4=6 | 2+5=7 | 2+6=8 | 2+7=9 | 2+8=10 | 2+9=11 | |
| 3+3=6 | 3+4=7 | 3+5=8 | 3+6=9 | 3+7=10 | 3+8=11 | 3+9=12 | | |
| 4+4=8 | 4+5=9 | 4+6=10 | 4+7=11 | 4+8=12 | 4+9=13 | | | |
| 5+5=10 | 5+6=11 | 5+7=12 | 5+8=13 | 5+9=14 | | | | |
| 6+6=12 | 6+7=13 | 6+8=14 | 6+9=15 | | | | | |
| 7+7=14 | 7+8=15 | 7+9=16 | | | | | | |
| 8+8=16 | 8+9=17 | | | | | | | |
| 9+9=18 | | | | | | | | |

### （二）三个一位数相加的排列组合

1～9三个一位数相加的排列共729种(81×9)，除去交换位置相同的部分，如3+2+5=5+2+3=2+3+5等564种，实际组合只有165种，因此熟练地掌握三个一位数相加的组合规律是练好一目三行的基础。三行数字组合表和一目三行数字排列表见表8-2、表8-3。

表8-2 三行数字组合表

| | | | | | | |
|---|---|---|---|---|---|---|
| 1+1+1=3 | 1+1+2=4 | 1+1+3=5 | 1+2+2=5 | 1+2+3=6 | 2+2+2=6 | 1+1+4=6 |
| 1+1+5=7 | 2+2+3=7 | 1+3+3=7 | 1+2+4=7 | 1+1+6=8 | 2+2+4=8 | 2+3+3=8 |
| 1+3+4=8 | 1+2+5=8 | 2+3+4=9 | 3+3+3=9 | 1+1+7=9 | 2+2+5=9 | 1+4+4=9 |
| 1+2+6=9 | 1+3+5=9 | 1+1+8=10 | 2+2+6=10 | 3+3+4=10 | 2+3+5=10 | |
| 2+4+4=10 | 1+4+5=10 | 1+2+7=10 | 1+3+6=10 | 2+2+7=11 | 3+3+5=11 | |
| 1+5+5=11 | 3+4+4=11 | 1+1+9=11 | 1+2+8=11 | 1+3+7=11 | 1+4+6=11 | |
| 2+3+6=11 | 2+4+5=11 | 3+4+5=12 | 4+4+4=12 | 1+3+6=12 | 2+5+5=12 | |
| 1+2+9=12 | 2+2+8=12 | 2+3+7=12 | 2+4+6=12 | 1+5+6=12 | 1+3+8=12 | |
| 1+4+7=12 | 2+2+9=13 | 3+3+7=13 | 4+4+5=13 | 1+6+6=13 | 3+5+5=13 | |

(续表)

| | | | | | |
|---|---|---|---|---|---|
| 1+3+9=13 | 2+3+8=13 | 3+4+6=13 | 1+4+8=13 | 2+4+7=13 | 1+5+7=13 |
| 2+5+6=13 | 3+3+8=14 | 4+4+6=14 | 2+6+6=14 | 4+5+5=14 | 1+4+9=14 |
| 2+4+8=14 | 3+4+7=14 | 2+5+7=14 | 1+6+7=14 | 2+3+9=14 | 1+5+8=14 |
| 3+5+6=14 | 4+5+6=15 | 5+5+5=15 | 3+6+6=15 | 1+7+7=15 | 4+4+7=15 |
| 3+3+9=15 | 3+5+7=15 | 1+5+9=15 | 2+5+8=15 | 1+6+8=15 | 3+4+8=15 |
| 2+4+9=15 | 4+4+8=16 | 5+5+6=16 | 2+7+7=16 | 4+6+6=16 | 3+6+7=16 |
| 1+6+9=16 | 3+5+8=16 | 2+6+8=16 | 1+7+8=16 | 3+4+9=16 | 2+5+9=16 |
| 4+5+7=16 | 4+4+9=17 | 5+5+7=17 | 1+8+8=17 | 5+6+6=17 | 3+7+7=17 |
| 4+6+7=17 | 2+7+8=17 | 1+7+9=17 | 2+6+9=17 | 3+5+9=17 | 4+5+8=17 |
| 3+6+8=17 | 5+6+7=18 | 6+6+6=18 | 5+5+8=18 | 2+8+8=18 | 4+7+7=18 |
| 4+6+8=18 | 3+7+8=18 | 4+5+9=18 | 3+6+9=18 | 2+7+9=18 | 1+8+9=18 |
| 5+5+9=19 | 6+6+7=19 | 1+9+9=19 | 3+8+8=19 | 5+7+7=19 | 4+6+9=19 |
| 3+7+9=19 | 2+8+9=19 | 4+7+8=19 | 6+6+8=20 | 2+9+9=20 | 4+8+8=20 |
| 6+7+7=20 | 5+6+9=20 | 4+7+9=20 | 3+8+9=20 | 5+7+8=20 | 6+7+8=21 |
| 7+7+7=21 | 6+6+9=21 | 3+9+9=21 | 5+8+8=21 | 5+7+9=21 | 4+8+9=21 |
| 4+9+9=22 | 7+7+8=22 | 6+8+8=22 | 5+8+9=22 | 6+7+9=22 | 5+9+9=23 |
| 7+7+9=23 | 7+8+8=23 | 6+8+9=23 | 7+8+9=24 | 8+8+8=24 | 6+9+9=24 |
| 7+9+9=25 | 8+8+9=25 | 8+9+9=26 | 9+9+9=27 | | |

表8-3 一目三行数字排列表

| 1 | 1 | 1 | 1 | 1 | 1 | 1 | 1 | 1 | | 1 | 1 | 1 | 1 | 1 | 1 | 1 | 1 | 1 |
|---|---|---|---|---|---|---|---|---|---|---|---|---|---|---|---|---|---|---|
| 1 | 1 | 1 | 1 | 1 | 1 | 1 | 1 | 1 | | 2 | 2 | 2 | 2 | 2 | 2 | 2 | 2 | 2 |
| 1 | 2 | 3 | 4 | 5 | 6 | 7 | 8 | 9 | | 1 | 2 | 3 | 4 | 5 | 6 | 7 | 8 | 9 |

| 1 | 1 | 1 | 1 | 1 | 1 | 1 | 1 | 1 | | 1 | 1 | 1 | 1 | 1 | 1 | 1 | 1 | 1 |
|---|---|---|---|---|---|---|---|---|---|---|---|---|---|---|---|---|---|---|
| 3 | 3 | 3 | 3 | 3 | 3 | 3 | 3 | 3 | | 4 | 4 | 4 | 4 | 4 | 4 | 4 | 4 | 4 |
| 1 | 2 | 3 | 4 | 5 | 6 | 7 | 8 | 9 | | 1 | 2 | 3 | 4 | 5 | 6 | 7 | 8 | 9 |

| 1 | 1 | 1 | 1 | 1 | 1 | 1 | 1 | 1 | | 1 | 1 | 1 | 1 | 1 | 1 | 1 | 1 | 1 |
|---|---|---|---|---|---|---|---|---|---|---|---|---|---|---|---|---|---|---|
| 5 | 5 | 5 | 5 | 5 | 5 | 5 | 5 | 5 | | 6 | 6 | 6 | 6 | 6 | 6 | 6 | 6 | 6 |
| 1 | 2 | 3 | 4 | 5 | 6 | 7 | 8 | 9 | | 1 | 2 | 3 | 4 | 5 | 6 | 7 | 8 | 9 |

| 1 | 1 | 1 | 1 | 1 | 1 | 1 | 1 | 1 | | 1 | 1 | 1 | 1 | 1 | 1 | 1 | 1 | 1 |
|---|---|---|---|---|---|---|---|---|---|---|---|---|---|---|---|---|---|---|
| 7 | 7 | 7 | 7 | 7 | 7 | 7 | 7 | 7 | | 8 | 8 | 8 | 8 | 8 | 8 | 8 | 8 | 8 |
| 1 | 2 | 3 | 4 | 5 | 6 | 7 | 8 | 9 | | 1 | 2 | 3 | 4 | 5 | 6 | 7 | 8 | 9 |

| 1 | 1 | 1 | 1 | 1 | 1 | 1 | 1 | 1 | | 2 | 2 | 2 | 2 | 2 | 2 | 2 | 2 | 2 |
|---|---|---|---|---|---|---|---|---|---|---|---|---|---|---|---|---|---|---|
| 9 | 9 | 9 | 9 | 9 | 9 | 9 | 9 | 9 | | 1 | 1 | 1 | 1 | 1 | 1 | 1 | 1 | 1 |
| 1 | 2 | 3 | 4 | 5 | 6 | 7 | 8 | 9 | | 1 | 2 | 3 | 4 | 5 | 6 | 7 | 8 | 9 |

（续表）

| | | | | | | | | | | | | | | | | | |
|---|---|---|---|---|---|---|---|---|---|---|---|---|---|---|---|---|---|
| 2 | 2 | 2 | 2 | 2 | 2 | 2 | 2 | 2 | 2 | 2 | 2 | 2 | 2 | 2 | 2 | 2 | 2 |
| 2 | 2 | 2 | 2 | 2 | 2 | 2 | 2 | 2 | 3 | 3 | 3 | 3 | 3 | 3 | 3 | 3 | 3 |
| 1 | 2 | 3 | 4 | 5 | 6 | 7 | 8 | 9 | 1 | 2 | 3 | 4 | 5 | 6 | 7 | 8 | 9 |

| | | | | | | | | | | | | | | | | | |
|---|---|---|---|---|---|---|---|---|---|---|---|---|---|---|---|---|---|
| 2 | 2 | 2 | 2 | 2 | 2 | 2 | 2 | 2 | 2 | 2 | 2 | 2 | 2 | 2 | 2 | 2 | 2 |
| 4 | 4 | 4 | 4 | 4 | 4 | 4 | 4 | 4 | 5 | 5 | 5 | 5 | 5 | 5 | 5 | 5 | 5 |
| 1 | 2 | 3 | 4 | 5 | 6 | 7 | 8 | 9 | 1 | 2 | 3 | 4 | 5 | 6 | 7 | 8 | 9 |

| | | | | | | | | | | | | | | | | | |
|---|---|---|---|---|---|---|---|---|---|---|---|---|---|---|---|---|---|
| 2 | 2 | 2 | 2 | 2 | 2 | 2 | 2 | 2 | 2 | 2 | 2 | 2 | 2 | 2 | 2 | 2 | 2 |
| 6 | 6 | 6 | 6 | 6 | 6 | 6 | 6 | 6 | 7 | 7 | 7 | 7 | 7 | 7 | 7 | 7 | 7 |
| 1 | 2 | 3 | 4 | 5 | 6 | 7 | 8 | 9 | 1 | 2 | 3 | 4 | 5 | 6 | 7 | 8 | 9 |

| | | | | | | | | | | | | | | | | | |
|---|---|---|---|---|---|---|---|---|---|---|---|---|---|---|---|---|---|
| 2 | 2 | 2 | 2 | 2 | 2 | 2 | 2 | 2 | 2 | 2 | 2 | 2 | 2 | 2 | 2 | 2 | 2 |
| 8 | 8 | 8 | 8 | 8 | 8 | 8 | 8 | 8 | 9 | 9 | 9 | 9 | 9 | 9 | 9 | 9 | 9 |
| 1 | 2 | 3 | 4 | 5 | 6 | 7 | 8 | 9 | 1 | 2 | 3 | 4 | 5 | 6 | 7 | 8 | 9 |

| | | | | | | | | | | | | | | | | | |
|---|---|---|---|---|---|---|---|---|---|---|---|---|---|---|---|---|---|
| 3 | 3 | 3 | 3 | 3 | 3 | 3 | 3 | 3 | 3 | 3 | 3 | 3 | 3 | 3 | 3 | 3 | 3 |
| 1 | 1 | 1 | 1 | 1 | 1 | 1 | 1 | 1 | 2 | 2 | 2 | 2 | 2 | 2 | 2 | 2 | 2 |
| 1 | 2 | 3 | 4 | 5 | 6 | 7 | 8 | 9 | 1 | 2 | 3 | 4 | 5 | 6 | 7 | 8 | 9 |

| | | | | | | | | | | | | | | | | | |
|---|---|---|---|---|---|---|---|---|---|---|---|---|---|---|---|---|---|
| 3 | 3 | 3 | 3 | 3 | 3 | 3 | 3 | 3 | 3 | 3 | 3 | 3 | 3 | 3 | 3 | 3 | 3 |
| 3 | 3 | 3 | 3 | 3 | 3 | 3 | 3 | 3 | 4 | 4 | 4 | 4 | 4 | 4 | 4 | 4 | 4 |
| 1 | 2 | 3 | 4 | 5 | 6 | 7 | 8 | 9 | 1 | 2 | 3 | 4 | 5 | 6 | 7 | 8 | 9 |

| | | | | | | | | | | | | | | | | | |
|---|---|---|---|---|---|---|---|---|---|---|---|---|---|---|---|---|---|
| 3 | 3 | 3 | 3 | 3 | 3 | 3 | 3 | 3 | 3 | 3 | 3 | 3 | 3 | 3 | 3 | 3 | 3 |
| 5 | 5 | 5 | 5 | 5 | 5 | 5 | 5 | 5 | 6 | 6 | 6 | 6 | 6 | 6 | 6 | 6 | 6 |
| 1 | 2 | 3 | 4 | 5 | 6 | 7 | 8 | 9 | 1 | 2 | 3 | 4 | 5 | 6 | 7 | 8 | 9 |

| | | | | | | | | | | | | | | | | | |
|---|---|---|---|---|---|---|---|---|---|---|---|---|---|---|---|---|---|
| 3 | 3 | 3 | 3 | 3 | 3 | 3 | 3 | 3 | 3 | 3 | 3 | 3 | 3 | 3 | 3 | 3 | 3 |
| 7 | 7 | 7 | 7 | 7 | 7 | 7 | 7 | 7 | 8 | 8 | 8 | 8 | 8 | 8 | 8 | 8 | 8 |
| 1 | 2 | 3 | 4 | 5 | 6 | 7 | 8 | 9 | 1 | 2 | 3 | 4 | 5 | 6 | 7 | 8 | 9 |

| | | | | | | | | | | | | | | | | | |
|---|---|---|---|---|---|---|---|---|---|---|---|---|---|---|---|---|---|
| 3 | 3 | 3 | 3 | 3 | 3 | 3 | 3 | 3 | 4 | 4 | 4 | 4 | 4 | 4 | 4 | 4 | 4 |
| 9 | 9 | 9 | 9 | 9 | 9 | 9 | 9 | 9 | 1 | 1 | 1 | 1 | 1 | 1 | 1 | 1 | 1 |
| 1 | 2 | 3 | 4 | 5 | 6 | 7 | 8 | 9 | 1 | 2 | 3 | 4 | 5 | 6 | 7 | 8 | 9 |

| | | | | | | | | | | | | | | | | | |
|---|---|---|---|---|---|---|---|---|---|---|---|---|---|---|---|---|---|
| 4 | 4 | 4 | 4 | 4 | 4 | 4 | 4 | 4 | 4 | 4 | 4 | 4 | 4 | 4 | 4 | 4 | 4 |
| 2 | 2 | 2 | 2 | 2 | 2 | 2 | 2 | 2 | 3 | 3 | 3 | 3 | 3 | 3 | 3 | 3 | 3 |
| 1 | 2 | 3 | 4 | 5 | 6 | 7 | 8 | 9 | 1 | 2 | 3 | 4 | 5 | 6 | 7 | 8 | 9 |

（续表）

| 4 | 4 | 4 | 4 | 4 | 4 | 4 | 4 | 4 | 4 | 4 | 4 | 4 | 4 | 4 | 4 | 4 | 4 |
|---|---|---|---|---|---|---|---|---|---|---|---|---|---|---|---|---|---|
| 4 | 4 | 4 | 4 | 4 | 4 | 4 | 4 | 4 | 5 | 5 | 5 | 5 | 5 | 5 | 5 | 5 | 5 |
| 1 | 2 | 3 | 4 | 5 | 6 | 7 | 8 | 9 | 1 | 2 | 3 | 4 | 5 | 6 | 7 | 8 | 9 |

| 4 | 4 | 4 | 4 | 4 | 4 | 4 | 4 | 4 | 4 | 4 | 4 | 4 | 4 | 4 | 4 | 4 | 4 |
|---|---|---|---|---|---|---|---|---|---|---|---|---|---|---|---|---|---|
| 6 | 6 | 6 | 6 | 6 | 6 | 6 | 6 | 6 | 7 | 7 | 7 | 7 | 7 | 7 | 7 | 7 | 7 |
| 1 | 2 | 3 | 4 | 5 | 6 | 7 | 8 | 9 | 1 | 2 | 3 | 4 | 5 | 6 | 7 | 8 | 9 |

| 4 | 4 | 4 | 4 | 4 | 4 | 4 | 4 | 4 | 4 | 4 | 4 | 4 | 4 | 4 | 4 | 4 | 4 |
|---|---|---|---|---|---|---|---|---|---|---|---|---|---|---|---|---|---|
| 8 | 8 | 8 | 8 | 8 | 8 | 8 | 8 | 8 | 9 | 9 | 9 | 9 | 9 | 9 | 9 | 9 | 9 |
| 1 | 2 | 3 | 4 | 5 | 6 | 7 | 8 | 9 | 1 | 2 | 3 | 4 | 5 | 6 | 7 | 8 | 9 |

| 5 | 5 | 5 | 5 | 5 | 5 | 5 | 5 | 5 | 5 | 5 | 5 | 5 | 5 | 5 | 5 | 5 | 5 |
|---|---|---|---|---|---|---|---|---|---|---|---|---|---|---|---|---|---|
| 1 | 1 | 1 | 1 | 1 | 1 | 1 | 1 | 1 | 2 | 2 | 2 | 2 | 2 | 2 | 2 | 2 | 2 |
| 1 | 2 | 3 | 4 | 5 | 6 | 7 | 8 | 9 | 1 | 2 | 3 | 4 | 5 | 6 | 7 | 8 | 9 |

| 5 | 5 | 5 | 5 | 5 | 5 | 5 | 5 | 5 | 5 | 5 | 5 | 5 | 5 | 5 | 5 | 5 | 5 |
|---|---|---|---|---|---|---|---|---|---|---|---|---|---|---|---|---|---|
| 3 | 3 | 3 | 3 | 3 | 3 | 3 | 3 | 3 | 4 | 4 | 4 | 4 | 4 | 4 | 4 | 4 | 4 |
| 1 | 2 | 3 | 4 | 5 | 6 | 7 | 8 | 9 | 1 | 2 | 3 | 4 | 5 | 6 | 7 | 8 | 9 |

| 5 | 5 | 5 | 5 | 5 | 5 | 5 | 5 | 5 | 5 | 5 | 5 | 5 | 5 | 5 | 5 | 5 | 5 |
|---|---|---|---|---|---|---|---|---|---|---|---|---|---|---|---|---|---|
| 5 | 5 | 5 | 5 | 5 | 5 | 5 | 5 | 5 | 6 | 6 | 6 | 6 | 6 | 6 | 6 | 6 | 6 |
| 1 | 2 | 3 | 4 | 5 | 6 | 7 | 8 | 9 | 1 | 2 | 3 | 4 | 5 | 6 | 7 | 8 | 9 |

| 5 | 5 | 5 | 5 | 5 | 5 | 5 | 5 | 5 | 5 | 5 | 5 | 5 | 5 | 5 | 5 | 5 | 5 |
|---|---|---|---|---|---|---|---|---|---|---|---|---|---|---|---|---|---|
| 7 | 7 | 7 | 7 | 7 | 7 | 7 | 7 | 7 | 8 | 8 | 8 | 8 | 8 | 8 | 8 | 8 | 8 |
| 1 | 2 | 3 | 4 | 5 | 6 | 7 | 8 | 9 | 1 | 2 | 3 | 4 | 5 | 6 | 7 | 8 | 9 |

| 5 | 5 | 5 | 5 | 5 | 5 | 5 | 5 | 5 | 6 | 6 | 6 | 6 | 6 | 6 | 6 | 6 | 6 |
|---|---|---|---|---|---|---|---|---|---|---|---|---|---|---|---|---|---|
| 9 | 9 | 9 | 9 | 9 | 9 | 9 | 9 | 9 | 1 | 1 | 1 | 1 | 1 | 1 | 1 | 1 | 1 |
| 1 | 2 | 3 | 4 | 5 | 6 | 7 | 8 | 9 | 1 | 2 | 3 | 4 | 5 | 6 | 7 | 8 | 9 |

| 6 | 6 | 6 | 6 | 6 | 6 | 6 | 6 | 6 | 6 | 6 | 6 | 6 | 6 | 6 | 6 | 6 | 6 |
|---|---|---|---|---|---|---|---|---|---|---|---|---|---|---|---|---|---|
| 2 | 2 | 2 | 2 | 2 | 2 | 2 | 2 | 2 | 3 | 3 | 3 | 3 | 3 | 3 | 3 | 3 | 3 |
| 1 | 2 | 3 | 4 | 5 | 6 | 7 | 8 | 9 | 1 | 2 | 3 | 4 | 5 | 6 | 7 | 8 | 9 |

| 6 | 6 | 6 | 6 | 6 | 6 | 6 | 6 | 6 | 6 | 6 | 6 | 6 | 6 | 6 | 6 | 6 | 6 |
|---|---|---|---|---|---|---|---|---|---|---|---|---|---|---|---|---|---|
| 4 | 4 | 4 | 4 | 4 | 4 | 4 | 4 | 4 | 5 | 5 | 5 | 5 | 5 | 5 | 5 | 5 | 5 |
| 1 | 2 | 3 | 4 | 5 | 6 | 7 | 8 | 9 | 1 | 2 | 3 | 4 | 5 | 6 | 7 | 8 | 9 |

（续表）

| | | | | | | | | | | | | | | | | | |
|---|---|---|---|---|---|---|---|---|---|---|---|---|---|---|---|---|---|
| 6 | 6 | 6 | 6 | 6 | 6 | 6 | 6 | 6 | 6 | 6 | 6 | 6 | 6 | 6 | 6 | 6 | 6 |
| 6 | 6 | 6 | 6 | 6 | 6 | 6 | 6 | 6 | 7 | 7 | 7 | 7 | 7 | 7 | 7 | 7 | 7 |
| 1 | 2 | 3 | 4 | 5 | 6 | 7 | 8 | 9 | 1 | 2 | 3 | 4 | 5 | 6 | 7 | 8 | 9 |
| 6 | 6 | 6 | 6 | 6 | 6 | 6 | 6 | 6 | 6 | 6 | 6 | 6 | 6 | 6 | 6 | 6 | 6 |
| 8 | 8 | 8 | 8 | 8 | 8 | 8 | 8 | 8 | 9 | 9 | 9 | 9 | 9 | 9 | 9 | 9 | 9 |
| 1 | 2 | 3 | 4 | 5 | 6 | 7 | 8 | 9 | 1 | 2 | 3 | 4 | 5 | 6 | 7 | 8 | 9 |
| 7 | 7 | 7 | 7 | 7 | 7 | 7 | 7 | 7 | 7 | 7 | 7 | 7 | 7 | 7 | 7 | 7 | 7 |
| 1 | 1 | 1 | 1 | 1 | 1 | 1 | 1 | 1 | 2 | 2 | 2 | 2 | 2 | 2 | 2 | 2 | 2 |
| 1 | 2 | 3 | 4 | 5 | 6 | 7 | 8 | 9 | 1 | 2 | 3 | 4 | 5 | 6 | 7 | 8 | 9 |
| 7 | 7 | 7 | 7 | 7 | 7 | 7 | 7 | 7 | 7 | 7 | 7 | 7 | 7 | 7 | 7 | 7 | 7 |
| 3 | 3 | 3 | 3 | 3 | 3 | 3 | 3 | 3 | 4 | 4 | 4 | 4 | 4 | 4 | 4 | 4 | 4 |
| 1 | 2 | 3 | 4 | 5 | 6 | 7 | 8 | 9 | 1 | 2 | 3 | 4 | 5 | 6 | 7 | 8 | 9 |
| 7 | 7 | 7 | 7 | 7 | 7 | 7 | 7 | 7 | 7 | 7 | 7 | 7 | 7 | 7 | 7 | 7 | 7 |
| 5 | 5 | 5 | 5 | 5 | 5 | 5 | 5 | 5 | 6 | 6 | 6 | 6 | 6 | 6 | 6 | 6 | 6 |
| 1 | 2 | 3 | 4 | 5 | 6 | 7 | 8 | 9 | 1 | 2 | 3 | 4 | 5 | 6 | 7 | 8 | 9 |
| 7 | 7 | 7 | 7 | 7 | 7 | 7 | 7 | 7 | 7 | 7 | 7 | 7 | 7 | 7 | 7 | 7 | 7 |
| 7 | 7 | 7 | 7 | 7 | 7 | 7 | 7 | 7 | 8 | 8 | 8 | 8 | 8 | 8 | 8 | 8 | 8 |
| 1 | 2 | 3 | 4 | 5 | 6 | 7 | 8 | 9 | 1 | 2 | 3 | 4 | 5 | 6 | 7 | 8 | 9 |
| 7 | 7 | 7 | 7 | 7 | 7 | 7 | 7 | 7 | 8 | 8 | 8 | 8 | 8 | 8 | 8 | 8 | 8 |
| 9 | 9 | 9 | 9 | 9 | 9 | 9 | 9 | 9 | 1 | 1 | 1 | 1 | 1 | 1 | 1 | 1 | 1 |
| 1 | 2 | 3 | 4 | 5 | 6 | 7 | 8 | 9 | 1 | 2 | 3 | 4 | 5 | 6 | 7 | 8 | 9 |
| 8 | 8 | 8 | 8 | 8 | 8 | 8 | 8 | 8 | 8 | 8 | 8 | 8 | 8 | 8 | 8 | 8 | 8 |
| 2 | 2 | 2 | 2 | 2 | 2 | 2 | 2 | 2 | 3 | 3 | 3 | 3 | 3 | 3 | 3 | 3 | 3 |
| 1 | 2 | 3 | 4 | 5 | 6 | 7 | 8 | 9 | 1 | 2 | 3 | 4 | 5 | 6 | 7 | 8 | 9 |
| 8 | 8 | 8 | 8 | 8 | 8 | 8 | 8 | 8 | 8 | 8 | 8 | 8 | 8 | 8 | 8 | 8 | 8 |
| 4 | 4 | 4 | 4 | 4 | 4 | 4 | 4 | 4 | 5 | 5 | 5 | 5 | 5 | 5 | 5 | 5 | 5 |
| 1 | 2 | 3 | 4 | 5 | 6 | 7 | 8 | 9 | 1 | 2 | 3 | 4 | 5 | 6 | 7 | 8 | 9 |
| 8 | 8 | 8 | 8 | 8 | 8 | 8 | 8 | 8 | 8 | 8 | 8 | 8 | 8 | 8 | 8 | 8 | 8 |
| 6 | 6 | 6 | 6 | 6 | 6 | 6 | 6 | 6 | 7 | 7 | 7 | 7 | 7 | 7 | 7 | 7 | 7 |
| 1 | 2 | 3 | 4 | 5 | 6 | 7 | 8 | 9 | 1 | 2 | 3 | 4 | 5 | 6 | 7 | 8 | 9 |

（续表）

| 8 | 8 | 8 | 8 | 8 | 8 | 8 | 8 | 8 | 8 | 8 | 8 | 8 | 8 | 8 | 8 | 8 | 8 |
|---|---|---|---|---|---|---|---|---|---|---|---|---|---|---|---|---|---|
| 8 | 8 | 8 | 8 | 8 | 8 | 8 | 8 | 8 | 9 | 9 | 9 | 9 | 9 | 9 | 9 | 9 | 9 |
| 1 | 2 | 3 | 4 | 5 | 6 | 7 | 8 | 9 | 1 | 2 | 3 | 4 | 5 | 6 | 7 | 8 | 9 |

| 9 | 9 | 9 | 9 | 9 | 9 | 9 | 9 | 9 | 9 | 9 | 9 | 9 | 9 | 9 | 9 | 9 | 9 |
|---|---|---|---|---|---|---|---|---|---|---|---|---|---|---|---|---|---|
| 1 | 1 | 1 | 1 | 1 | 1 | 1 | 1 | 1 | 2 | 2 | 2 | 2 | 2 | 2 | 2 | 2 | 2 |
| 1 | 2 | 3 | 4 | 5 | 6 | 7 | 8 | 9 | 1 | 2 | 3 | 4 | 5 | 6 | 7 | 8 | 9 |

| 9 | 9 | 9 | 9 | 9 | 9 | 9 | 9 | 9 | 9 | 9 | 9 | 9 | 9 | 9 | 9 | 9 | 9 |
|---|---|---|---|---|---|---|---|---|---|---|---|---|---|---|---|---|---|
| 3 | 3 | 3 | 3 | 3 | 3 | 3 | 3 | 3 | 4 | 4 | 4 | 4 | 4 | 4 | 4 | 4 | 4 |
| 1 | 2 | 3 | 4 | 5 | 6 | 7 | 8 | 9 | 1 | 2 | 3 | 4 | 5 | 6 | 7 | 8 | 9 |

| 9 | 9 | 9 | 9 | 9 | 9 | 9 | 9 | 9 | 9 | 9 | 9 | 9 | 9 | 9 | 9 | 9 | 9 |
|---|---|---|---|---|---|---|---|---|---|---|---|---|---|---|---|---|---|
| 5 | 5 | 5 | 5 | 5 | 5 | 5 | 5 | 5 | 6 | 6 | 6 | 6 | 6 | 6 | 6 | 6 | 6 |
| 1 | 2 | 3 | 4 | 5 | 6 | 7 | 8 | 9 | 1 | 2 | 3 | 4 | 5 | 6 | 7 | 8 | 9 |

| 9 | 9 | 9 | 9 | 9 | 9 | 9 | 9 | 9 | 9 | 9 | 9 | 9 | 9 | 9 | 9 | 9 | 9 |
|---|---|---|---|---|---|---|---|---|---|---|---|---|---|---|---|---|---|
| 7 | 7 | 7 | 7 | 7 | 7 | 7 | 7 | 7 | 8 | 8 | 8 | 8 | 8 | 8 | 8 | 8 | 8 |
| 1 | 2 | 3 | 4 | 5 | 6 | 7 | 8 | 9 | 1 | 2 | 3 | 4 | 5 | 6 | 7 | 8 | 9 |

| 9 | 9 | 9 | 9 | 9 | 9 | 9 | 9 | 9 |
|---|---|---|---|---|---|---|---|---|
| 9 | 9 | 9 | 9 | 9 | 9 | 9 | 9 | 9 |
| 1 | 2 | 3 | 4 | 5 | 6 | 7 | 8 | 9 |

## 二、找出数字排列组合的规律

（一）一目两行脑算法

一目两行脑算法可以将两数并加排列的 81 种分成三类：

（1）双倍类。这种情况是并加的两数相同,和数就是此数的两倍,如 1＋1,2＋2,2＋3,3＋3,4＋4,5＋5,6＋6,7＋7,8＋8,9＋9。这类很容易掌握。

（2）互补类。这种情况是并加的两数互为补数,即两数相加等于 10,一眼即可看出,如 1＋9,8＋2,7＋3,6＋4,5＋5。

（3）不规则类。这一类的两行两个数的相加没有规律,但也不难掌握,只要肯下工夫,达到条件反射,一眼成是可以达到的。这类数可分为两种情况：一种是两数并加不满十,如 3＋2,4＋3,2＋7 等；另一种是两数并加超十,如 7＋6,5＋8,9＋4,6＋5 等。

（二）一目三行脑算法

一目三行脑算法数字间的规律可以分为以下几类掌握。

1. 三倍类

(1) 相同数。三个数字相同时,如6+6+6,则其和就是某个数的三倍,即6+6+6=6×3=18。

(2) 连续数。三个数字相加,其排列如属自然数连续排列,可取其中心数乘以3,快速求得其和,例如,2+3+4=3×3=9;4+5+6=5×3;5+6+4=5×3=15。三个数有时不是自然数连续排列,而是隔位连续,例如,4+6+8=6×3=18;2+4+6=4×3=12;3+5+7=5×3=15,其和数还是其中心数乘以3。

(3) 类似相同数。当三个数相加,其中两个数相同,另一个数只差1的情况,称为类似相同数。例如,3+3+4=3×3+1;3+3+2=3×3-1;6+6+7=6×3+1;6+6+5=6×3-1。

2. 并双类

(1) 某数两倍,再加一数。例如,7+7+4=7×2+4=18;6+6+3=6×2+3=15。

(2) 某数等于另两数之和。例如,8+5+3=8×2=16;9+3+6=9×2=18。

3. 凑十类

三数相加,其中两数互为补数,再加上另一数。例如,7+6+3=16;4+6+5=(4+6)+5=15。

4. 不规则类

这一类几乎没有什么规律,需要刻苦反复练习,达到熟练。例如,7+6+9;4+7+8;7+9+4。

## 三、一目多行并加法的训练方法

一目多行脑算并加练习,无论是两行、三行、四行或是五行,都必须在掌握数字之间规律的基础上,加强看数、记数、算数的能力,那么如何达到心算并加"一眼成",进而达到多行并加"一盘成"呢?

(一) 制作数字卡片

并行脑算练习一开始的练习主要是心算练习,要求初学者将数字的排列组合制成小卡片,随机抽出一张,进行记数、算数能力训练,而不是一开始就练习心算,随即拨入盘。因为一开始心算能力较弱,一方面要进行看数、读数和心算;另一方面又要拨珠入盘,结果注意力分散,不但速度慢而且差错率高,这样就会使初学者丧失信心。

如何制作小卡片呢?拿三行并算来说,三行脑算数字排列共729种,可以抄下这729种数字排列,制成729种3厘米长,1.5厘米宽的卡片,随时抽出一张进行心算,或抽出一叠捻成扇形,迅速看数心算,达到见数出数,形成条件反射。

(二) 进行模拟拨珠练习

所谓模拟拨珠练习,是在有一定心算能力的基础上,眼看习题并行脑算,将结果在算盘上作出模拟拨珠动作,而实际上并不拨动算珠。

【例 8-28】     4 3 7 2 5
                6 8 4 9
      +   2 6 8 2

>>>>>> 

↑　⑤ 脑算 5＋9＋2＝16,在盘上比划拨 16 的动作

↑　④ 脑算 2＋4＋8＝14,在盘上比划拨 14 的动作

↑　③ 脑算 7＋8＋6＝7×3＝21,在盘上比划拨 21 的动作

↑　② 脑算 3＋6＋2＝11,在盘上比划拨 11 的动作

↑　① 首数为 4,在盘上比划拨 4 的动作

当感觉模拟拨珠练习已经较为熟练之后,这时将有能力进行实际入盘练习。

（三）加强分析研究

脑算并行加减法,最大的障碍就是一开始练习准确率低,差错各种各样,其原因是多方面的,归纳起来主要有以下几个方面。

1. 忙中出错

看数、读数、心算的全过程和手指拨数入盘抢时间,结果两者都不能兼顾。几个数相加之和心里还处在犹豫不决的时候,手指已不自觉地把和数(正误两可)拨入算盘而出现差错;有时明明心算正确,如 6＋7＋4＝17,但手指不自觉地拨入 18,自己未发现,还认为是拨入 17。解决的办法是加大此类算题的训练量,果断迅速,增强自信心。

2. 进位和退位的误区

一种情况是两数或三数并行相加超十以后,只拨加其和数的个位数,而十位数忘记加或自以为已经拨加,如 6＋8＋5＝19,只拨加个位 9,忘记向前进位。

另一种情况是该退位减的时候,忘记前位退 1,只将差数加入算盘。如 16－8 在运算过程中将其结果误为 18。

再一种情况是退位减时,前位虽退 1,但本档位加还的不是减数的补数,而误将减数本身拨入。如 13－6 差数应该是 7,但却将差数误为 9。

上述问题解决的办法是要求练习者胆大、心细,善于发现自己的这一缺点。

3. 心算死角

心算死角指的是一些练习者习惯性的心算障碍。练习者在心算过程中常常把某些数字组合如 8＋6＋3 之和认定为 18,在这题中碰到这种数字组合是这样计算,下次碰到还会犯同样的错误,形成了心算死角。在计算中无论是初学者还是有一定心算基础的选手都会出现这种习惯性的心算死角,而每个人的情况又不尽相同。解决的方法是善于发现自己的错误,丢掉错误的习惯,形成正确的习惯。

4. 其他

除了上述几种情况以外,还有些诸如带子移盘错误,看数看错行,心算上下行对错数位,加减混合符号看错,等等,只要认真研究,善于发现自己的失误,改正错误是不难达到的。

 项目小结

本项目主要是讲述珠算古老的传统方法以及珠算与脑算相结合的速算技术。对珠算学习者提高计算能力,心智能力、反应能力等会有很大帮助,给珠算爱好者提高对加减法

的认识和理解能力留下了很大的空间。

**复习思考题**

1. 什么是补数加减法？
2. 举例说明倒减法的简捷计算方法。
3. 什么叫"先十法"？
4. 什么是一目三行弃九法？
5. 请你谈谈一目多行的训练方法。

**习题3**

用你喜欢的方法计算下列表格算题

| 序 号 | 一 | 二 | 三 | 四 | 五 | 合 计 |
|---|---|---|---|---|---|---|
| 1 | 40 568 | 536 | 45 319 | 672 | 870 129 | |
| 2 | 7 165 | 8 903 | 207 | 48 306 | 432 | |
| 3 | 281 957 | 468 | 6 845 | 594 | −15 237 | |
| 4 | 548 | 9 317 | 72 306 | −925 | 9 081 | |
| 5 | 6 023 | 502 948 | 5 178 | 396 054 | 907 | |
| 6 | 271 | 517 | 859 | 372 | 613 254 | |
| 7 | 639 024 | 4 165 | 308 | 138 | 657 | |
| 8 | 4 809 | 47 265 | 6 071 | 857 901 | −213 | |
| 9 | 964 | 927 | 412 396 | −2 086 | 3 042 | |
| 10 | 103 | 31 589 | 249 | 7 142 | −69 084 | |
| 11 | 39 481 | 921 | 6 298 | −54 093 | 8,675 | |
| 12 | 875 | 6 024 | 704 | 8 721 | −7 098 | |
| 13 | 3 021 | 703 | 103 657 | −6 105 | 5 634 | |
| 14 | 572 | 8 074 | 915 | 762 | −564 | |
| 15 | 9 674 | 127 036 | 3 826 | −9 843 | 908 | |
| 合 计 | | | | | | |

# 9

## 项目九　　　珠算乘法的简捷算法

### 项目目标

1. 学会并能熟练运用算前定位法解决省乘法的计算问题
2. 学会补数乘法的运算
3. 学会一位乘以多位数的简捷算法

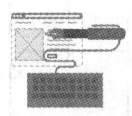

### 项目导入

提高珠算乘法的计算速度,最好的办法就是采用"一口清"法进行运算,但"一口清"法要求大量的进行"本个"和"后进"的计算练习。还有没有更简捷的办法呢? 下面就让我们一个个地来学习。

## 任务一　算前定位与省乘法

在实际工作中,往往会遇到有许多小数的乘除法,其结果只需要保留部分积商就可以了,因此可采用省乘法和省除法。当前全国比赛试题和鉴定试题,对于乘除法准确的要求都是要求准确到 0.01 或 0.0001,这类试题如用算前定位和省乘、省除法就能大大提高运算速度。本节只介绍省乘法,省除法将待第十章介绍。算前定位与省乘法的要领包括以下几个方面:

(1) 算前定位。在运算时最好在算盘的横梁上标明位数。由于比赛和鉴定题都是准确到 0.01 或 0.0001,所以,在算盘右边最末档一般定为 -5 档。见表 9-1。

表 9-1

| +9 | +8 | +7 | +6 | +5 | +4 | +3 | +2 | +1 | 0 | -1 | -2 | -3 | -4 | -5 |
|----|----|----|----|----|----|----|----|----|---|----|----|----|----|----|

然后用被乘数的位数加乘数的位数确定从哪一档开始拨珠。现在一般都用空盘前乘法，故位数是几位即从算盘上标明的位数上相应拨上。例如，76.4×0.08543，被乘数和乘数的位数相加为＋1位，故从算盘上标明的1档上拨入。

(2) 确定压尾档。当积数要求准确到0.01时，加积就加到－3档止，以下按四舍五入处理，即在－4档上加1～4时舍去不计，加5～9时在－3档上加1。当积数要求准确到0.0001时，加积就加到－5档止。以下按四舍五入处理，即在－5档加1～4时舍去不计，加5～9时在－6档加1。如果使用七珠算盘还可以在－4档或－6档拨下两个珠作压尾档，这样比较直观、清楚。

(3) 被乘数要按算前定好的位数拨入，如用空盘前乘法此步可以省略。

(4) 定位。只要看算盘上的档次即可。

【例9－1】 6.473×37.948(准确到0.01)(运算步骤见表9－2)

表9－2

| 拨 算 说 明 | 盘　式 | | | | | | | | |
|---|---|---|---|---|---|---|---|---|---|
| | ＋3 | ＋2 | ＋1 | 0 | －1 | －2 | －3 | －4 | －5 |
| ① 算前定位：1位＋2位＝＋3位，用空盘前乘法运算，积的首位从＋3档开始拨入。压尾档在－4档上用"△"表示，被乘数首位6×37 948得227 688，从＋3档开始拨入 | 2 | 2 | 7 | 6 | 8 | 8 | | △ | |
| ② 被乘数第二位4×37 948得151 792，从＋2档起加上这个积数，算盘上数为2 428 672 | 2 | 4 | 2 | 8 | 6 | 7 | 2 | △ | |
| ③ 被乘数第三位7×37 948得265 636，从＋1档起加上这个积数，最后一位6在－4档上，五入，在－3档上加1，算盘上数为2 455 236 | 2 | 4 | 5 | 5 | 2 | 3 | 6 | △ | |
| ④ 被乘数最后一位3×37 948得113 844，从0档起加上这个积数，最末第二位4从－4档上加，四舍，在－3档上不加，算盘上数为2 456 374 | 2 | 4 | 5 | 6 | 3 | 7 | 4 | △ | |
| ⑤ 定位：准确到0.01，故积为245.64 | 2 | 4 | 5 | 6 | 4 | | | △ | |

【例9－2】 18.62×0.92074(准确0.0001)(运算步骤见表9－3)

表9－3

| 拨 算 说 明 | 盘　式 | | | | | | | | |
|---|---|---|---|---|---|---|---|---|---|
| | ＋3 | ＋2 | ＋1 | 0 | －1 | －2 | －3 | －4 | －5 |
| ① 算前定位：2位＋0位＝＋2位，用空盘前乘法运算，积的首位从＋2档开始拨入。压尾档在－6档上，被乘数首位1×92 074得92 074，从＋2档开始拨入 | | 0 | 9 | 2 | 0 | 7 | 4 | | |
| ② 被乘数第二位8×92 074得735 492，从＋1档起加上这个积数，算盘上数为1 657 332 | | 1 | 6 | 5 | 7 | 3 | 3 | 2 | |
| ③ 被乘数第三位6×92 074得552 444，从0档起加上这个积数，算盘上数为17 125 764 | | 1 | 7 | 1 | 2 | 5 | 7 | 6 | 4 |
| ④ 被乘数第四位2×92 074得184 148，从－1档起加上这个积数，最末一位8从－6档上加上，五入，在－5档上加1，算盘上数为17 144 179 | | 1 | 7 | 1 | 4 | 4 | 1 | 7 | 9 |
| ⑤ 定位：准确到0.0001，故积数为17.1442 | | 1 | 7 | 1 | 4 | 4 | 2 | | |

**【例9-3】** 5.638×0.31748(准确到0.0001)(运算步骤见表9-4)

表9-4

| 拨　算　说　明 | 盘　式 | | | | | | | | |
|---|---|---|---|---|---|---|---|---|---|
| | +3 | +2 | +1 | 0 | −1 | −2 | −3 | −4 | −5 |
| ① 算前定位:1位＋0位＝＋1位,用空盘前乘法运算,积的首位从＋1档开始拨入。压尾档在−6档上,被乘数首位5×31 748得158 740,从＋1档开始拨入 | | | 1 | 5 | 8 | 7 | 4 | 0 | |
| ② 被乘数第二位6×31 748得190 488,从0档起加上这个积数,算盘上数为11 777 412 | | | 1 | 7 | 7 | 7 | 4 | 1 | 2 |
| ③ 被乘数第三位3×31 748得095 244,从−1档起加上这个积数,由于−1档上是0,所以,实际上是在−2档上开始加入这个数。最末一位4从−6档上加上,四舍,不在−5档上加1,算盘上数为1 787 412 | | | 1 | 7 | 8 | 7 | 4 | 1 | 2 |
| ④ 被乘数第四位8×31 748得352 784,从−2档起加上这个积数,最末第二位8从−6档上加上,五入,在−5档上加1,算盘上数为1 790 952 | | | 1 | 7 | 9 | 0 | 9 | 5 | 2 |
| ⑤ 定位:准确到0.0001,故积数为1.7910 | | | 1 | 7 | 9 | 1 | 0 | | |

压尾档还可以向前提前一位,即当积数准确到0.01时,压尾档可以定在−3档,当积准确到0.0001时,压尾档可定在−5档。这样可以减少拨珠次数。但对一些特殊的算题尾数会出现差1,不过这种情况极少。

# 任务二　补　数　乘　法

补数乘法是采用补数进行乘法运算的方法。补数乘法适用于被乘数、乘数中数字较大(接近10)的乘法计算。

进行补数乘法运算首先要学会看补数的方法,即前位凑九,末位凑十。例如,3 567的补数为6 433,千位3＋6＝9,百位5＋4＝9,十位6＋3＝9,个位7＋3＝10。补数乘法分为减补数乘法和加补数乘法。

## 一、减补数乘法

由第八章补数和齐数的概念可知:

$$乘数＝齐数－补数$$
$$乘积＝被乘数×乘数＝$$
$$被乘数×(齐数－补数)＝$$
$$被乘数×齐数－被乘数×补数$$

因此,两数相乘,乘积等于把被乘数扩大乘数的齐数倍,再减去被乘数个(倍)乘数的补数。

**【例 9 - 4】**  243×97(03)＝23 571(运算步骤见表 9 - 5)

表 9 - 5

| 拨 算 说 明 | 盘 式 | | | | | | | | | |
|---|---|---|---|---|---|---|---|---|---|---|
| | 10 | 9 | 8 | 7 | 6 | 5 | 4 | 3 | 2 | 1 |
| ① 乘数的补数 03 布于盘左,被乘数 243 扩大乘数 100 倍布于盘右 | 0 | 3 | | | | 2 | 4 | 3 | 0 | 0 |
| ② 被乘数 3 的下档减 3×03 | 0 | 3 | | | | 2 | 4 | 2 | 9 | 1 |
| ③ 被乘数 4 的下档减 4×03 | 0 | 3 | | | | 2 | 4 | 1 | 7 | 1 |
| ④ 被乘数 2 的下档减 2×03 | 0 | 3 | | | | 2 | 3 | 5 | 7 | 1 |

**【例 9 - 5】**  368×796(204)＝292 928(运算步骤见表 9 - 6)

表 9 - 6

| 拨 算 说 明 | 盘 式 | | | | | | | | | |
|---|---|---|---|---|---|---|---|---|---|---|
| | 10 | 9 | 8 | 7 | 6 | 5 | 4 | 3 | 2 | 1 |
| ① 乘数的补数 204 布于盘左,被乘数 368 扩大 1 000 倍后布于盘右 | 2 | 0 | 4 | | 3 | 6 | 8 | 0 | 0 | 0 |
| ② 被乘数 8 的下档减 8×204 | 2 | 0 | 4 | | 3 | 6 | 6 | 3 | 6 | 8 |
| ③ 被乘数 6 的下档减 6×204 | 2 | 0 | 4 | | 3 | 5 | 4 | 1 | 2 | 8 |
| ④ 被乘数 3 的下档减 3×204 | 2 | 0 | 4 | | 2 | 9 | 2 | 9 | 2 | 8 |

## 二、加补数乘法

加补数乘法需要引入强数和填数的概念。

强数是指位数相同,比某数的首位数字大,后边是若干 0 的数。填数是指某数的强数与该数的差。如 495,489,478 它们的强数为 500,它们的填数分别是 05,11,22。

它们之间的关系式为:

$$强数＝原数＋填数$$
$$原数＝强数－填数$$

则减补数乘法公式为:

$$乘积＝被乘数×齐数－被乘数×补数＝$$
$$被乘数×齐数－(强数－填数)×补数＝$$
$$被乘数×齐数－强数×补数＋填数×补数$$

由此可知,加补数乘法就是在布好的被乘数上,先加上若干倍(被乘数填数倍)的补数,使加补数的倍数(填数倍)与原被乘数的和成为便于运算的整数(强数),再一次减掉该整数倍(强数倍)的补数。

**【例 9 - 6】**  389×896(104)＝348 544(运算步骤见表 9 - 7)

表 9 - 7

| 拨 算 说 明 | 盘 式 | | | | | | | | | |
|---|---|---|---|---|---|---|---|---|---|---|
| | 10 | 9 | 8 | 7 | 6 | 5 | 4 | 3 | 2 | 1 |
| ① 乘数的补数 104 布于盘左,被乘数 389 扩大 1 000 倍后布于盘右适当位置 | 1 | 0 | 4 | | 3 | 8 | 9 | 0 | 0 | 0 |
| ② 被乘数 9 的下档加 1×104 | 1 | 0 | 4 | | 3 | 8 | 9 | 1 | 0 | 4 |
| ③ 被乘数 8 的下档加 1×104 | 1 | 0 | 4 | | 3 | 9 | 0 | 1 | 4 | 4 |
| ④ 被乘数 3 的下档减 4(3 的强数)倍 104(0 416) | 1 | 0 | 4 | | 3 | 4 | 8 | 5 | 4 | 4 |

**【例 9 - 7】** 678×789(211)＝534 942(运算步骤见表 9 - 8)

表 9 - 8

| 拨 算 说 明 | 盘 式 | | | | | | | | | |
|---|---|---|---|---|---|---|---|---|---|---|
| | 10 | 9 | 8 | 7 | 6 | 5 | 4 | 3 | 2 | 1 |
| ① 乘数的补数 211 布于盘左,被乘数 678 扩大 1 000 倍后布于盘右适当位置 | 2 | 1 | 1 | | 6 | 7 | 8 | 0 | 0 | 0 |
| ② 被乘数 8 的下档加 2×211 | 2 | 1 | 1 | | 6 | 7 | 8 | 4 | 2 | 2 |
| ③ 被乘数 7 的下档加 2×211 | 2 | 1 | 1 | | 6 | 8 | 2 | 6 | 4 | 2 |
| ④ 被乘数 6 的本档减 7(6 的强数)倍 211(1 477) | 2 | 1 | 1 | | 5 | 3 | 4 | 9 | 4 | 2 |

注:积首有进位则从本档减,以下同。

**【例 9 - 8】** 68 197×658(342)＝44 873 626(运算步骤见表 9 - 9)

表 9 - 9

| 拨 算 说 明 | 盘 式 | | | | | | | | | | | |
|---|---|---|---|---|---|---|---|---|---|---|---|---|
| | 12 | 11 | 10 | 9 | 8 | 7 | 6 | 5 | 4 | 3 | 2 | 1 |
| ① 乘数的补数 342 布于盘左,被乘数 68 197 扩大 1 000 倍后布于盘右适当位置 | 3 | 4 | 2 | | 6 | 8 | 1 | 9 | 7 | | | |
| ② 被乘数 8 的本档加 3×342 | 3 | 4 | 2 | | 6 | 8 | 1 | 9 | 8 | 0 | 2 | 6 |
| ③ 被乘数 1 的下档加 2×342 | 3 | 4 | 2 | | 6 | 8 | 1 | 2 | 9 | 6 | 2 | 6 |
| ④ 被乘数 8 的下档加 2×342 | 3 | 4 | 2 | | 6 | 8 | 8 | 1 | 3 | 6 | 2 | 6 |
| ⑤ 被乘数 6 的本档减 7×342 | 3 | 4 | 2 | | 4 | 4 | 8 | 7 | 3 | 6 | 2 | 6 |

习题 1

用补数乘法计算下列各题

1) 99×391＝

2) 25×89＝

3) 48×989＝

4) 579×89＝

5) 62×89＝

6) 31×999＝

7) 480×399＝

8) 93×89＝

9) 168×99＝　　　　　　　　25) 34×598＝

10) 95×96＝　　　　　　　　26) 23×597＝

11) 91×79＝　　　　　　　　27) 104×899＝

12) 998×51＝　　　　　　　28) 76×891＝

13) 48×27＝　　　　　　　　29) 456×399＝

14) 82×989＝　　　　　　　30) 302×194＝

15) 357×99＝　　　　　　　31) 89×596＝

16) 70×99＝　　　　　　　　32) 99×147＝

17) 948×99＝　　　　　　　33) 93×999＝

18) 45×87＝　　　　　　　　34) 573×999＝

19) 421×99＝　　　　　　　35) 168×989＝

20) 56×899＝　　　　　　　36) 59×995＝

21) 94×979＝　　　　　　　37) 62×996＝

22) 168×329＝　　　　　　　38) 712×994＝

23) 59×749＝　　　　　　　39) 94×998＝

24) 971×692＝　　　　　　　40) 430×996＝

# 任务三　　一位数乘以两位数的脑算法

要想提高乘法的运算速度,仅靠一位乘一位快速拨珠是不够的,因为人的动作总归有一定限度,快到一定程度很难再快了,因此必须在运算形式上学一点新方法。这里我们介绍一下一位乘以两位法。

一位乘以两位就是被乘数的一位乘以乘数的两位,将积直接拨入算盘。由于一位乘以两位的积数最少有两位,最多有三位,故比一位乘一位要难一些。

一位乘以两位要用九九九乘法表,九九九表共648句口诀。表中的第一、第二个阿拉伯数字表示乘数,第三个中文数字表示被乘数,第四、第五、第六个阿拉伯数字是指积数。见表9－10。

表 9 - 10

| 被乘数 乘数 | 二 | 三 | 四 | 五 | 六 | 七 | 八 | 九 |
|---|---|---|---|---|---|---|---|---|
| 11 | 11 二 022 | 11 三 033 | 11 四 044 | 11 五 055 | 11 六 066 | 11 七 077 | 11 八 088 | 11 九 099 |
| 12 | 12 二 024 | 12 三 036 | 12 四 048 | 12 五 060 | 12 六 072 | 12 七 084 | 12 八 096 | 12 九 108 |
| 13 | 13 二 026 | 13 三 039 | 13 四 052 | 13 五 065 | 13 六 078 | 13 七 091 | 13 八 104 | 13 九 117 |
| 14 | 14 二 028 | 14 三 042 | 14 四 056 | 14 五 070 | 14 六 084 | 14 七 098 | 14 八 112 | 14 九 126 |
| 15 | 15 二 030 | 15 三 045 | 15 四 060 | 15 五 075 | 15 六 090 | 15 七 105 | 15 八 120 | 15 九 135 |

(续表)

| 被乘数<br>乘数 | 二 | 三 | 四 | 五 | 六 | 七 | 八 | 九 |
|---|---|---|---|---|---|---|---|---|
| 16 | 16 二 032 | 16 三 048 | 16 四 064 | 16 五 080 | 16 六 096 | 16 七 112 | 16 八 128 | 16 九 144 |
| 17 | 17 二 034 | 17 三 051 | 17 四 068 | 17 五 085 | 17 六 102 | 17 七 119 | 17 八 136 | 17 九 153 |
| 18 | 18 二 036 | 18 三 054 | 18 四 072 | 18 五 090 | 18 六 108 | 18 七 126 | 18 八 144 | 18 九 162 |
| 19 | 19 二 038 | 19 三 057 | 19 四 076 | 19 五 095 | 19 六 114 | 19 七 133 | 19 八 152 | 19 九 171 |
| 21 | 21 二 042 | 21 三 063 | 21 四 084 | 21 五 105 | 21 六 126 | 21 七 147 | 21 八 168 | 21 九 189 |
| 22 | 22 二 044 | 22 三 066 | 22 四 088 | 22 五 110 | 22 六 132 | 22 七 154 | 22 八 176 | 22 九 198 |
| 23 | 23 二 046 | 23 三 069 | 23 四 092 | 23 五 115 | 23 六 138 | 23 七 161 | 23 八 184 | 23 九 207 |
| 24 | 24 二 048 | 24 三 072 | 24 四 096 | 24 五 120 | 24 六 144 | 24 七 168 | 24 八 192 | 24 九 216 |
| 25 | 25 二 050 | 25 三 075 | 25 四 100 | 25 五 125 | 25 六 150 | 25 七 175 | 25 八 200 | 25 九 225 |
| 26 | 26 二 052 | 26 三 078 | 26 四 104 | 26 五 130 | 26 六 156 | 26 七 182 | 26 八 208 | 26 九 234 |
| 27 | 27 二 054 | 27 三 081 | 27 四 108 | 27 五 135 | 27 六 162 | 27 七 189 | 27 八 216 | 27 九 243 |
| 28 | 28 二 056 | 28 三 084 | 28 四 112 | 28 五 140 | 28 六 168 | 28 七 196 | 28 八 224 | 28 九 252 |
| 29 | 29 二 058 | 29 三 087 | 29 四 116 | 29 五 145 | 29 六 174 | 29 七 203 | 29 八 232 | 29 九 261 |
| 31 | 31 二 062 | 31 三 093 | 31 四 124 | 31 五 155 | 31 六 186 | 31 七 217 | 31 八 248 | 31 九 279 |
| 32 | 32 二 064 | 32 三 096 | 32 四 128 | 32 五 160 | 32 六 192 | 32 七 224 | 32 八 256 | 32 九 288 |
| 33 | 33 二 066 | 33 三 099 | 33 四 132 | 33 五 165 | 33 六 198 | 33 七 231 | 33 八 264 | 33 九 297 |
| 34 | 34 二 068 | 34 三 102 | 34 四 136 | 34 五 170 | 34 六 204 | 34 七 238 | 34 八 272 | 34 九 306 |
| 35 | 35 二 070 | 35 三 105 | 35 四 140 | 35 五 175 | 35 六 210 | 35 七 245 | 35 八 280 | 35 九 315 |
| 36 | 36 二 072 | 36 三 108 | 36 四 144 | 36 五 180 | 36 六 216 | 36 七 252 | 36 八 288 | 36 九 324 |
| 37 | 37 二 074 | 37 三 111 | 37 四 148 | 37 五 185 | 37 六 222 | 37 七 259 | 37 八 296 | 37 九 333 |
| 38 | 38 二 076 | 38 三 114 | 38 四 152 | 38 五 190 | 38 六 228 | 38 七 266 | 38 八 304 | 38 九 342 |
| 39 | 39 二 078 | 39 三 117 | 39 四 156 | 39 五 195 | 39 六 234 | 39 七 273 | 39 八 312 | 39 九 351 |
| 41 | 41 二 082 | 41 三 123 | 41 四 164 | 41 五 205 | 41 六 246 | 41 七 287 | 41 八 328 | 41 九 369 |
| 42 | 42 二 084 | 42 三 126 | 42 四 168 | 42 五 210 | 42 六 252 | 42 七 296 | 42 八 336 | 42 九 378 |
| 43 | 43 二 086 | 43 三 129 | 43 四 172 | 43 五 215 | 43 六 258 | 43 七 301 | 43 八 344 | 43 九 387 |
| 44 | 44 二 088 | 44 三 132 | 44 四 176 | 44 五 220 | 44 六 264 | 44 七 308 | 44 八 352 | 44 九 396 |
| 45 | 45 二 090 | 45 三 135 | 45 四 180 | 45 五 225 | 45 六 270 | 45 七 315 | 45 八 360 | 45 九 405 |
| 46 | 46 二 092 | 46 三 138 | 46 四 184 | 46 五 230 | 46 六 276 | 46 七 322 | 46 八 368 | 46 九 414 |
| 47 | 47 二 094 | 47 三 141 | 47 四 188 | 47 五 235 | 47 六 282 | 47 七 329 | 47 八 376 | 47 九 423 |
| 48 | 48 二 096 | 48 三 144 | 48 四 192 | 48 五 240 | 48 六 288 | 48 七 336 | 48 八 384 | 48 九 432 |
| 49 | 49 二 098 | 49 三 147 | 49 四 196 | 49 五 245 | 49 六 294 | 49 七 343 | 49 八 392 | 49 九 441 |
| 51 | 51 二 102 | 51 三 153 | 51 四 204 | 51 五 255 | 51 六 306 | 51 七 357 | 51 八 408 | 51 九 459 |
| 52 | 52 二 104 | 52 三 156 | 52 四 208 | 52 五 260 | 52 六 312 | 52 七 364 | 52 八 416 | 52 九 468 |
| 53 | 53 二 106 | 53 三 159 | 53 四 212 | 53 五 265 | 53 六 318 | 53 七 371 | 53 八 424 | 53 九 477 |
| 54 | 54 二 108 | 54 三 162 | 54 四 216 | 54 五 270 | 54 六 324 | 54 七 378 | 54 八 432 | 54 九 486 |
| 55 | 55 二 110 | 55 三 165 | 55 四 220 | 55 五 275 | 55 六 330 | 55 七 385 | 55 八 440 | 55 九 495 |
| 56 | 56 二 112 | 56 三 168 | 56 四 224 | 56 五 280 | 56 六 336 | 56 七 392 | 56 八 448 | 56 九 504 |
| 57 | 57 二 114 | 57 三 171 | 57 四 228 | 57 五 285 | 57 六 342 | 57 七 399 | 57 八 456 | 57 九 513 |
| 58 | 58 二 116 | 58 三 174 | 58 四 232 | 58 五 290 | 58 六 348 | 58 七 406 | 58 八 464 | 58 九 522 |
| 59 | 59 二 118 | 59 三 177 | 59 四 236 | 59 五 295 | 59 六 354 | 59 七 413 | 59 八 472 | 59 九 531 |
| 61 | 61 二 122 | 61 三 183 | 61 四 244 | 61 五 305 | 61 六 366 | 61 七 427 | 61 八 488 | 61 九 549 |
| 62 | 62 二 124 | 62 三 186 | 62 四 248 | 62 五 310 | 62 六 372 | 62 七 434 | 62 八 496 | 62 九 558 |

（续表）

| 乘数 \ 被乘数 | 二 | 三 | 四 | 五 | 六 | 七 | 八 | 九 |
|---|---|---|---|---|---|---|---|---|
| 63 | 63 二 126 | 63 三 189 | 63 四 252 | 63 五 315 | 63 六 378 | 63 七 441 | 63 八 504 | 63 九 567 |
| 64 | 64 二 128 | 64 三 192 | 64 四 256 | 64 五 320 | 64 六 384 | 64 七 448 | 64 八 512 | 64 九 576 |
| 65 | 65 二 130 | 65 三 195 | 65 四 260 | 65 五 325 | 65 六 390 | 65 七 455 | 65 八 520 | 65 九 585 |
| 66 | 66 二 132 | 66 三 198 | 66 四 264 | 66 五 330 | 66 六 396 | 66 七 462 | 66 八 528 | 66 九 594 |
| 67 | 67 二 134 | 67 三 201 | 67 四 268 | 67 五 335 | 67 六 402 | 67 七 469 | 67 八 536 | 67 九 603 |
| 68 | 68 二 136 | 68 三 204 | 68 四 272 | 68 五 340 | 68 六 408 | 68 七 476 | 68 八 544 | 68 九 612 |
| 69 | 69 二 138 | 69 三 207 | 69 四 276 | 69 五 345 | 69 六 414 | 69 七 483 | 69 八 552 | 69 九 621 |
| 71 | 71 二 142 | 71 三 213 | 71 四 284 | 71 五 355 | 71 六 426 | 71 七 497 | 71 八 568 | 71 九 639 |
| 72 | 72 二 144 | 72 三 216 | 72 四 288 | 72 五 360 | 72 六 432 | 72 七 504 | 72 八 576 | 72 九 648 |
| 73 | 73 二 146 | 73 三 219 | 73 四 292 | 73 五 365 | 73 六 438 | 73 七 511 | 73 八 584 | 73 九 657 |
| 74 | 74 二 148 | 74 三 222 | 74 四 296 | 74 五 370 | 74 六 444 | 74 七 518 | 74 八 592 | 74 九 666 |
| 75 | 75 二 150 | 75 三 225 | 75 四 300 | 75 五 375 | 75 六 450 | 75 七 525 | 75 八 600 | 75 九 675 |
| 76 | 76 二 152 | 76 三 228 | 76 四 304 | 76 五 380 | 76 六 456 | 76 七 532 | 76 八 608 | 76 九 684 |
| 77 | 77 二 154 | 77 三 231 | 77 四 308 | 77 五 385 | 77 六 462 | 77 七 539 | 77 八 616 | 77 九 693 |
| 78 | 78 二 156 | 78 三 234 | 78 四 312 | 78 五 390 | 78 六 468 | 78 七 546 | 78 八 624 | 78 九 702 |
| 79 | 79 二 158 | 79 三 237 | 79 四 316 | 79 五 395 | 79 六 474 | 79 七 553 | 79 八 632 | 79 九 711 |
| 81 | 81 二 162 | 81 三 243 | 81 四 324 | 81 五 405 | 81 六 486 | 81 七 567 | 81 八 648 | 81 九 729 |
| 82 | 82 二 164 | 82 三 246 | 82 四 328 | 82 五 410 | 82 六 492 | 82 七 574 | 82 八 656 | 82 九 738 |
| 83 | 83 二 166 | 83 三 249 | 83 四 332 | 83 五 415 | 83 六 498 | 83 七 581 | 83 八 664 | 83 九 747 |
| 84 | 84 二 168 | 84 三 252 | 84 四 336 | 84 五 420 | 84 六 504 | 84 七 588 | 84 八 672 | 84 九 756 |
| 85 | 85 二 170 | 85 三 255 | 85 四 340 | 85 五 425 | 85 六 510 | 85 七 595 | 85 八 680 | 85 九 765 |
| 86 | 86 二 172 | 86 三 258 | 86 四 344 | 86 五 430 | 86 六 516 | 86 七 602 | 86 八 688 | 86 九 774 |
| 87 | 87 二 174 | 87 三 261 | 87 四 348 | 87 五 435 | 87 六 522 | 87 七 609 | 87 八 696 | 87 九 783 |
| 88 | 88 二 176 | 88 三 264 | 88 四 352 | 88 五 440 | 88 六 528 | 88 七 616 | 88 八 704 | 88 九 792 |
| 89 | 89 二 178 | 89 三 267 | 89 四 356 | 89 五 445 | 89 六 534 | 89 七 623 | 89 八 712 | 89 九 801 |
| 91 | 91 二 182 | 91 三 273 | 91 四 364 | 91 五 455 | 91 六 546 | 91 七 637 | 91 八 728 | 91 九 819 |
| 92 | 92 二 184 | 92 三 276 | 92 四 368 | 92 五 460 | 92 六 552 | 92 七 644 | 92 八 736 | 92 九 828 |
| 93 | 93 二 186 | 93 三 279 | 93 四 372 | 93 五 465 | 93 六 558 | 93 七 651 | 93 八 744 | 93 九 837 |
| 94 | 94 二 188 | 94 三 282 | 94 四 376 | 94 五 470 | 94 六 564 | 94 七 658 | 94 八 752 | 94 九 846 |
| 95 | 95 二 190 | 95 三 285 | 95 四 380 | 95 五 475 | 95 六 570 | 95 七 665 | 95 八 760 | 95 九 855 |
| 96 | 96 二 192 | 96 三 288 | 96 四 384 | 96 五 480 | 96 六 576 | 96 七 672 | 96 八 768 | 96 九 864 |
| 97 | 97 二 194 | 97 三 291 | 97 四 388 | 97 五 485 | 97 六 582 | 97 七 679 | 97 八 776 | 97 九 873 |
| 98 | 98 二 196 | 98 三 294 | 98 四 392 | 98 五 490 | 98 六 588 | 98 七 686 | 98 八 784 | 98 九 882 |
| 99 | 99 二 198 | 99 三 297 | 99 四 396 | 99 五 495 | 99 六 594 | 99 七 693 | 99 八 792 | 99 九 891 |

　　九九九乘法表也可将乘数和被乘数位置交换，如 3×92＝276，念成三 92…276，这样，便于念数，拨珠。

　　九九九表看似很难掌握，但只要下工夫找窍门，还是很好掌握的。可以从以下几个方面进行分析：

　　（1）2，3，4，5，分别乘以 11，12，…，99，还是很好掌握的。2 乘以任何数是将这个数加倍，如 2×56＝112；5 乘以任何数是将这个数折半，如 5×48＝240，因此 3 和 4 乘以任何两位数也好掌握了。

(2) 有些数是比较有规律的,如 3×37,6×37,9×37 的积数分别为 111,222,333;3×74,6×74,9×74 的积数分别为 222,444,666;类似情况还有不少,如 9×26＝234;8×57＝456;9×63＝567 等,皆有规律可循。

(3) 任何一个一位数去乘以 11,22,…,99 中的 15,25,…,95,也有规律;另外 9 乘以任何一个两位数也好掌握,可用补数法等记住。

**【例 9 - 9】**  47×6 354＝298 638

运算步骤:

(1) 先 4×63 得 252,从首档起拨 252。

(2) 再 4×54 得 216,从上次个位档起拨加 216,算盘上的读数为 25 416。

(3) 先 7×63 得 441,从左二档起拨 441。

(4) 再 7×54 得 378,从上次个位档起拨 378,算盘上的积数为 298 638。

(5) 定位:2 位＋4 位＝6 位,积数为 298 638。

**【例 9 - 10】**  308×62 451＝923 460

运算步骤:

(1) 先 3×62 得 186,从首档起拨 186。

(2) 再 3×45 得 135,从上次个位档起拨加 135,算盘上的读数为 18 735。

(3) 先 8×62 得 496,从左二档起拨 496。

(4) 再 8×45 得 360,从上次个位档起拨 360,算盘上的积数为 1 923 460。

(5) 定位:3 位＋4 位＝＋7 位,积数为 1 923 460。

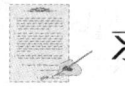

习题 2

*用一位乘以两位的方法计算下列各题*

| | |
|---|---|
| 1) 49×87＝ | 16) 70×923＝ |
| 2) 52×103＝ | 17) 948×76＝ |
| 3) 89×76＝ | 18) 45×384＝ |
| 4) 321×74＝ | 19) 421×86＝ |
| 5) 50×629＝ | 20) 56×719＝ |
| 6) 173×48＝ | 21) 94×478＝ |
| 7) 37×452＝ | 22) 168×32＝ |
| 8) 106×59＝ | 23) 59×74＝ |
| 9) 89×35＝ | 24) 971×62＝ |
| 10) 46×801＝ | 25) 34×58＝ |
| 11) 36×18＝ | 26) 23×57＝ |
| 12) 94×702＝ | 27) 104×89＝ |
| 13) 97×42＝ | 28) 76×81＝ |
| 14) 30×158＝ | 29) 456×39＝ |
| 15) 357×61＝ | 30) 302×14＝ |

31) $83 \times 596 =$        36) $59 \times 49 =$

32) $58 \times 147 =$        37) $62 \times 173 =$

33) $93 \times 60 =$        38) $712 \times 85 =$

34) $573 \times 82 =$        39) $94 \times 687 =$

35) $168 \times 60 =$        40) $430 \times 95 =$

# 任务四　一位数乘以多位数的脑算法

有了一位数乘以两位数的脑算基础后,我们还可以进一步学习一位数乘以多位数脑算的运算方法,也可以为学习除法的一位数乘以多位数减积打下坚实的基础。因此,它不仅可以提高乘法运算速度,还可以提高除法的运算速度。

一位数乘以多位数脑算是指 2～9 各数分别乘以任何一个多位数时,不需用九九或九九九乘法,而是见数后直接将其积拨入算盘的一种快速运算法。

一位数乘法脑算要从高位算起,它的法则是:乘前先补 0,乘时对好位,本个加后进,舍十只取个。

"乘前先补 0",就是计算前,要将被乘数首位前补 0,因一位乘多位数,它的积一定要比多位乘数本身要多一位,不进位时首位是 0,这样也是为从高位算起,在提前进位时,给进位数值留的位置。当然熟练后,也可以不补这个 0。

"乘时对好位",这是便于检验积数是否正确,主要从数位上检验。

"本个加后进",是指本档个位数加后进的十位数之和,即为本档应列之数。

"舍十只取个",这是在速算时,已提前进位了,就是进位律数值中已包括了后位积的十位数,故在运算时,切记"本个加后进"要只取个位数,进位的十位数舍去不计。

这里要注意的是,脑算一位乘法的核心是"本个加后进"。

"本个"也称个位律,是指自然数各个数值的倍数的个位值或是 1～9 各数值与自然数乘积的个位数。

"后进"也称进位律,是指各倍数按后边数值应进位的数。

掌握并使用一位乘以多位数,有必要研究一下作为被乘数的 2～9 分别乘以 1,2,3,4,5,6,7,8,9 的积是否有规律可循。

## 一、被乘数是 2

在介绍一位乘以两位数时,2 乘以任何数是将这个数扩大一倍。例如,$2 \times 4$ 得 8,实际上将 4 扩大了一倍;$2 \times 23$ 得 46,也是将 23 扩大了一倍。据此,我们可以迅速得出 2 乘以任何数的积数。

两个数相乘无外乎有其个位和十位,所以我们分别研究一下它们的十位和个位的规律。对于十位数的数,我们可以采取十进位制找出他们的规律。2 乘以各因数的积数和个位数见表9-11。

表 9-11

| 2乘以 | 1 | 2 | 3 | 4 | 5 | 6 | 7 | 8 | 9 |
|---|---|---|---|---|---|---|---|---|---|
| 其积数为 | 02 | 04 | 06 | 08 | 10 | 12 | 14 | 16 | 18 |
| 其个位为 | 2 | 4 | 6 | 8 | 0 | 2 | 4 | 6 | 8 |

（一）2乘以各因数的个位规律

（1）把1,2,3,4和6,7,8,9各分为一组,它们的共同点就是积的个位分别是2,4,6,8。即2乘以任何数时其个位规律是本身加倍。

（2）积的个位对应原数差5。见表9-12。

表 9-12

| 乘 数 | 0,5 | 1,6 | 2,7 | 3,8 | 4,9 |
|---|---|---|---|---|---|
| 积个位数 | 0 | 2 | 4 | 6 | 8 |

（二）2乘以各因数的进位规律

满5进1,即2乘以5,6,7,8,9五个数时要进1。

【例9-11】 $2 \times 38\ 746 = 77\ 492$ (运算步骤见表9-13)

表 9-13

| 运 算 拨 珠 | 档 次 | | | | | | | |
|---|---|---|---|---|---|---|---|---|
| | 1 | 2 | 3 | 4 | 5 | 6 | 7 | … |
| ① 个位 | 0 | 6 | 6 | 4 | 8 | 2 | | |
| ② 进位 | 0 | 1 | 1 | 0 | 1 | | | |
| ③ 积数 | | 7 | 7 | 4 | 9 | 2 | | |

## 二、被乘数是3

3乘以各因数的积数和个位数见表9-14。

表 9-14

| 3乘以 | 1 | 2 | 3 | 4 | 5 | 6 | 7 | 8 | 9 |
|---|---|---|---|---|---|---|---|---|---|
| 其积数为 | 03 | 06 | 09 | 12 | 15 | 18 | 21 | 24 | 27 |
| 其个位为 | 3 | 6 | 9 | 2 | 5 | 8 | 1 | 4 | 7 |

（一）3乘以各因数的个位规律

把1~9分为三组,3乘以各因数的个位数分别是:1,2,3为3,6,9;4,5,6为2,5,8;7,8,9为1,4,7。如顺口溜一样便于记忆。

（二）3乘以各因数的进位规律

超3进1,超6进2(数字上的"·"为循环数,超过这个数即要进位,例如,$3 \times 334 = 1\ 002$,334超3进1,$3 \times 664 = 1\ 992$,664不超6,故进1不进2)。

**【例 9 - 12】**　3×61 085＝183 255(运算步骤见表 9 - 15)

表 9 - 15

| 运 算 拨 珠 | 档 次 | | | | | | | |
|---|---|---|---|---|---|---|---|---|
| | 1 | 2 | 3 | 4 | 5 | 6 | 7 | … |
| ① 个位 | 0 | 8 | 3 | 0 | 4 | 5 | | |
| ② 进位 | 1 | 0 | 0 | 2 | 1 | | | |
| ③ 积数 | 1 | 8 | 3 | 2 | 5 | 5 | | |

### 三、被乘数是 4

4 乘以各因数的积数和个位数见表 9 - 16。

表 9 - 16

| 4乘以 | 1 | 2 | 3 | 4 | 5 | 6 | 7 | 8 | 9 |
|---|---|---|---|---|---|---|---|---|---|
| 其积数为 | 04 | 08 | 12 | 16 | 20 | 24 | 28 | 32 | 36 |
| 其个位为 | 4 | 8 | 2 | 6 | 0 | 4 | 8 | 2 | 6 |

(一) 4 乘以各因数的个位规律

(1) 把 1,2,3,4 和 6,7,8,9 各分为一组,这两组的积的个位是一一对应的,都是 4,8,2,6。积的个位对应原数差 5,如 1 和 6,2 和 7,3 和 8,4 和 9 都差 5,它们的个位分别是 4,8,2。

(2) 当 4 同偶数相乘时,其积的个位和乘数的偶数正好互补(两数之和为 10)。乘数为 2,4,6,8,积的个位为 8,6,4,2。当 4 同奇数相乘时,其积的个位同乘数的奇数相加的个位是 5(凑 5 数)。乘数为 1,3,5,7,9,积的个位为 4,2,0,6,8。

所以 4 的个位律可以理解为:奇凑偶补。

(二) 4 乘以各因数的进位规律

满 25 进 1,满 5 进 2,满 75 进 3。

**【例 9 - 13】**　4×724 896＝2 899 584(运算步骤见表 9 - 17)

表 9 - 17

| 运 算 拨 珠 | 档 次 | | | | | | | |
|---|---|---|---|---|---|---|---|---|
| | 1 | 2 | 3 | 4 | 5 | 6 | 7 | … |
| ① 个位 | 0 | 8 | 8 | 6 | 2 | 6 | 4 | |
| ② 进位 | 2 | 0 | 1 | 3 | 3 | 2 | | |
| ③ 积数 | 2 | 8 | 9 | 9 | 5 | 8 | 4 | |

### 四、被乘数是 5

5 乘以各因数的积数和个位数见表 9 - 18。

表 9 - 18

| 5乘以 | 1 | 2 | 3 | 4 | 5 | 6 | 7 | 8 | 9 |
|---|---|---|---|---|---|---|---|---|---|
| 其积数为 | 05 | 10 | 15 | 20 | 25 | 30 | 35 | 40 | 45 |
| 其个位为 | 5 | 0 | 5 | 0 | 5 | 0 | 5 | 0 | 5 |

（一）5乘以各因数的个位规律

（1）可以折半处理。例如，5×6＝30，积的首位3是6的一半；5×7＝35，积也正好是70的一半。

（2）从表9-18可以看出：当5乘以偶数时，其个位是0；当5乘以奇数时，其个位是5。即奇5偶0。

（二）5乘以各因数的进位规律

折半取整。即5乘以偶数时，其进位是原数的一半；5乘以奇数时，其进位是原数减1后的一半。

【例9-14】 5×43 789＝218 945（运算步骤见表9-19）

表 9 - 19

| 运 算 拨 珠 | 档 次 | | | | | | | |
|---|---|---|---|---|---|---|---|---|
| | 1 | 2 | 3 | 4 | 5 | 6 | 7 | … |
| ① 个位 | 0 | 0 | 5 | 5 | 0 | 5 | | |
| ② 进位 | 2 | 1 | 3 | 4 | 4 | | | |
| ③ 积数 | 2 | 1 | 8 | 9 | 4 | 5 | | |

## 五、被乘数是6

6乘以各因数的积数和个位数见表9-20。

表 9 - 20

| 6乘以 | 1 | 2 | 3 | 4 | 5 | 6 | 7 | 8 | 9 |
|---|---|---|---|---|---|---|---|---|---|
| 其积数为 | 06 | 12 | 18 | 24 | 30 | 36 | 42 | 48 | 54 |
| 其个位为 | 6 | 2 | 8 | 4 | 0 | 6 | 2 | 8 | 4 |

（一）6乘以各因数的个位规律

（1）把1,2,3,4和6,7,8,9各分为一组，它们的共同点就是积的个位是一一对应的，其积的个位分别是6,2,8,4。积的个位对应的原数差5，如2和7差5，其积的个位同是2。

（2）6乘以各因数的个位数还有这样一个规律：偶数为自身。乘数为2,4,6,8，积的个位为2,4,6,8。奇数为自身±5。乘数为1,3,5,7,9，积的个位为6,8,0,2,4。

（二）6乘以各因数的进位规律

超1.6进1，超33进2，满5进3，超66进4，超8.3进5。

【例9-15】 6×745 938＝4 475 628（运算步骤见表9-21）

表 9 – 21

| 运 算 拨 珠 | 档 | 次 | | | | | | |
|---|---|---|---|---|---|---|---|---|
| | 1 | 2 | 3 | 4 | 5 | 6 | 7 | … |
| ① 个位 | 0 | 2 | 4 | 0 | 4 | 8 | 8 | |
| ② 进位 | 4 | 2 | 3 | 5 | 2 | 4 | | |
| ③ 积数 | 4 | 4 | 7 | 5 | 6 | 2 | 8 | |

## 六、被乘数是7

7乘以各因数的积数和个位数见表 9 – 22。

表 9 – 22

| 7乘以 | 1 | 2 | 3 | 4 | 5 | 6 | 7 | 8 | 9 |
|---|---|---|---|---|---|---|---|---|---|
| 其积数为 | 07 | 14 | 21 | 28 | 35 | 42 | 49 | 56 | 63 |
| 其个位为 | 7 | 4 | 1 | 8 | 5 | 2 | 9 | 6 | 3 |

（一）7乘以各因数的个位规律

（1）把 1,2,3 分为一组;4,5,6 分为一组;7,8,9 分为一组。1,2,3 记 7,4,1;4,5,6 记 8,5,2;7,8,9 记 9,6,3。7 的个位规律同 3 的个位规律恰好相反,因此记住 3 的个位规律就可以记住 7 的个位规律。

（2）7 同偶数相乘,其积的个位是偶数自身加倍。乘数为 2,4,6,8,积的个位为 4,8,2,6。7 同奇数相乘,其积的个位是奇数自身加倍后再±5。乘数为 1,3,5,7,9,积的个位为 7,1,5,9,3。

（二）7乘以各因数的进位规律

超 142 857 进 1,超 285 714 进 2,超 428 571 进 3,超 571 428 进 4,超 714 285 进 5,超 857 142 进 6。

【例 9 – 16】　7×54 269＝379 883(运算步骤见表 9 – 23)

表 9 – 23

| 运 算 拨 珠 | 档 | 次 | | | | | | |
|---|---|---|---|---|---|---|---|---|
| | 1 | 2 | 3 | 4 | 5 | 6 | 7 | … |
| ① 个位 | 0 | 5 | 8 | 4 | 2 | 3 | | |
| ② 进位 | 3 | 2 | 1 | 4 | 6 | | | |
| ③ 积数 | 3 | 7 | 9 | 8 | 8 | 3 | | |

## 七、被乘数是8

8乘以各因数的积数和个位数见表 9 – 24。

表 9 - 24

| 8乘以 | 1 | 2 | 3 | 4 | 5 | 6 | 7 | 8 | 9 |
|---|---|---|---|---|---|---|---|---|---|
| 其积数为 | 08 | 16 | 24 | 32 | 40 | 48 | 56 | 64 | 72 |
| 其个位为 | 8 | 6 | 4 | 2 | 0 | 8 | 6 | 4 | 2 |

（一）8乘以各因数的个位规律

将1,2,3,4和6,7,8,9各分为一组,它们的共同点是积的个位是一一对应的,都是8, 6,4,2。积的个位对应值的原数差5,如2和7差5,其积的个位数同是6。

（二）8乘以各因数的进位规律

满125进1,满25进2,满375进3,满5进4,满625进5,满75进6,满875进7。

【例9-17】　8×25 836＝206 688(运算步骤见表9-25)

表 9 - 25

| 运算拨珠 | 档　　　次 | | | | | | | |
|---|---|---|---|---|---|---|---|---|
| | 1 | 2 | 3 | 4 | 5 | 6 | 7 | … |
| ① 个位 | 0 | 6 | 0 | 4 | 4 | 8 | | |
| ② 进位 | 2 | 4 | 6 | 2 | 4 | | | |
| ③ 积数 | 2 | 0 | 6 | 6 | 8 | 8 | | |

## 八、被乘数是9

9乘以各因数的积数和个位数见表9-26。

表 9 - 26

| 9乘以 | 1 | 2 | 3 | 4 | 5 | 6 | 7 | 8 | 9 |
|---|---|---|---|---|---|---|---|---|---|
| 其积数为 | 09 | 18 | 27 | 36 | 45 | 54 | 63 | 72 | 81 |
| 其个位为 | 9 | 8 | 7 | 6 | 5 | 4 | 3 | 2 | 1 |

（一）9乘以各因数的个位规律

从表9-26可见,9乘以任何数的积的个位是原数对10来说的补数,因此,当被乘数是9 时,积的个位只要看数是几,找出补数即可。如9×6,6的补数是4,4就是9×6的个位。

（二）9乘以各因数的进位规律

可用一句话概括:超几进几。即超1.1进1,超2.2进2,超3.3进3,超4.4进4,超 5.5进5,超6.6进6,超7.7进7,超8.8进8。

【例9-18】　9×46 827＝421 443(运算步骤见表9-27)

表 9 - 27

| 运算拨珠 | 档　　　次 | | | | | | | |
|---|---|---|---|---|---|---|---|---|
| | 1 | 2 | 3 | 4 | 5 | 6 | 7 | … |
| ① 个位 | 0 | 6 | 4 | 2 | 8 | 3 | | |
| ② 进位 | 4 | 6 | 7 | 2 | 6 | | | |
| ③ 积数 | 4 | 2 | 1 | 4 | 4 | 3 | | |

一位数乘以多位数掌握起来有一定难度,但只要掌握一些进位和个位的规律,是完全能够熟练掌握的。如被乘数是 2,5,9 等一般很快就能运用,其他很难掌握的如被乘数是 7,8 等,只要勤练一段时间,也可以运用自如。一位数乘以多位数运算,可以参见史丰收的《速算法》一书,目前,国内一些优秀珠算选手都在运用这种方法,因此,这种方法在今后有着广阔的发展前景。

 项目小结

要充分理解乘法是加法的简捷算法。将乘法化繁为简,化难为易进行计算。对于珠算爱好者来说简化乘法的计算,最简捷的是要掌握一位乘以多位数计算的规则、要领和步骤,做到这些也就为学习除法的简捷算法打下良好基础。

习题 3

1. 用一位数乘以多位数的方法计算下列各题

1) $96 \times 134 =$
2) $50 \times 72 =$
3) $728 \times 46 =$
4) $35 \times 819 =$
5) $109 \times 47 =$
6) $82 \times 53 =$
7) $67 \times 19 =$
8) $563 \times 42 =$
9) $74 \times 58 =$
10) $418 \times 63 =$
11) $16 \times 97 =$
12) $38 \times 52 =$
13) $937 \times 41 =$
14) $65 \times 782 =$
15) $624 \times 71 =$
16) $89 \times 35 =$
17) $981 \times 76 =$
18) $42 \times 103 =$
19) $507 \times 18 =$
20) $430 \times 93 =$

21) $45 \times 923 =$
22) $170 \times 86 =$
23) $58 \times 39 =$
24) $74 \times 62 =$
25) $12 \times 45 =$
26) $876 \times 91 =$
27) $93 \times 180 =$
28) $624 \times 53 =$
29) $39 \times 178 =$
30) $60 \times 74 =$
31) $176 \times 32 =$
32) $97 \times 548 =$
33) $457 \times 90 =$
34) $83 \times 16 =$
35) $827 \times 51 =$
36) $42 \times 396 =$
37) $902 \times 48 =$
38) $16 \times 73 =$
39) $65 \times 23 =$
40) $83 \times 975 =$

2. 选择适当的方法计算下列各题

1) $67 \times 391 =$
2) $245 \times 46 =$
3) $97 \times 999 =$

4) $579 \times 34 =$
5) $64 \times 89 =$
6) $31 \times 576 =$

7) $82 \times 54 =$

8) $93 \times 999 =$

9) $168 \times 97 =$

10) $95 \times 98 =$

11) $29 \times 98 =$

12) $683 \times 96 =$

13) $59 \times 99 =$

14) $24 \times 999 =$

15) $357 \times 61 =$

16) $72 \times 899 =$

17) $908 \times 76 =$

18) $25 \times 380 =$

19) $41 \times 28 =$

20) $56 \times 719 =$

21) $99 \times 999 =$

22) $998 \times 34 =$

23) $999 \times 99 =$

24) $998 \times 988 =$

25) $989 \times 999 =$

26) $243 \times 57 =$

27) $109 \times 89 =$

28) $76 \times 281 =$

29) $56 \times 39 =$

30) $34 \times 998 =$

31) $28 \times 989 =$

32) $58 \times 1\,997 =$

33) $93 \times 62 =$

34) $573 \times 84 =$

35) $168 \times 62 =$

36) $25 \times 85 =$

37) $64 \times 173 =$

38) $714 \times 85 =$

39) $90 \times 687 =$

40) $32 \times 95 =$

 复习思考题

1. 如何进行乘法的算前定位？

2. 试举一例说明省乘法的优点。

3. 什么是补数乘法？对于 $999 \times 999$ 你会选择哪种补数乘法？

4. 什么是滚乘法？在超市里购物适合用哪种乘法进行计算？

5. 简要说明一位数乘以多位数的运算法则。

项目十　珠算除法的简捷算法

## 项目目标

1. 学会补数除法的运算方法
2. 学会除法的算前定位法,并能用算前定位法进行省除法计算
3. 学会并掌握除法的一位乘以多位减积法

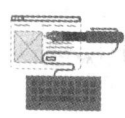

## 项目导入

　　除法是四则运算加减乘除中最复杂、最难的运算。对于珠算爱好者来讲,要想简捷计算除法其方法是很多的,既可以采用脑算,也可以采用补数计算、省略计算、一位乘以多位减积等许多方法来达到目的。

## 任务一　补　数　除　法

　　补数除法亦称凑整除法,是以除数的补数进行运算的简捷算法。它用加、减除数的补数求商,不用口诀,计算速度快,尤其适用于多位数大数字除法的运算。

　　补数除法运算的原理假定:$a \div b = c \cdots R$

　　$a$、$b$、$c$ 分别为被除数、除数和商数,$R$ 为余数,除数 $b$ 的补数为 $10^n - b$。

　　或:
$$a = bc + R$$

　　则:
$$a/b = c + R/a$$

　　采用加补数的办法求商,两边同时加上商数乘以除数的补数。

　　即:
$$a + c(10^n - b) = bc + c(10^n - b) + R$$

得：
$$a+c(10^n-b)=c\times10^n+R$$

得到补数运算的原理为：

$$被除数(a)+商(c)\times除数的补数(10^n-b)=商数(c)\times10^n+余数(R)$$

被除数中含有几倍的商数，就在这一档加几倍除数的补数，当所加的倍数与前档所出现的数字 $c$ 正好相等时，则 $c$ 就是商的某一位，由于 $c$ 作了商数，等于从被除数中减去了 $c\times10^n$，剩下的余数 $R$，继续按同样方法运算。补数除法一般采用"法首估商法"。当法首是 1 时，用"法二位估商法"估商。

**【例 10 - 1】**　35 532÷987 (013)＝36(运算步骤见表 10 - 1)

表 10 - 1

| 拨 算 说 明 | 盘 式 | | | | | | | | | |
| --- | --- | --- | --- | --- | --- | --- | --- | --- | --- | --- |
| | 10 | 9 | 8 | 7 | 6 | 5 | 4 | 3 | 2 | 1 |
| ① 除数的补数 013 布于盘左,被除数布于盘右适当位置 | 0 | 1 | 3 | | | 3 | 5 | 5 | 3 | 2 |
| ② 35 比 9,估商 3,本档加 3×013,原数变为:3;5922 | 0 | 1 | 3 | | | 三 | 5 | 9 | 2 | 2 |
| ③ 前档出商 3,一致为商。余数 59 比 9,估商 6,本档加 6×013,原数变为:36。得 36 为所求商 | 0 | 1 | 3 | | | 三 | 六 | | | |

**【例 10 - 2】**　36 860÷485 (515)＝76(运算步骤见表 10 - 2)

表 10 - 2

| 拨 算 说 明 | 盘 式 | | | | | | | | | |
| --- | --- | --- | --- | --- | --- | --- | --- | --- | --- | --- |
| | 10 | 9 | 8 | 7 | 6 | 5 | 4 | 3 | 2 | 1 |
| ① 除数的补数 515 布于盘左,被除数布于盘右适当位置 | 5 | 1 | 5 | | | 3 | 6 | 8 | 6 | 0 |
| ② 36 比 4,估商 8,本档加 8×515,原数变为:7;8060 | 5 | 1 | 5 | | | 七 | 8 | 0 | 6 | 0 |
| ③ 前档出商 7,比估商 8 小 1,调商,商小调减。下档减 515 一次,原数变为:7;2910 | 5 | 1 | 5 | | | 七 | 2 | 9 | 1 | 0 |
| ④ 前档出商 7,一致为商。余数 29 比 4,估商 7,本档加 7×515,原数变为:76;515 | 5 | 1 | 5 | | | 七 | 六 | 5 | 1 | 5 |
| ⑤ 前档出商 6,比原估商 7 小 1,商小调减。下档减 515 一次,原数变为 76。得 76 为所求商 | 5 | 1 | 5 | | | 七 | 六 | | | |

**【例 10 - 3】**　6 939÷257 (743)＝27(运算步骤见表 10 - 3)

表 10－3

| 拨 算 说 明 | 盘 式 | | | | | | | | | |
|---|---|---|---|---|---|---|---|---|---|---|
| | 10 | 9 | 8 | 7 | 6 | 5 | 4 | 3 | 2 | 1 |
| ① 除数的补数 743 布于盘左,被除数布于盘右适当位置 | 7 | 4 | 3 | | | 6 | 9 | 3 | 9 | |
| ② 6 比 2,估商 3,本档加 3×743,原数变为:2;9229 | 7 | 4 | 3 | | | 二 | 9 | 2 | 2 | 9 |
| ③ 前档出商 2,比原估商 3 小 1,商小调减。下档减 743 一次,原数变为:2;1799 | 7 | 4 | 3 | | | 二 | 1 | 7 | 9 | 9 |
| ④ 前档出商 2,一致为商。余数 17 比 2,估商 8,本档加 8×743,原数变为:27;743 | 7 | 4 | 3 | | | 二 | 七 | 7 | 4 | 3 |
| ⑤ 前档出商 7,比原估商 8 小 1,商小调减。下档减 743 一次,原数变为 27。得 27 为所求商 | 7 | 4 | 3 | | | 二 | 七 | | | |

【例 10－4】 12 096÷189(811)＝64(运算步骤见表 10－4)

表 10－4

| 拨 算 说 明 | 盘 式 | | | | | | | | | |
|---|---|---|---|---|---|---|---|---|---|---|
| | 10 | 9 | 8 | 7 | 6 | 5 | 4 | 3 | 2 | 1 |
| ① 除数的补数 811 布于盘左,被除数布于盘右适当位置 | 8 | 1 | 1 | | | 1 | 2 | 0 | 9 | 6 |
| ② 除数首位为 1,用法二位估商法估商,估商 6,本档加 6×811,原数变为:6;0756 | 8 | 1 | 1 | | | 六 | 0 | 7 | 5 | 6 |
| ③ 前档出商 6,一致为商,余数 75 比 18,估商 4,本档加 4×811,原数变为:64。得 64 为所求商 | | | | | | 六 | 四 | | | |

加补数除法用乘加除数补数的方法、法首估商法和法二位估商法,代替了珠算除法的口诀运算,克服了旧有除法估商难、运算繁和多位除法实效低、不易掌握等缺点。

─────────────── 习题 1

用补数除法计算下列各题

1) 180 276÷996＝

2) 138 885÷985＝

3) 143 317÷397＝

4) 115 962÷462＝

5) 359 190÷585＝                          13) 521 520÷246＝
6) 84 348÷197＝                           14) 216 720÷688＝
7) 318 2765÷378＝                         15) 344 004÷789＝
8) 356 083÷559＝                          16) 215 424÷288＝
9) 293 296÷797＝                          17) 403 797÷479＝
10) 260 058÷974＝                         18) 91 520÷695＝
11) 712÷862＝                             19) 226 783÷879＝
12) 573 160÷178＝                         20) 986 013÷999＝

# 任务二  省 除 法

前面介绍的省乘法是利用算前定位进行的。省除法也要求算前定位,限位档减积。省除法的截位,按照截取有效数字参加运算的公式来处理:被除数的位数加预定准确度要求小数的位数加2减除数的位数。一般地我们采用算前定位进行省除运算,先在算盘的横梁上标明位数,最末档是－5。见表 10－5。

表 10－5

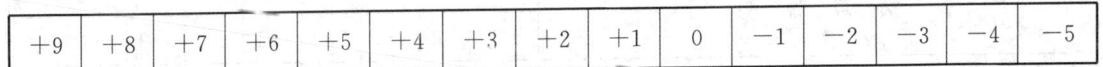

| +9 | +8 | +7 | +6 | +5 | +4 | +3 | +2 | +1 | 0 | －1 | －2 | －3 | －4 | －5 |
|----|----|----|----|----|----|----|----|----|----|----|----|----|----|----|

当遇到商数要求准确到 0.01 和 0.0001 时,可以先用算前定位,再用省除法计算。当商数要求准确到 0.01 时,减积减到－3 档止,以下按四舍五入处理;当商数要求准确到 0.0001 时,减积减到－5 档上,以下按四舍五入处理。

算前定位与省除法的运算方法及步骤为:

(1) 算前定位。被除数的位数减去除数的位数。

(2) 置数。将被除数拨在根据算前定好的档位上。用商除法运算时,被除数要从定好的位数的后一档拨入。

(3) 截位。根据前述的截位要求,商数准确到小数几位,被除再多拨入两位,以下按四舍五入处理。

(4) 压尾档。在拨入的被除数的下一档拨入压尾档。

(5) 减积。减到压尾档的前一档止,压尾档上的数按四舍五入处理。

(6) 特别提醒。应用归除法或归商结合除法计算时,商算到压尾档的前第二档止,前第二档的商四舍五入。应用商除法计算时,商算到压尾档的前第三档止,前第三档的商四舍五入。

(7) 商的位数。只要看盘上的位数即可。

【例 10－5】  2 346.56428÷495.6527≈4.73(准确到 0.01)(运算步骤见表 10－6)

表 10 - 6

| 拨 算 说 明 | 盘 式 | | | | | | | | |
|---|---|---|---|---|---|---|---|---|---|
| | +3 | +2 | +1 | 0 | −1 | −2 | −3 | −4 | −5 |
| ① 算前定位：4 位－3 位＝+1 位。应用商除法，从 0 位档起拨入被除数,到−4 档止 | | | | 2 | 3 | 4 | 6 | 6 | × |
| ② 拨入压尾档,商 4 | | | 四 | 2 | 3 | 4 | 6 | 6 | × |
| ③ 减 4×4 956 527 的积 | | | 四 | | 3 | 6 | 4 | 0 | × |
| ④ 商 7 | | | 四 | 七 | 3 | 6 | 4 | 0 | × |
| ⑤ 减 7×4 956 527 的积 | | | 四 | 七 | | 1 | 7 | 1 | × |
| ⑥ 商 3 | | | 四 | 七 | 三 | 1 | 7 | 1 | × |
| ⑦ 减 3×4 956 527 的积 | | | 四 | 七 | 三 | | 2 | 2 | × |
| ⑧ 商 4 | | | 四 | 七 | 三 | 四 | 2 | 2 | × |
| ⑨ 减 4×4 956 527 的积 | | | 四 | 七 | 三 | 四 | | 2 | × |
| ⑩ 压尾档前第三档的商等于 4,四舍五入计算,舍去 | | | 四 | 七 | 三 | | | | × |

【例 10 - 6】 8.31241÷21.765≈0.3819(准确到 0.0001)(运算步骤见表 10 - 7)

表 10 - 7

| 拨 算 说 明 | 盘 式 | | | | | | | | |
|---|---|---|---|---|---|---|---|---|---|
| | +3 | +2 | +1 | 0 | −1 | −2 | −3 | −4 | −5 |
| ① 算前定位：1 位－2 位＝−1 位。应用归商结合除法,从−1 档起拨入 83 125 到−5 档止 | | | | | 8 | 3 | 1 | 2 | 5 |
| ② "逢 6 进三",减 3×17 654 的积 | | | | 三 | 1 | 7 | 8 | 2 | 9 |
| ③ "二一改八下减 6",减 8×17 654 的积 | | | | 三 | 八 | 0 | 4 | 1 | 7 |
| ④ "逢 2 进一" | | | | 三 | 八 | 一 | 2 | 1 | 7 |
| ⑤ 减 1×17 654 的积 | | | | 三 | 八 | 一 | 1 | 9 | 9 |
| ⑥ "二一改 9 下减 8" | | | | 三 | 八 | 一 | 九 | 1 | 9 |
| ⑦ 减 9×17 654 的积 | | | | 三 | 八 | 一 | 九 | 0 | 4 |
| ⑧ "逢二进 1" | | | | 三 | 八 | 一 | 九 | 一 | 2 |
| ⑨ 减 1×17 654 的积 | | | | 三 | 八 | 一 | 九 | 一 | 1 |
| ⑩ 压尾档前第二档(即−4 位)的商是 1,舍去 | | | | 三 | 八 | 一 | 九 | | × |

 习题 2

1. 用算前定位和省除法计算(除不尽的保留两位小数)

1) 129.2184÷54.14＝

2) 108.6947÷78.903＝

3) 0.701392－0.6356＝

4) 84 210.75÷85 425＝

>>>>>>

5) 3 568.9427÷4 793＝

6) 0.12475÷2.17＝

7) 963.2145÷56.84＝

8) 678.2014÷749＝

9) 8 502.1456÷658＝

10) 0.41572608÷9.34＝

11) 40.9575÷14.37＝

12) 23.3648592÷0.8294＝

13) 14 470.9042÷613 000＝

14) 994 488.08÷856 200＝

15) 1 689.5728÷274.96＝

16) 0.054623÷6.579＝

17) 61.04976÷2.8＝

18) 5.012489÷9.74＝

19) 0.95864101÷3.56＝

20) 7.2154806÷53.9＝

2. 用算前定位和省除计算(除不尽的保留四位小数)

1) 267.9357÷531＝

2) 507.1657÷7.248＝

3) 0.62085764÷2.47＝

4) 308 394.36÷83 070＝

5) 59.68073842÷6.3256＝

6) 0.485529÷2.17＝

7) 263 4.2145÷5 684＝

8) 6.3264014÷349＝

9) 8 632.1456÷7 485＝

10) 0.8745608÷93.4＝

11) 42.1439÷1 784＝

12) 2.381945 6÷8.63＝

13) 3.81072484÷98.326＝

14) 7.2280738÷747.63＝

15) 512.4099÷4 759＝

16) 0.0524517÷6.009＝

17) 879.04976÷2 623＝

18) 5.84969÷958＝

19) 0.94187101÷35.6＝

20) 7.784966÷628＝

## 任务三　空盘除和一位乘以多位减积

空盘除又称半空盘除,是不将被除数和除数拨在算盘上,只将商和余数拨入算盘的一种计算方法。一位乘以多位减积是在乘法一位乘以多位的基础上,在除法减积中结合一位乘以多位的方法。这种方法一般是在和商除法或空盘商除法相配合时,最能发挥作用。空盘除则必须结合一位乘以多位才能达到好的效果。一般来说空盘除是用商除法估商并达到双手拨珠,左手立商,右手拨余数。

空盘除法的运算方法及步骤如下:

(1) 估商。根据被除数和除数的相同位数比较,估计出商数。一般采用商除法试商。

(2) 采用双手拨珠法。左手将商数拨在算盘相应的档位上,心算出商数乘以除数的积(采用一位乘以多位的方法),从被除数中减去,得到的余数(差数)从商的右一档起拨入算盘。

(3) 以下的运算直接采用商除法运算。

(4) 定位。采用算前定位或算后定位均可。

【例 10 - 7】　8 892÷247＝36(运算步骤见表 10 - 8)

表 10 - 8

| 拨 算 说 明 | 盘 式 | | | | | | | | |
|---|---|---|---|---|---|---|---|---|---|
| | +3 | +2 | +1 | 0 | -1 | -2 | -3 | -4 | -5 |
| ① 估商。估计出首商为3,并用左手将3从+2档拨入 | | 三 | | | | | | | |
| ② 心算出商数3和除数247的积数是741,并从被除数中减去得到余数是1 482,从商右隔一档拨入 | | 三 | | 1 | 4 | 8 | 2 | | |
| ③ 估计出第二位商为6,用左手将6从商3的右边一档拨入,心算出6乘以除数247的积数是1 482,刚好和余数相等 | | 三 | 六 | 1 | 4 | 8 | 2 | | |
| ④ 将6乘以除数247的积从被除数中减去,即得商数36 | | 三 | 六 | | | | | | |

【例 10 - 8】 349 272÷648＝539(运算步骤见表 10 - 9)

表 10 - 9

| 拨 算 说 明 | 盘 式 | | | | | | | | |
|---|---|---|---|---|---|---|---|---|---|
| | +3 | +2 | +1 | 0 | -1 | -2 | -3 | -4 | -5 |
| ① 估商。估算出首商为5,将其用左手从+3档拨入 | 五 | | | | | | | | |
| ② 用商5乘以除数648,将其积数3 240从被除数中减去得余数25 272,并将其从商5右边隔一档起拨入 | 五 | | 2 | 5 | 2 | 7 | 2 | | |
| ③ 再估商3,从商5右一档拨入,然后减积 | 五 | 三 | | 5 | 8 | 3 | 2 | | |
| ④ 再估商9,在商3右一档拨入,然后减积5 832,即得商数539 | 五 | 三 | 九 | | | | | | |

 习题 3

1. 用空盘除计算下列各题(除不尽的保留两位小数)

1) 115 974÷153＝          11) 85 094÷271＝

2) 77 816÷137＝           12) 102 666 241＝

3) 431 508÷462＝          13) 473 499÷923＝

4) 480 035÷589＝          14) 466 335÷723＝

5) 588 612÷813＝          15) 344 032÷416＝

6) 374 454÷879＝          16) 167 442÷649＝

7) 796 608÷864＝          17) 804 837÷957＝

8) 24 453÷715＝           18) 443 207÷527＝

9) 291 384÷456＝          19) 294 882÷826＝

10) 298 936÷316＝         20) 185 514÷294＝

2. 用空盘除计算下列各题(除不尽的保留四位小数)

1) 32 136÷78＝

2) 18 054÷306＝

3) 43 188÷59＝

4) 289 425÷681＝

5) 14 469÷159＝

6) 24.639÷4.38＝

7) 356 986÷593＝

8) 5 418÷14＝

9) 9 765÷279＝

10) 23.517÷1.6＝

11) 61 256÷104＝

12) 49 228÷794＝

13) 18 113÷59＝

14) 22 830÷30＝

15) 96 876÷468＝

16) 0.9316÷0.83＝

17) 138 966÷159＝

18) 17 820÷36＝

19) 477 402÷502＝

20) 4.3629÷0.67＝

21) 8 835÷15＝

22) 113 832÷279＝

23) 23 485÷61＝

24) 12.7582÷1.82＝

25) 16 605÷45＝

26) 190 912÷304＝

27) 17 975÷25＝

28) 3.148÷0.87＝

29) 227 367÷567＝

30) 10 619÷41＝

31) 190 036÷308＝

32) 17 802÷69＝

33) 0.6589÷1.06＝

34) 621 072÷684＝

35) 20 367÷279＝

36) 1.2549÷0.36＝

37) 199 084÷701＝

38) 78 720÷820＝

39) 83 790÷105＝

40) 8 688÷543＝

 项目小结

　　除法的简捷算法其方法很多,一般来说要想提高珠算运算的速度解决的途径有两个:一个办法是提高拨珠频率,这种方法有一定的限度;另一个办法是减少拨珠次数,但是减少拨珠次数最有效的方法并不一定是最适合自己进行计算的。要善于发现哪种方法更适合自己进行除法计算。通过本项目的学习大家会发现:一位乘以多位减积结合省除法是目前为止最有效的方法之一。

 复习思考题

1. 什么是补数除法? 简要说明补数除法的运算原理。

2. 什么是补数除法? 对于 998 001÷999 你会选择哪种方法进行运算?

3. 简要说明算前定位与省除法的运算方法及步骤。

4. 试举一例说明改商除法的运算方法。

5. 什么是空盘除法?

6. 你会运用一位乘以多位减积解决除法的计算问题吗?

# 项目十一 点钞和计息

## 项目目标

1. 学会钞票的捆轧等操作技能
2. 学会手工点钞的常用方法
3. 学会真假钞票的鉴别方法
4. 学会使用机器点钞

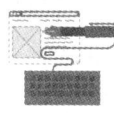

## 项目导入

点钞是会计尤其是出纳人员必备的基本技能之一,技能的训练在于熟能生巧,要把掌握点钞技术当作是一种习惯,当作自己以后赖以生存的手段来进行学习和训练。

## 任务一 点钞的方法和技术

我国现行流通的人民币共有 13 种,计壹佰陆拾捌元捌角捌分(￥188.88)。面额分别为壹佰元、伍拾元、贰拾元、拾元、伍元、贰元、壹元、伍角、贰角、壹角、伍分、贰分、壹分。由于钞票种类繁多,因此熟练掌握点钞的方法和技术,是财经工作者,特别是出纳会计人员必须具备的业务技能之一,只有熟练地掌握点钞技术,才能在收,付款,结账缴款等项出纳工作中,尽可能地减少差错、事故的发生,提高工作效率,为社会主义现代化建设多作贡献。

### 一、钞票的捆扎

由于钞票种类较多,在收款,缴款工作中,应先将钞票按不同票面额分别加以整理归类,整理时注意残次票应单独另放,清点时应以相同面额 100 张为一组,以便交款点验。

>>>>>>

钞票的捆扎方法有两种。

1. **简单捆扎法**

将钞票在桌上顿齐,横立,左手拇指在前,中指、无名指和小拇指在后捏住钞票。右手将裁好的纸条交由左手食指按住,长的一端在前,短的一端在后,再用右手拇指、食指夹住纸条长的一端,由上向下。由里向外缠绕一圈至钞票背面,再将纸条短的一端拉下,使两个纸头在票后合拢并拉紧,用左手转动钞票,以便将合拢的纸条拧好,最后将合拢的纸条头掖在纸条下面。

2. **快速捆扎法**

将钞票顿齐后持在左手,拇指在钞票前面,中指、无名指和小拇指从后面夹住钞票,食指从钞票中间分开一条缝,右手将纸条一端插入缝内,另一端由里向外缠绕一周,将余下的纸条头沿票面的一边向上翻折掖在纸条下面。

## 二、点钞的方法

（一）手按式单张点钞法

这种点钞方法是点钞中最普遍、最简单的方法之一,既适用于出纳人员整点各种新旧、大小票,也适用于一般场合中的现金交易。这种方法优点是便于清点各种票面额的钞票以及整理残次票,对识别票面额较大的假票也有帮助。缺点是整点速度慢,劳动强度大。

1. **按票的手势**

将钞票顿齐横放在桌子中央,左手放在钞票偏左的位置上,用中指、无名指和小拇指按住钞票,右手放在钞票偏左的位置上,拇指托起一部分钞票,做好点票的准备,见图12－1(a)。

2. **翻票和记数**

用右手食指蘸水后向下捻动钞票,大拇指向上托起辅助食指动作,每翻起一张,左手拇指即向上推送并由食指和中指夹住(见图11－1),重复以上动作,直至点完为止。每翻起一张钞票数一下,从1数到100为一组。或者采用只记十位数.即将10念1,20念2,30念3,90念9,100念10。

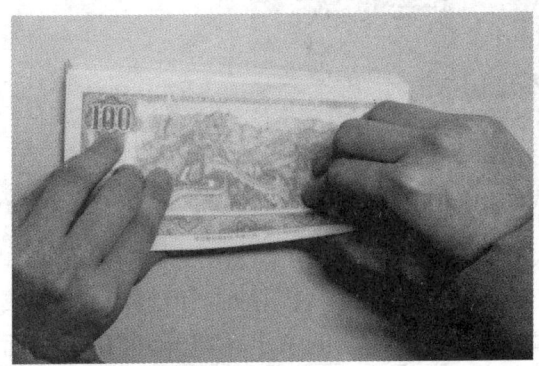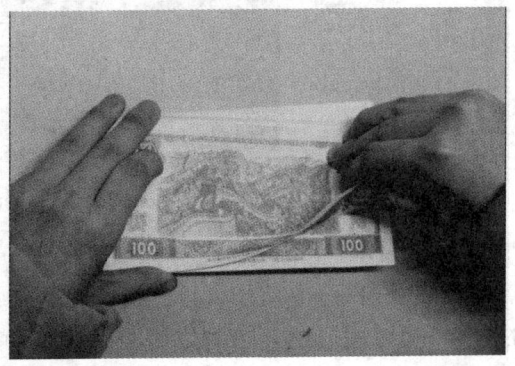

**图11－1 手按式单张捻点法**

（二）手按式双张点钞法

采用双张点钞法比单张点钞速度快些,但不便于清点新旧票及残次票。

1. 按票的姿势

将钞票顿齐放在桌子中央,左手放在钞票偏左的位置上并用中指、无名指、小拇指压住。右手大拇指托起右下角一部分钞票(见图11-2)。

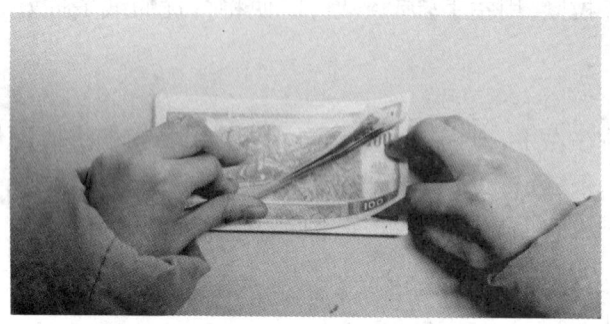

图11-2　手按式双张点钞法

2. 翻票和记数

右手食指,中指蘸水,中指捻起第一张钞票,食指随即捻起第二张。捻起的两张钞票由左手拇指向上推送并由食指和中指夹住,重复以上动作直至点完为止。记数时每翻起两张钞票心中默数一下,从1数到50即可。

（三）手持式单张点钞法

1. 持票的姿势

将钞票在桌面上顿齐后,用左手中指和无名指夹住钞票底端的中间部位,食指按在钞票背面左端中间,拇指按在票前面左端中间(见图11-3)。

图11-3　手持式单张捻点姿势

2. 点钞法

将右手拇指,中指和食指三个指头蘸水以做好点钞准备,用右手拇指和食指夹起钞票的右上角,并用拇指突出部位用力往右捻动,食指配合,使钞票的右上角错开,形成微扇面形(见图11-4),既便于翻票点数,又利于清点残次票。

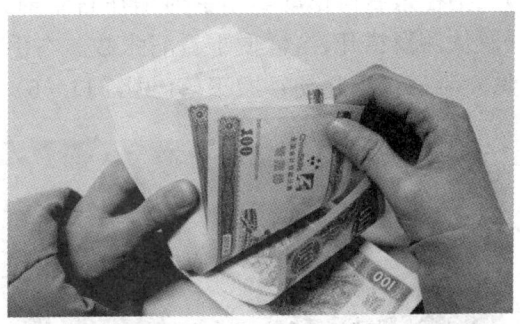

**图 11 - 4　手持式单张点钞法**

3. 翻票与记数

右手拇指向下捻动钞票的右上角,同时食指在钞票背面顶住钞票并配合拇指捻动,无名指将捻起的钞票由上向下弹落。中指和小拇指自然弯曲,以不影响其他手指动作为要。一边捻点,一边记数,为保证捻点的速度,捻动的幅度要适中,记数时可采用从 1、2、3…直到 100 的方法,也可将 10 念 1,20 念 2,…90 念 9 的方法。

(四)手持式双张点钞法

1. 持票的姿势

左手持票将钞票在桌面上顿齐后,采用左手持票的方法,详见手持式单张点钞法(见图 11 - 5)。

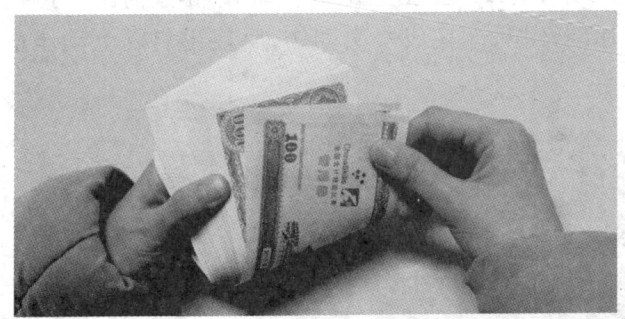

**图 11 - 5　手持式双张点钞法**

2. 翻票与记数

右手拇指用力从钞票的右上角捻动钞票,使钞票露出两张,食指和中指这时配合拇指捻动,将捻起的两张钞票用无名指勾起弹向怀里,即完成一次动作,反复重复以上动作直至点完为止。记数时以两张为一组,从 1 数到 50 就是 100 张。

(五)手持式四张点钞法

采用此种方法适宜于整点大量钞票,一般先将钞票清点整理一下,挑出残次票后,再进行大批量的整点。

1. 翻票

左手持票右手捻点。右手拇指用力从钞票的右下角往下捻动,使钞票露出四张,食、

189

中二指在票后再捻动。左手拇指在右手拇指捻动的同时稍微抬起。使钞票弯曲拱起,使钞票从侧翼错开,这样便于看清张数。右手拇指向下拨钞,无名指勾起钞票向怀里弹的同时,左手拇指抬起使钞票下落(见图 11 - 6)。

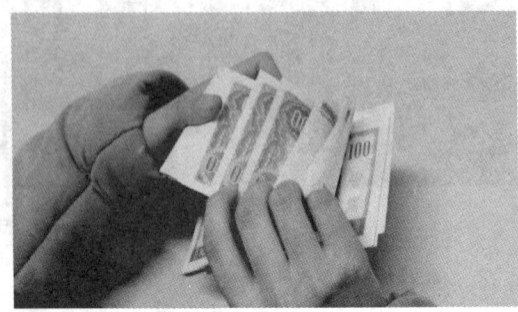

图 11 - 6　手持式四张点钞法

2. 记数

采用 4 张为一组记数,从 1 数到 25 即为 100 张。

(六)手持式五张点钞法

这种方法也是点钞中常用的方法之一,它的速度比四张点钞法快一些,缺点是不利于清点残次票。

1. 翻票

右手拇指用力从钞票的右上角捻动钞票,使钞票露出五张,食指和中指这时配合拇指捻动,将捻起的 5 张钞票用无名指勾起弹向怀里,即完成一次动作,反复重复以上动作直至点完为止(见图 11 - 7)。

图 11 - 7　手持式五张点钞法

2. 记数

采用 5 张为一组记数,从 1 数到 20 即为 100 张。

(七)手持式四指拨动点钞法

四指拨动点钞法是快速点钞法的一种,特别适合于收,付款复核工作,点钞技术比赛以及表演等,是出纳人员应该具备的基本技能之一。其优点是省时,省力,效率高;缺点是不便于清点残次票。

#### 1．持票的姿势

将钞票在桌面顿齐，用左手夹住钞票一端即用无名指，小拇指放在钞票正面，其余三指放在钞票背面使钞票一端弯曲成弧形，钞票下端夹在无名指和小拇指中间，上端弯曲后从虎口露出来，并用大拇指和食指卡住(见图 11-8)。

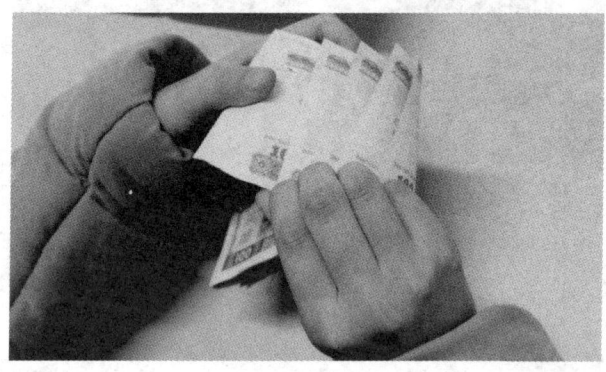

**图 11-8 手持式四指拨动点钞法持票势**

#### 2．拨票与记数

右手大拇指配合左手顶住钞票下滑的幅度，其余四指蘸水后，依次按小指、无名指。中指和食指的次序每指一张拨动钞票的右上角，即完成一次拨动，重复以上动作，左右两手相互配合。记数时每指拨动一张(见图 11-9)。

**图 11-9 手持式四指拨动点钞法拨票手势**

### （八）手持式五指拨动点钞法

#### 1．持票的手势

持票时用左手的中指和无名指的指缝(手指要弯曲着)夹住钞票底端中间，食指与拇指从钞票两侧伸出，夹住钞票稍成弧形。

#### 2．点票法

右手指这时蘸水。点数时，按照右手拇指往外拨(下方)钞票的左上角，然后分别由食指、中指、无名指、小指的顺序向怀里(下方)拨动钞票右上角(即弧形面)到小指收尾，再循环做上面的动作，点完为止(见图 11-10)。

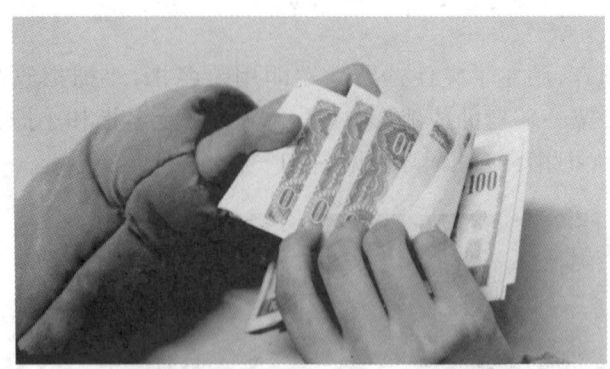

图 11 - 10　手持式五指拨动点钞法

3. 记数

采用分组记数法,每5张为一组,记一个数,共计20次为100张。

（九）扇面点钞法

这种方法由于一次可点5张、10张,甚至更多张数,所以其速度是所有点钞方法中最快的一种。由于要求速度快,所以不便于清点残次票,一般适用于点钞技术比赛等项工作。

1. 打扇面

将钞票在桌面顿齐,钞票竖起,用左手和右手配合夹住钞票下端,左右手大拇指在票前,其余手指在票后夹紧钞票。打扇面时以左手为轴,右手食指将钞票向左下方弯压,迅速向右方闪抖,同时右手大拇指向左,食指,中指向右拧动钞票。左手配合顺着右手拧动的劲力,拇指向右,食指,中指向左上方拧动,迅速地将扇面整齐均匀打开。如不均可重新按上述方法做一遍或是右手将不均匀的地方调整一下(见图11-11)。

图 11 - 11　扇面点钞方法(开扇面)

2. 点票与记数

这种点票方法速度快,一般是按每5张点一次或每10张点一次。最快的有每次20张,即观察点钞法。扇面打开后,一种点票的方法是用右手拇指从打开的扇面上方,一次按下5张,并用食指轻轻按住,其余手指托在票面背后,即为一次点数,然后拇指再依前述动作轻轻上移,直至点完。记数时以每次5张为一组,从1数到20即为100张。一种方法是右手大拇指每次按下 10 张。并用食指轻轻按住,重复上述动作,直至点完(见图 11 - 12)。

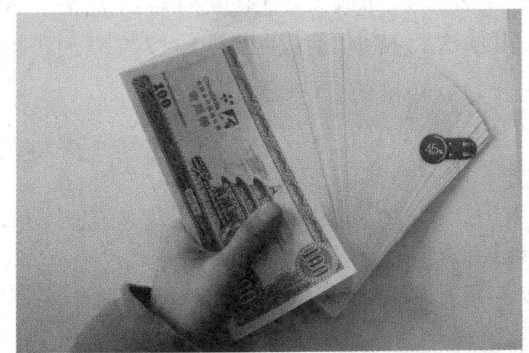

**图 11 - 12　扇面点钞姿势之一**

　　记数时 10 张为一组,从 1 数到 10 即为 100 张。再一种方法是每 25 张为一组,即用右手的小拇指、无名指、中指、食指和大拇指每次每指轻按 5 张,共 25 张。右手按点,左手应随着向前移动的幅度作相应的配合,一次动作结束后,以大拇指为分界线,大拇指轻压住最后 5 张钞票,右手手腕抬起将其余四指向前移动,使小拇指在大拇指前按住 5 张钞票,其余手指依次向前动作,直至点完。记数时采用每 25 张为一组,从 1 数到 4,共 4 次,为 100 张(见图 11 - 13)。

**图 11 - 13　扇面点钞姿势之二**

（十）混合点钞法

由于票面额种类繁多,出纳人员在结账时一定要按票面额大小顺序整点好,先整点大面额的钞票,并将其数额拨在算盘相应档位上,再依次将其余的各种类钞票按数额大小拨在算盘上得出总数。从大面额整点,依次点完。

小知识 中职国赛会计技能之点钞竞赛规则及评分标准

一、点钞比赛竞赛规则

1. 比赛设现场裁判若干名,计时员 1 名。单指单张和多指多张各 5 分钟。

2. 比赛使用组委会统一提供的比赛用佰元面额练功券(国赛专用点钞券)、海绵缸(配甘油)、扎条、笔、印章(采用"万次章")、记录表、点钞机等。

3. 一律采用坐姿形式进行点钞。

4. 单指单张以整把形式进行,按不少于 50% 的比例设置差错,每把错张不超过 ±4 张,并在每把练功券的第一张和最后一张上写上把次编号。

5. 单指单张无设错整把(即点验数为 100 张的把次),必须经过起把、点数、拆把、扎把、盖章等动作。设错把次必须经过起把、点数、在把条上记录差错张数等动作(用 −4、−3、−2、−1、+1、+2、+3、+4 等数字记录)。起把时不用拆把,无设错整把清点后需拆把并扎把,设错整把无需拆把也无需扎把。

6. 单指单张比赛时,选手应按备用练功券序号顺序点钞,不得跳把。未经清点的把次不得作为已点把数(即不得甩把)。点钞要求一张一张点,不得一指多张,每一把必须点完最后一张,否则不计该把成绩。

7. 多指多张比赛必须经过抓把、点数、扎把、盖章等操作过程。清点的每一正确把为 100 张。

8. 扎把以提起任意一张不被抽出或散开为准。盖章既可点一把盖一章,也可以全部点完后一次性盖章,盖章以清晰可见为准。

9. 选手按顺序入场,待全部选手进入赛场后,在主裁判统一口令下在座位上就坐,不得随意移动备点练功券和其他用具。在主裁判"请选手试点"口令下,选手可使用试点把次进行试点,在主裁判"试点时间到"口令下结束试点。

10. 在主裁判发出"请选手准备"口令后,选手可将备点练功券、把条、印章等进行检查和整理,并按个人习惯移动在合适的位置上。主裁判发出"预备"口令时,选手起第一把在手。当主裁判发令"开始"口令后,选手方可点钞。最后 30 秒时,由主裁判预告时间,以便选手准备结束。

11. 比赛结束前,主裁判进行五秒倒计时,主裁判发出"时间到"口令时,选手应立即停止点钞、扎把和盖章等动作,按要求填写成绩记录单,其中单指单张比赛应注明差错张数(−4、−3、−2、−1、+1、+2、+3、+4),并将已点完的钞把按顺序整理,放入筐内交裁判人员点验。

12. 裁判人员评分后,选手须签字确认后方可并离开赛场。

二、点钞评分标准

1. 正确一把计 10 分,错误一把扣 10 分。单指单张最后一把未完成的不计分,多指多张最后一把已点张数按比例计分(错误时按比例扣分),最后一把得(扣)分 = 已点张数 × 0.07。

2. 单指单张未设错把次没有拆把、扎把或扎把不符合要求的每把扣 2 分;多指多张没有扎把或扎把不符合要求的每把扣 2 分。单指单张未点完最后一张的该把为"0"分。

3. 没有盖章或盖章不清楚的每把扣 1 分。

4. 主裁判发出"开始"口令前点钞("抢点"),或者发出"时间到"口令后仍继续点钞("超时点")的,各扣去 10 分;未经点数扎成一把("甩把")的扣 10 分。

5. 单指单张得分＝(正确把数－错误把数)×10－扣分合计；多指多张得分＝(正确把数－错误把数)×10＋(最后一把点数×0.07)－扣分合计

6. 单指单张、多指多张最低分为 0 分。对已扣满 10 分的错误把次不再进行拆把、扎把、盖章等扣分。

7. 由裁判人员现场评分，选手签字确认。

### 三、人民币的特征及识别

（一）人民币常识

《中国人民银行法》第三章第十五条规定：“中华人民共和国的法定货币是人民币。”从 1948 年 12 月 1 日中国人民银行成立时，开始发行第一套人民币起，至今已经发行了五套人民币。

第一套人民币自 1948 年 12 月 1 日开始发行，共 12 种面额 62 种版别，其中，1 元券 2 种、5 元券 4 种、10 元券 4 种、20 元券 7 种、50 元券 7 种、100 元券 10 种、200 元券 5 种、500 元券 6 种、1 000 元券 6 种、5 000 元券 5 种、10 000 券 4 种、50 000 元券 2 种(1949 年发行的正面万寿山图景 100 元券和正面列车图景 50 元券各有 2 种版别)。

第二套人民币自 1955 年 3 月 1 日开始发行。由于第一套人民币的纸张质量较差，券别种类繁多(62 种)，文字说明单一，票面破损较严重，因此，为了改变第一套人民币面额过大等不足，提高印制质量，进一步健全我国货币制度，1955 年 2 月 21 日国务院发布命令，决定由中国人民银行自 1955 年 3 月 1 日起发行第二套人民币，收回第一套人民币。

第二套人民币共 10 种，1 分、2 分、3 分、1 角、2 角、5 角、1 元、2 元、3 元和 5 元，1957 年 12 月 1 日又发行 10 元 1 种。同时，为便于流通，国务院发布命令，自 1957 年 12 月 1 日起发行 1 分、2 分、5 分三种硬币，与纸分币等值流通。后来，对 1 元纸币和 5 元纸币的图案、花纹又分别进行了调整和更换颜色，于 1961 年 3 月 25 日和 1962 年 4 月 20 日分别发行了黑色 1 元券和棕色 5 元券，使第二套人民币的版别分别由开始公布的 11 种增加到 16 种。

第三套人民币是 1962 年开始发行的。经国务院批准，中国人民银行于 1962 年 4 月 20 日开始发行第三套人民币。第三套人民币和第二套人民币比价为 1∶1，即第三套人民币和第二套人民币票面额等值，并在市场上混合流通。

第三套人民币在第二套人民币的基础上对版别进行了调整、更换，取消了第二套人民币中的 3 元纸币，增加了 1 角、2 角、5 角和 1 元 4 种金属币。第三套人民币自 1962 年 4 月 20 日发行枣红色 1 角纸币开始到 1980 年 4 月 15 日发行 1 角、2 角、5 角、1 元硬币止，经过了 18 年的逐步调整、更换，共陆续收回第二套人民币(除 6 种纸、硬分币外)10 种，陆续发行第三套人民币 13 种，其中，10 元纸币 1 种、5 元纸币 1 种、2 元纸币 1 种、1 元纸币 1 种、5 角纸币 1 种、2 角纸币 1 种、1 角纸币 3 种、1 元硬币 1 种、5 角硬币 1 种、2 角硬币 1 种、1 角硬币 1 种。

第四套人民币是在经济发展、商品零售额增加、货币需要量增加的情况下发行的。1987 年 4 月 25 日，国务院颁布了发行第四套人民币的命令，决定由中国人民银行自 1987

年 4 月 27 日起,陆续发行第四套人民币。第四套人民币主币有 1 元、2 元、5 元、10 元、50 元和 100 元 6 种,辅币有 1 角、2 角和 5 角 3 种,主辅币共 9 种。

第四套人民币共 11 种纸币,采取"一次公布,分次发行"的办法。1987 年 4 月 27 日首先发行 50 元券和 5 角券,1988 年 5 月 10 日发行了 100 元、2 元、1 元和 2 角纸币,1988 年 9 月 22 日,发行了 10 元、5 元、1 角纸币。为提高人民币防伪能力,1992 年 8 月 20 日,在全国发行了 1990 年版 50 元、100 元纸币。根据 1992 年 5 月 8 日第 97 号国务院令,中国人民银行自 1992 年 6 月 1 日起发行了第四套人民币 1 元、5 角、1 角硬币,使第四套人民币结构更加完善。为便利市场流通,1995 年 3 月 1 日和 1997 年 4 月 1 日,在全国发行了 1990 年版和 1996 年版 1 元纸币。1996 年 4 月 10 日,在全国发行了 1990 年版 2 元纸币。

第五套人民币是在 1999 年 10 月 1 日,在中华人民共和国建国 50 周年之际,根据第 268 号国务院令,中国人民银行陆续发行第五套人民币。第五套人民币共 8 种面额,分别是 100 元、50 元、20 元、10 元、5 元、1 元、5 角、1 角。由于市场流通中低面额主币实际大量承担找零角色,第五套人民币增加了 20 元面额,取消了 2 元面额,使面额结构更加合理。第五套人民币同样采取"一次公布,分次发行"的方式。1999 年 10 月 1 日,首先发行了 100 元纸币;2000 年 10 月 16 日发行了 20 元纸币、1 元和 1 角硬币;2001 年 9 月 1 日,发行了 50 元、10 元纸币;2002 年 11 月 18 日,发行了 5 元纸币、5 角硬币;2004 年 7 月 30 日,发行了 1 元纸币。

为提高第五套人民币的印刷工艺和防伪技术水平,经国务院批准,中国人民银行于 2005 年 8 月 31 日发行了第五套人民币 2005 年版 100 元、50 元、20 元、10 元、5 元纸币和不锈钢材质 1 角硬币。

目前,市场流通的人民币共有 13 种券别,分别为 1 分、2 分、5 分、1 角、2 角、5 角、1 元、2 元、5 元、10 元、20 元、50 元、100 元。按照法律规定,人民币中元币以上为主币,其余角币、分币为辅币。形成主辅币三步进位制,即 1 元＝10 角＝100 分。按照材料的自然属性划分有金属币(亦称硬币)和纸币(亦称钞票)。无论纸币、硬币均等价流通。

《中华人民共和国人民币管理条例》规定:"任何单位和个人都应当爱护人民币。禁止损害人民币和妨碍人民币流通。"

《中华人民共和国人民币管理条例》第二十七条规定禁止下列损害人民币的行为:

(1) 故意毁损人民币。

(2) 制作、仿制、买卖人民币图样。

(3) 未经中国人民银行批准,在宣传品、出版物或者其他商品上使用人民币图样。

(4) 中国人民银行规定的其他损害人民币的行为。

(二) 人民币特征

人民币有 7 种基本特征,了解这些特征,有助于辨别人民币的真伪。

(1) 水印。将钞票迎光透视,可看到层次丰富、立体感强、具有浮雕立体效果的固定水印。

(2) 雕刻凹版印刷。其特点是图像层次丰富、色泽浓郁、立体感强,用手触摸有凹凸感。

（3）多色接线图纹。图案上的条纹由多种颜色组成,线条相接处无漏白、无错位现象。

（4）磁性印记。用专用磁性检测器在该部位会显示出磁性信号。

（5）无色荧光图纹。在紫外线灯照射下可显示出黄绿色字样。

（6）安全线。将 1990 年版 100 元券和 50 元券迎光透视,可以看到一条规则的金属线。

（7）年版号不同。纸币和硬币背面均印有印制年号。

（三）人民币的识别

识别人民币纸币真伪,通常采用"一看、二摸、三听、四测"的方法。

1. 一看

（1）看水印。第五套人民币各券别纸币的固定水印位于各券别纸币票面正面左侧的空白处,迎光透视,可以看到立体感很强的水印。100 元、50 元纸币的固定水印为毛泽东头像图案。20 元、10 元、5 元纸币的固定水印为花卉图案。

（2）看安全线。第五套人民币纸币在各券别票面正面中间偏左,均有一条安全线。100 元、50 元纸币的安全线,迎光透视,分别可以看到缩微文字"RMB100"、"RMB50"的微小文字,仪器检测均有磁性;20 元纸币,迎光透视,是一条明暗相间的安全线,10 元、5元纸币安全线为全息磁性开窗式安全线,即安全线局部埋入纸张中,局部裸露在纸面上,开窗部分分别可以看到由微缩字符"￥10"、"￥5"组成的全息图案,仪器检测有磁性。

（3）看光变油墨。第五套人民币 100 元、50 元纸币正面左下方的面额数字采用光变墨印刷。将垂直观察的票面倾斜到一定角度时,100 元纸币的面额数字会由绿变为蓝色;50 元纸币的面额数字则会由金色变为绿色。

（4）看票面图案是否清晰,色彩是否鲜艳,对接图案是否可以对接上。第五套人民币纸币的阴阳互补对印图案应用于 100 元、50 元和 10 元券中。这三种券别的正面左下方和背面右下方都印有一个圆形局部图案。迎光透视,两幅图案准确对接,组合成一个完整的古钱币图案。

（5）用 5 倍以上放大镜观察票面,看图案线条、缩微文字是否清晰干净。第五套人民币纸币各券别正面胶印图案中,多处均印有微缩文字,20 元纸币背面也有该防伪措施。100 元纸币的微缩文字为"RMB"和"RMB100";50 元为"50"和"RMB50";20 元为"RMB20";10 元为"RMB10";5 元为"RMB5"和"5"字样。

2. 二摸

（1）摸人像、盲文点、中国人民银行行名等处是否有凹凸感。第五套人民币纸币各券别正面主景均为毛泽东头像,采用手工雕刻凹版印刷工艺,形象逼真、传神,凹凸感强,易于识别。

（2）摸纸币是否薄厚适中,挺括度好。

### 3. 三听

即通过抖动钞票使其发出声响,根据声音来分辨人民币真伪。人民币的纸张,具有挺括、耐折、不易撕裂的特点。手持钞票用力抖动、手指轻弹或两手一张一弛轻轻对称拉动,能听到真币清脆响亮的声音,而假币声音沉闷。

### 4. 四测

即借助一些简单的工具和专用的仪器来分辨人民币真伪。如借助放大镜可以观察票面线条清晰度、胶、凹印缩微文字等;用紫外灯光照射票面,可以观察钞票纸张和油墨的荧光反映;用磁性检测仪可以检测黑色横号码的磁性。

### (四)假币特征

以第五套100元面额人民币为例。

第五套100元面额假人民币的主要特征是:

(1)纸张。采用普通书写纸,在紫外灯光照射下,票面呈蓝白色荧光反应。

(2)水印。用淡黄色油墨印在票面正、背面水印位置的表面,垂直观察,在票面的正背两面均可看到一个淡黄色毛泽东人头像印刷图案;迎光透视,固定人像水印轮廓模糊,没有浮雕立体效果。

(3)印刷。票面颜色较浅;采用胶版印刷,表面平滑,票面主要图案无凹版印刷效果,墨色平滑不厚实;票面主景线条粗糙,立体感差;票面线条均由网点组成,呈点状结构;无红、蓝彩色纤维。

(4)安全线。用无色油墨印在票面正面纸的表面,迎光透视,模糊不清;缩微文字模糊不清;无磁性。

(5)阴阳互补对印图案。古钱币阴阳互补对印图案错位、重叠。

(6)胶印缩微文字。胶印缩微文字模糊不清。

(7)凹印缩微文字。凹印缩微文字模糊不清。

(8)隐形面额数字。无隐形面额数字。

(9)光变油墨面额数字。光变油墨面额数字不变色。

(10)无色荧光油墨印刷图案。在紫外灯光照射下,无色荧光油墨"100"较暗淡,颜色浓度及荧光强度较差。

(11)有色荧光油墨印刷图案。在紫外灯光照射下,有色荧光油墨印刷图案色彩单一、较暗淡,颜色浓度及荧光强度较差。

(12)无色荧光纤维。无无色荧光纤维。

(13)冠字号码。横竖双号码中的黑色部分无磁性。

# 任务二　点钞机的应用

点钞机是用来进行快速点钞,并检验真假币的一种工具。下面我们来认识一下点钞机,以康艺 HT - 2600 型点钞机为例,见图 11 - 14。

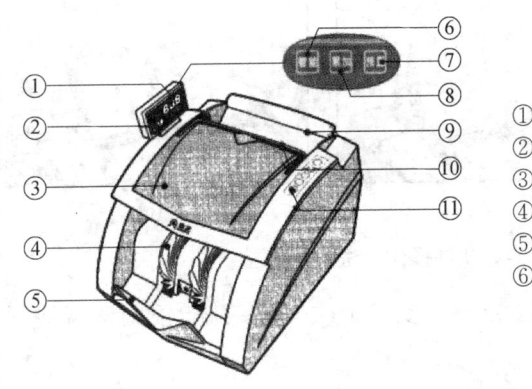

① 计数显示窗　⑦ 预置指示灯
② 预置显示窗　⑧ 累加指示灯
③ 面盖　　　　⑨ 喂钞台
④ 接钞轮　　　⑩ 提手柄
⑤ 接钞台　　　⑪ 操控面板(详见图 11 - 15)
⑥ 智能指示灯

图 11 - 14　HT - 2600 型点钞机

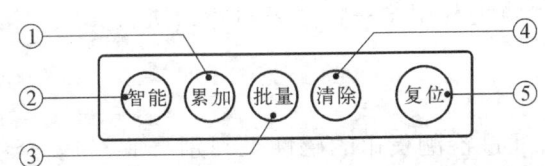

① 累加键　④ 清除键
② 智能键　⑤ 复位键
③ 批量键

图 11 - 15　操控面板示意图

## 一、点钞机的基本功能

(1) 自动清点张数功能。将钞票放入点钞机后,机器可自动进行钞票的清点。

(2) 检测货币真伪功能。选择紫外光线点钞时,凡具有荧光反应的伪钞机器能自动检测出来;使用磁检点钞时,没有明显磁性反应的钞票也能自动检测出来。

(3) 自动清零功能。在清点过程中,可以把前面点过的数移到另一组显示器上。

(4) 预置功能。预置最大数为 999 张,最小数为 1 张,并可任意选择。

## 二、点钞机正确点钞方法

将纸币捻成一定斜度,平放在喂钞台上,机器即自动完成点钞工作。待喂钞台上的钞票全部输送完毕,机器停止运转,此时计数器显示窗上显示的数字就是该叠钞票的数量。取出接钞台上的钞票,每次清点钞票时显示窗上显示的数值将自动清零后重新计数。点钞机的操作方法见图 11 - 16。其中,(a)为正确操作,(b)、(c)为错误操作。(b)中操作者捻钞倾斜方向错误,(c)中操作者未把纸币捻成一定斜度。

注意:点钞时先将钞票整理,按不同的面值分开并清除钞票上的纸补贴和污染物,再将钞票均匀扇开成小斜坡状,成捆的钞票应先拍松再扇开,放入喂钞台进口处。

## 三、点钞机的检伪方式

### (一)安全线磁性分析检测

由一个中间的长磁头来完成。有两种类型:① 只检测安全线磁性的有无;② 检测安

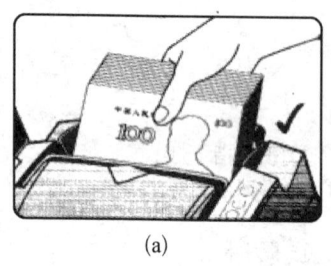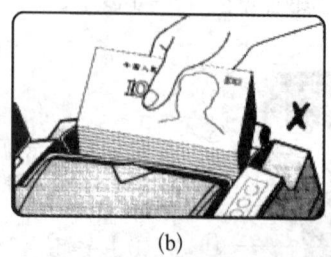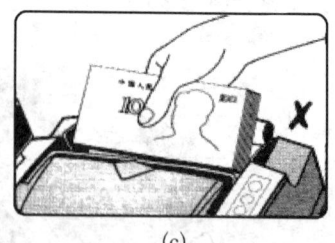

(a)　　　　　　　　　(b)　　　　　　　　　(c)

**图 11 – 16　点钞机的操作方法**

全线磁性的分布规律是否与真钞一致,能检测出或多或少或一致,并能根据该规律判别是多少面值的货币。

（二）荧光检测

通过荧光对货币的纸质进行真假检测。货币的纸张在生产时经过特殊处理,这样的纸张是没有荧光反应的。荧光检测就是利用这一特性来对货币进行真假的检测,有荧光反应的机器就会报警提示。

（三）磁性检测

由左右两边两组磁头来完成,通过检测货币的磁性来判别真假,与安全线检测原理相同。

（四）红外线检测

通过红外线对各种面额货币的红外值检测,每一种面额的货币都有自己相应的红外值。

（五）宽度检测

由码盘与计数管相结合来检测货币票面的宽度。

## 四、点钞机故障简单排除方法

（一）开机后无显示

其排除方法为:① 检查电源的插座是否有电；② 检查点钞机的插头是否接触不良；③ 检查点钞机的保险丝是否已熔断。

（二）开机后出现故障提示代码

一般点钞机具有故障自检功能,开机后点钞机就自诊是否有故障。不同品牌型号的点钞机,故障代码也不一样,请参考《使用说明书》。

（三）计数不准

其排除方法为:① 调节托钞盘后部的垂直螺丝,顺时针或逆时针旋转调试(顺紧,逆松);② 清理光电记数传感器上的积尘；③ 清尘后不能恢复正常,检查阻力橡皮、捻钞轮是否严重磨损,换完后再进行调整；④ 调节喂钞台光电计数器传感器的对正位置；⑤ 电机皮带是否严重磨损。

（四）荧光鉴伪不报警或检伪灵敏度降低

其排除方法为:① 调节电路板灵敏度按键或灵敏度调节电位器(荧光鉴伪的灵敏度)；

② 荧光灯管光传感器(紫光灯探头)是否积灰尘;③ 荧光灯管是否老化。

（五）启停方式失灵

其排除方法为:① 送钞传感器是否积灰尘;② 送钞传感器和主电路板连接开路,接好即可;③ 点钞机皮带是否折断。

## 五、点钞机的维护保养

(1) 机器放在通风室内,避免强光的照射和强磁场的干扰。

(2) 机器的电源插头一定要接在有安全地线的电源座上。

(3) 机器所用电源电压必须在 220 V±10% 范围内,否则会影响机器正常工作。

(4) 捻钞轮、对转轮和送钞轮绝对不能沾染油脂,否则将导致捻钞滑计数不准。

(5) 每周应至少清扫一次紫外发光管、鉴伪探头、转速传感器及码盘上的积尘。

## 六、各种点钞机的区别

点钞机按鉴别方式划分,一般可以分为普通型、半智能型、智能型、银行专用点钞机四种类型。

（一）普通型

普通型包括安全线磁性分析检测(只检测安全线磁性的有无)和荧光检测两种鉴别方式,另外少数带有宽度检测。

（二）半智能型

半智能型包括安全线磁性分析检测(检测安全线磁性的分布规律是否与真钞一致,能检测出或多或少或一致,并能根据该规律判别是多少面值的钞票)、荧光检测和宽度检测三种鉴别方式。

（三）智能型

智能型包括安全线磁性分析检测(检测安全线磁性的分布规律是否与真钞一致,能检测出或多或少或一致,并能根据该规律判别是多少面值的钞票)、荧光检测、宽度检测和磁性检测四种鉴别方式。

（四）银行专用点钞机

银行专用点钞机=品牌+品质+服务,其检伪方式除了智能机有的检伪方式外,银行专用的通常还有一种红外线检测,所以它检验真假的能力最强,同时它的服务也有保证,升级服务也与银行同步。

## 七、选购点钞机

国家标准规定点钞机检伪方式至少在三种以上。一些没有责任或经验缺乏的销售人员往往把所有点钞机不管普通的、半智能的、智能的都说成是智能及银行专用点钞机,给客户挑选机型带来混淆和不便。

选择点钞机要从点钞机的功能入手,选择一款适合自己用的性价比高的点钞机。选购点钞机时大多消费者都没有先注意点钞机的功能,而是注意点钞机的外观、价格,这样一来就会误入商家的销售误区中。

消费者购买点钞机大多有四种渠道。

（一）从银行购买

从银行购买的点钞机，价格相对来说比市场价格要高，但质量较好，功能也很齐全，因为银行是一个现金流量相当大的地方，对点钞机的性能等各方面的要求也相当高。这样的机器也非常适合现金流量大的客户，但在一般单位或个人去购买这样一种高性能的点钞机，其很多功能都不能使用，这样花了钱，又浪费了资源。

（二）从专业经营点钞机的公司里购买

专业经营点钞机的公司当然能对你的需求做分析和介绍，但有时候他们在销售点钞机时会夸大点钞机的功能来误导消费者，比如，我的机器是银行专用的，鉴别真假是百分百准确之类。一般来说，一个专业经营点钞机的公司一般只有一两款银行专用机型，真正向你推销的产品有可能是一些非银行用产品，但售价的确和银行产品相同，这些产品，单从外观是看不出来的。

（三）从商店购买

从商店里一般很难购买到功能很好的点钞机。因为，商店的销售人员对点钞机的专业知识的了解是片面性的，也同大多数消费者一样，只知道能识别假钞，能计数，有机身上能看到的功能无法像专业人士那样向消费者推荐功能适合的点钞机，所以大多数营业员会说：这个点钞机很准确，价格也便宜，计数也很准确，是大厂家出的。甚至有的还会说，我的点钞机抓不出假钞可以包赔！

（四）从上门推销员那里购买

上门推销的人员大概有两类：一类为点钞机专业公司人员上门推销，这类人员具有专业素质，对点钞机了解也比较全面，在解释过程中也能很明白地了解客户所想要的东西。所以也容易让推销员把你引导到半智能的机器全智能的价位。另一类就是我们及不愿看到的"串串"，这种人现导现卖，只要有利可图就卖，留一个电话号码，说是售后服务电话，打着"本点钞机抓不出假钞包赔"的诱惑条件，价格也很便宜。因此，很多人上当，当点钞机出现问题时，打他的电话可能就打不通或根本不进行售后服务。所以购买点钞机时，要关注售后服务情况，与大公司打交道要放心一点。

# 任务三　利息的计算

银行对各种储蓄是按照中国人民银行统一规定的储蓄存款利率和计算利息的方法，付给一定的利息。利息计算的正确与否，关系到银行的经济核算和客户的经济利益。因此，必须根据中国人民银行规定的利率，正确计算存、贷款利息。下面将对利息计算的基本知识和利息计算的基本方法分别加以介绍。

## 一、存、贷款利率及其换算

我国现行银行存、贷款利率是由中国人民银行统一制定颁布的,任何单位和个人都不得随便调高或调低利率。利率是计算利息的标准,即在单位时间内单位货币所取得的利息。根据全国银行统一会计制度的规定,利率分为年利率、月利率和日利率三种。

年利率是指一整年期间的利息额同存入或贷出的资金额的比例。年利率的符号是"年%",如年利率 13.96 厘,应写成"年 13.96%",表示每百元存、贷款,满 1 年应付、应收利息 13.96 元。

月利率是指一整月期间的利息额同存入或贷出的资金额的比例。月利率的符号是"‰",如月利率 6 厘 4,应写成"月 6.4‰"。

日利率是一天的利息额同存入或贷出的资金额的比例。

利率的表示方法有上面三种,在实际工作中,由于存、贷款的期限不一致,既有整月的,又有零头天数的,因此在计算利率时常常需要进行三种利率形式的换算。其换算方法是:

(1) 日利率＝月利率÷30。例如,7.5‰÷30＝0.25‰。

(2) 日利率＝年利率÷360。例如,11.52%÷360＝0.32‰。

(3) 月利率＝年利率÷12。例如,6%÷12＝5‰。

(4) 月利率＝日利率×30。例如,0.36‰×30＝10.08‰。

(5) 年利率＝月利率×12。例如,5‰×12＝6%。

(6) 年利率＝日利率×360。例如,0.32‰×360＝11.52%。

计算存、贷款利息的金额起点,不论用什么方法计算,本金一律为 1 元,不足 1 元者,不计算利息。计算出来的利息,应算到分位为止,分位以下的尾数,应四舍五入。

## 二、存、贷款期限的计算

存、贷款期限的计息方法一般有两种:一种是算头不算尾计算法;另一种是对年对月计算法。

（一）算头不算尾计算法

算头不算尾计算法是计算存、贷款期限的基本方法,适用于各项存、贷款的时期计算。算头不算尾计算法对于各项存款来说,就是利息自存入的那一天起,算至提取的前一天为止,取款的那一天不算。例如,2008 年 5 月 12 存入的款项于同年同月 22 日取出,期限应从 12 算到 21 日止,计 10 天,5 月 22 日不计息。对于贷款来说,就是利息自贷出的那一天算起,算至归还贷款的前一天为止,还款的那一天不算。例如,2008 年 5 月 1 日贷出的款项,于同年同月 28 日归还,期限应从 5 月 1 日算至 27 日,计 27 天,5 月 28 日不应计息。应该注意的是,算头不算尾计算法是针对整个存期而言,不是个别中间分段计息的部分。分段计息日期应首尾相连。

（二）对年对月计算法

对年对月计算法是计算定期存、贷款期限的另一种方法。定期存款贷款除按算头不算尾计算法计算不足一个月的零头天数外,对于期限在一个月以上的部分,则采用对年对月计算法,而不采取按天计算的办法。所谓对年,即满整整一年。例如,2007 年 7 月 8 日存入的款项,到 2008 年 7 月 8 日支取,就是 1 个对年。到 2009 年 7 月 8 日支取,就是 2 个对年,以此类推。每一个对年,无论平年或闰年,都是一样对待,即 360 天。所谓对月,即满整整一月。例如,2 月 11 日贷出的款项,到 3 月 11 日归还,就是 1 个对月,到 4 月 11 日归还,就是 2 个对月,到 5 月 11 日归还,就是 3 个对月,以此类推。每一个对月,不论大月、小月、平月、闰月,都是一样对待,即 30 天。

### 三、利息的具体计算方法

在计算利息时应注意两个问题:一是利率的符号是用分数表示的,在算盘上运算时,应一律化成小数。二是要注意期限和利率的计算口径必须一致,即期限以年为单位的,要用年利率计算;期限以月为单位的,要用月利率计算;期限以天为单位的,要用日利率计算。

（一）定期存、贷款的利息计算

利息＝本金×(存贷)期限×利率

从利息的公式可以看出要求计算的方法是较为简单的,利息是本金、期限、利率三因素的连乘。实际工作中花费时间较长、差错率较高的一般是定位问题。关于连乘法定位的有关问题我们在上一章里已作了较为详尽的阐述,用连乘法计算时,先将利息化为小数,然后在本金、期限、利率三个数值中选择一个位数最多的数当作被乘数(一般为本金或时期)。首先摆在算盘上适当位置。确定第一被乘数置数档位的公式为:

第一被乘数置数档位＝本金位数＋时期位数＋利率位数

下面将举例说明定期存、贷款利息的计算。

【例 11-1】 某储户定期整存整取存款 5 400 元,存期 1 年,利率为月 6.4‰,按期支取,计算其应得利息。

该储户应得利息＝5 400×12×0.006 4＝414.72(元)

运算过程见表 11-1。

表 11-1 运算过程表(一)

| 拨 算 说 明 | 盘 式 | | | | | | | | |
|---|---|---|---|---|---|---|---|---|---|
| | 6 | 5 | 4 | 3 | 2 | 1 | 0 | −1 | −2 |
| ① 首先根据第一被乘数置数档位的公式确定第一被乘数置数档位:＋4 位＋(＋2)位＋(−2)位＝＋4 位,并从算盘正 4 位起拨入 54 | | | | 五 | 四 | | | | |
| ② 用破头乘法计算 4×12＝048 盘式为 | | | | 五 | 0 | 4 | 8 | | |
| ③ 5×12＝060 盘式为 | | | | 0 | 6 | 4 | 8 | | |
| ④ 以 648 作为被乘数继续计算 8×64＝512 盘式为 | | | | 六 | 四 | 5 | 1 | 2 | |

（续表）

| 拨 算 说 明 | 盘 式 | | | | | | | | |
|---|---|---|---|---|---|---|---|---|---|
| | 6 | 5 | 4 | 3 | 2 | 1 | 0 | －1 | －2 |
| ⑤ 4×64＝256 盘式为 | | | | 六 | 3 | 0 | 7 | 2 | |
| ⑥ 6×64＝381 盘式为 | | | | 4 | 1 | 4 | 7 | 2 | |
| ⑦ 直接读出结果为：414.72 元即为所求 | | | | | | | | | |

**【例 11－2】** 某储户 2006 年 4 月 1 日定期整存整取存款 3 000 元，存期 2 年，利率为月 9.6‰，于 2008 年 4 月 21 日支取，计算其应得利息。

先将应计息期限化为天数，月利率化为日利率：

$$360×2＋20＝740(元)$$

$$日利息率＝9.6‰÷30＝0.00032$$

则该储户应得利息为：

$$740×3 000×0.00032＝710.40(元)$$

运算过程见表 11－2。

表 11－2 运算过程表（二）

| 拨 算 说 明 | 盘 式 | | | | | | | | |
|---|---|---|---|---|---|---|---|---|---|
| | 6 | 5 | 4 | 3 | 2 | 1 | 0 | －1 | －2 |
| ① 首先根据第一被乘数置数档位的公式确定第一被乘数置数档位：＋3 位＋(＋4)位＋(－3)位＝＋4 位，并从算盘正 4 位起拨入 74 | | | 七 | 四 | | | | | |
| ② 用破头乘法计算 4×3＝012 盘式为 | | | 七 | 1 | 2 | | | | |
| ③ 7×3＝021 盘式为 | | | | 2 | 2 | 2 | | | |
| ④ 以 222 作为被乘数继续计算 2×32＝064 盘式为 | | | 二 | 二 | 0 | 6 | 4 | | |
| ⑤ 2×32＝064 盘式为 | | | 二 | 0 | 7 | 0 | 4 | | |
| ⑥ 2×32＝064 盘式为 | | | 0 | 7 | 1 | 0 | 4 | | |
| ⑦ 直接读出结果为：710.40 元即为所求 | | | | | | | | | |

（二）活期存、贷款的利息计算

活期存、贷款的利息，一般采用积数法计算。其公式为：

$$积数＝本金×日数$$

积数是在日常核算中进行计算的。积数计算通常有两种方法：一种是在分户账上计算；一种是在余额表上计算。两种方法在实际工作中使用都比较普遍。

1. 分户账积数计息方法

在分户账上划积数计息，是采用带有"日数"和"积数"专栏的分户账。这种分户账设

205

有"收方"、"付方"、"余额"、"积数"四栏,其格式见表11-3。

**表11-3 分户账样表**

中国工商银行明细账　　　　　　　　　　本户账号:305678
企业存款科目账

主管部门:商业局　　　单位名称:第三百货公司　　　利率:月2.4‰

| 2008年 月 日 | 摘 要 | 收 入 | 付 方 | 收或付 | 余 额 | 日 数 | 积 数 (千位元) | 复 核 |
|---|---|---|---|---|---|---|---|---|
| 4　1 | | 6 000 | | 收 | 6 000 | 5 | 30 | |
| 4　6 | 支付货款 | | 2 000 | 收 | 4 000 | 7 | 28 | |
| 4　13 | 购日用品 | | 1 000 | 收 | 3 000 | 20 | 60 | |
| 5　3 | 收到贷款 | 12 000 | | | | | | |
| 5　3 | 支付工资 | | 2 000 | 收 | 13 000 | | | |

在分户账上划积数计息的具体做法是:每天分户账第一次发生变动时,应从上次变动的记账日期算出至当天的前一日止(即算头不算尾)的共天数,填在上次余额旁的"日数"栏内,然后将上次余额乘以天数算出积数,填于同行"积数"栏内。积数取至千元位,千元位以下四舍五入。日数和积数平时应随账页过次、承前,到结息日结计总日数与总积数,在验算无误后,以总积数乘以日利率,即得利息,其计算公式为:

$$利息=总积数×日利率$$

由于记账差错,例如,账务处理中发生串户,隔日发现后进行冲转时,形成了冲账日期与起息日期不一致的情况;再如,在营业时间后,因特殊情况的存、贷款收付,需要列入次日账,也形成了冲账日期与起息日期不一致的情况,等等。遇到这些特殊情况,除应在记账的当时,按照正常情况,根据账户余额划积数外,还应将记账日与起息日不一致的各笔业务,按照发生额计算应加减积数,即以调增或调减的余额乘以记账日与起息日相隔的日数。存款账户补记收方发生额,或冲减付方发生额;贷款账户补记付方发生额或冲减收方发生额,为应加积数。反之,则为应减积数。应加的积数用蓝字,应减的积数用红字,记入调整错账同行的"积数"栏的上半格。调整积数的天数标注在"摘要"栏内,不应在"日数"栏中填列,以免重复计算日数。

**2. 余额表计息方法**

在银行账务处理中,有时对于经常变动的存、贷款户,采取计算积数与核对分户账余额结合进行的办法。这样,就不在分户账上划积数,而是利用余额表计算积数,余额表就成了核对分户账余额和正确计算利息的重要工具。余额表计息方法是将存、贷款户每日营业终了时的余额连续相加计算积数,进而求得利息的方法。具体做法是:每天营业终了将存、贷款余额逐户分别抄列入"计息余额表"各账户栏内。如果当天余额没

>>>>>> .............................................................

有发生变化应照抄上一天的余额。余额表应每旬结一小计,更换余额表时应将未结息的累计积数转入新表的"结转累计积数"栏,以便连续计算结息期调整积数,以调增或调减的余额乘以错账日数,计算出应调增或应调减的积数,填入余额表中的"补增积数"或"补减积数"栏内。余额表中的"结转累计积数"加上三旬的"小计",再加"补增积数"或减去"补减积数",即为累计积数。平时余额表中的"应计利息金额"栏内不填数字,只到结息期的月份才将计算出的利息记入此栏。用累计积数计算利息的方法与分户账积数计息方法一样,不再举例。

 项目小结
..................................................

点钞的方法分为手工点钞法和机器点钞法。手工点钞的方法主要有手按式点钞法、手持式点钞法、扇面点钞法和混合点钞法,机器点钞较为简单,作为会计工作者要掌握一到二种以上的手工点钞方法。同时要了解人民币的特征并掌握真假钞票的鉴别方法。同时要掌握银行利息的计算方法,学会如何理财等专业知识。

 复习思考题
..................................................

1. 钞票的捆扎方法有哪几种?
2. 点钞的方法各有哪几种?
3. 简述手按式单张点钞法的方法和步骤。
4. 手持式点钞的方法有哪几种?简述手持式五张点钞法的方法与步骤。
5. 请简要说明手持式点钞法和扇面点钞法的优缺点各有哪些?
6. 请你谈谈如何识别人民币?
7. 谈谈点钞机是如何点钞的?
8. 简述点钞机的功能。
9. 简述点钞机的几种检伪方式。
10. 点钞机按鉴别方式划分,一般可以分为哪几种形式?
11. 请你谈谈存贷款的利息是如何计算的?

 习题 1
..................................................

1. 储户张经纬一张 4 500 元到期定期一年存款单,三年期国库券面额壹仟元的五张。计算:
   1) 张经纬支取定期存款本息合计是多少(月利率为 9.6‰)?
   2) 张经纬支取国库券本息合计为多少(年息 13.96%,综合保值贴补率为年利率 6.28%)?
   3) 张经纬总共从储蓄所支取多少现金?

2. 储户王明的一张活期储蓄存单余额积数情况如下表所示。请计算 2008 年 1 月 1 日前的年利息是多少?

中国银行活期储蓄明细账　　　本户账号：3051722

储户姓名：王明　　　地址：治淮路 115 号　　　利率：月 3.6‰

| 2007 年 月 | 2007 年 日 | 摘　要 | 存　入 | 取　出 | 存或取 | 余　额 | 日　数 | 积　数 (千位元) | 复　核 |
|---|---|---|---|---|---|---|---|---|---|
| 1 | 1 | 上余 | 16 000 | | | | | | |
| 2 | 4 | 支取 | | 8 000 | | | | | |
| 3 | 19 | 存入 | 12 000 | | | | | | |
| 4 | 3 | 取 | | 13 000 | | | | | |
| 5 | 15 | 取 | | 4 000 | | | | | |
| 6 | 6 | 取 | | 1 000 | | | | | |
| 6 | 19 | 存 | 13 000 | | | | | | |
| 7 | 6 | 支取 | | 4 000 | | | | | |
| 6 | 13 | 存入 | 10 000 | | | | | | |
| 9 | 3 | 取 | | 12 000 | | | | | |
| 10 | 3 | 取 | | 2 000 | | | | | |
| 11 | 6 | 取 | | 2 000 | | | | | |
| 12 | 13 | 存 | 30 000 | | | | | | |

# 项目十二 电子计算工具的应用

## 项目目标

1. 了解 POS 收银机与收款机及其工作原理
2. 学会 POS 收银机与收款机的使用方法
3. 能对 POS 收银机与收款机的常见故障进行排除
4. 了解电子计算器的功能
5. 学会电子计算器的使用

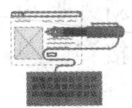

## 项目导入

作为一名财会人员,电子计算工具的使用是非常重要的,其种类也很多,本项目主要介绍超市 POS 收银机和电子计算器的操作方法。

## 任务一 超市 POS 收银机

超市 POS 收银机由条形码阅读器和电子收款机组成。

### 一、条形码阅读器

条形码阅读器又叫条码阅读器,是进行商品扫描的机器,是读取条码包含信息的所必需的设备。条码阅读器的结构通常包括光源、接收装置、光电转换部件、译码电路和计算机接口。以下是几种常见的条码阅读器,见图 12 - 1。

LPHOON LS2288 条码阅读器是一款经典工业级条码阅读器,结实耐用,是目前工业领域最富竞争力的激光条码阅读器,具有卓越的解码能力,误码率低,识别效果好,扫描速

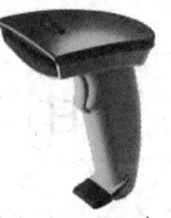

(a) LPHOON LS2288 条码阅读器　(b) LS2208 条 码 阅 读器　(c) AS-8250 条码阅读器　(d) Zebex Z3051HS 条码阅读器　(e) HHP IT3800 条码阅读器

**图 12-1　常见的条码阅读器**

度高达 200 次/秒。见图 12-1(a)

　　LS2208 条码阅读器是 Symbol 公司设计的一款商用条码阅读器。性能有较大提高,扫描速度更快,重量更轻,触发更灵敏,是目前商业领域最富竞争力的激光条码阅读器。配备支架无需手动扫描,起到立式平台的作用。见图 12-1(b)。

　　AS-8250 条码阅读器是 Argox 公司一款专门为商业设计的手持虹光条码阅读器。AS-8250 条码阅读器重量轻、手感好、速度快、价位低,是实现办公自动化、商业零售的理想选择。其能够准确识读各种一维条码,而且可以扫描二维 PDF417 条码种类。见图 12-1(c)。

　　Zebex Z3051HS 条码阅读器是 Zebex 巨普公司一款专门为商业设计的带支架式激光条码阅读器,具有 500 次/秒的扫描速度,性能卓越,Z-SCAN 硬件解码技术,最新外形设计,使用便捷,具有醒目的 LED 指示灯和可设定的蜂鸣器,灵活多样的通讯接口。见图 12-1(d)。

　　HHP IT3800 条码阅读器是 HHP 公司一款专门为商业设计的影像条码阅读器,扫描速度高达 270 次/秒,读取条码的速度比一般的激光阅读器快 6～7 倍,节省作业时间。经过强化且符合人体工学的设计,比激光或光罩阅读器更坚固也更耐用,握起来也更舒适。见图 12-1(e)。

　　这些条形码阅读器的基本工作原理为:由光源发出的光线经过光学系统照射到条码符号上,被反射回来的光经过光学系统在光电转换器上成像,并产生电信号,信号经过电路放大后产生模拟电压,它与照射到条码符号上被反射回来的光成正比,再经过滤波、整形,形成与模拟信号对应的方波信号,经译码器转换为计算机可以直接接受的数字信号。

　　普通的条码阅读器通常采用光笔、激光和 CCD 三种技术,它们都有各自的优缺点,没有一种阅读器能够在所有方面都具有优势。下面讨论每一种阅读器的工作原理、优缺点以及如何选择一款适合的条码阅读器。

　　(一)光笔阅读器的工作原理

　　光笔阅读器是最先出现的一种手持接触式条码阅读器,它也是最为经济的一种条码阅读器。

　　光笔阅读器的基本工作原理为:使用时,操作者需将光笔接触到条码表面,通过光笔

>>>>>> ·······

的镜头发出一个很小的光点,当这个光点从左到右划过条码时,在"空"部分,光线被反射,"条"的部分,光线被吸收,因此在光笔阅读器内部产生一个变化的电压,这个电压通过放大、整形后用于译码。

光笔阅读器的优点主要是:与条码接触阅读,能够明确哪一个是被阅读的条码;阅读条码的长度可以不受限制;与其他的阅读器相比成本较低;内部没有移动部件,比较坚固;体积小,重量轻。

但使用光笔阅读器也会受到各种限制,比如在有一些场合不适合接触阅读条码;另外只有在比较平坦的表面上阅读指定密度的、打印质量较好的条码时,光笔阅读器才能发挥它的作用;而且操作人员需要经过一定的训练才能使用,如阅读速度、阅读角度及使用的压力不当都会影响它的阅读性能;最后,因为它必须接触阅读,当条码在因保存不当而产生损坏,或者上面有一层保护膜时,光笔阅读器都不能使用。

（二）激光阅读器的工作原理

激光阅读器是各种阅读器中价格最昂贵的,但它所能提供的阅读景深最长,因此在长距离扫描中被广泛采用。

激光阅读器的基本工作原理为:通过一个激光二极管发出一束光线,照射到一个旋转的棱镜或来回摆动的镜子上,反射后的光线穿过阅读窗照射到条码表面,光线经过"条"或"空"的反射后返回阅读器,由一个镜子进行采集、聚焦,通过光电转换器转换成电信号,该信号将通过扫描器或终端上的译码软件进行译码。

激光阅读器可以用于非接触扫描,分为手持与固定两种形式。激光阅读器容易使用,阅读条码密度范围广,并可以阅读不规则的条码表面或透过玻璃阅读,因为是非接触阅读,因此不会损坏条码标签。

但激光阅读器的两个最大的缺点是它的耐用性和价格。因为激光阅读器的结构采用了移动部件和镜子,因此它们不如CCD阅读器和光笔阅读器坚固,因为在实际使用中,无论操作者在使用的时候多么小心,阅读器都难免会掉在地上,即使它内部的部件没有损坏,也容易因激光偏移而降低性能或致使阅读器完全不可用;另外,无论从产品的造价还是使用寿命来讲,激光阅读器的成本是最高的。

（三）CCD阅读器的工作原理

CCD阅读器为电子耦合器件(charg couple device),比较适合近距离和接触阅读,它的价格没有激光阅读器贵,而且内部没有移动部件,因此比较耐用。

CCD阅读器的基本工作原理为:使用一个或多个LED,发出的光线能够覆盖整个条码,条码的图像被传到一排光探测器上,被每个单独的光电二极管采样,由邻近的探测器的探测结果为"黑"或"白"区分每一个"条"或空,从而确定条码的字符。换言之,CCD阅读器不是阅读每一个"条"或"空",而是条码的整个部分,并转换成可以译码的电信号。

与其他阅读器相比,CCD阅读器有很多优点:它的价格没有激光阅读器昂贵,但同样有阅读条码的密度广泛、容易使用、所需培训量小的优点。它的重量比激光阅读器轻,但比激光阅读器坚固,而且不像光笔阅读器只能接触阅读。比较新型的CCD阅读器的阅读景深已经能够满足于零售、金融和制造业的使用要求。

CCD 阅读器的局限在于它的阅读景深和阅读宽度,除上面提到的应用领域外,在一些需要远距离阅读的场合,如仓库领域,则不是很适合;在所要阅读的条码比较宽时,CCD 阅读器也不是很好的选择,信息很长或密度很低的条码很容易超出扫描头的阅读范围,导致条码不可读。

## 二、电子收款机

电子收款机又叫收银机,是超市、工厂等单位常见的电子收款设备。首先我们来认识一下电子收款机,见图 12-2。

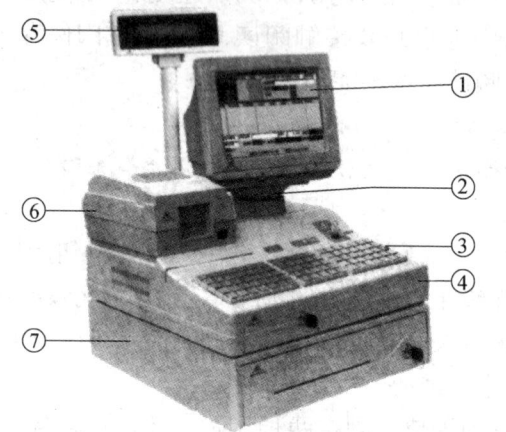

① 显示器　⑤ 顾客显示器
② 显示器机架　⑥ 微型票据打印机
③ 收款机键盘　⑦ 收银钱箱
④ POS 机箱

**图 12-2　电子收款机构造图**

(一)电子收款机的构造

1. 电子收款机的组成

电子收款机一般由收款机键盘、顾客显示器、微型票据打印机、PC 主机与显示器,以及收银钱箱五部分组成。

2. 各组成部分的功能

(1)收款机键盘,包括基本键和功能键两部分。收款机基本键主要有数字键(0~9 数字)、运算键、促销控制键(折扣)、付款方式键(现金、支票、外币、信用卡、礼券等)、取消/更正键、交易结束键(小计、合计)等。收款机功能键主要有部门分类键、锁定密码键、税率计算键、币值交换键、报表打印键、自由设定键等。

一般键盘约有 35 个键,键盘的右上角有一个钥匙插孔,通常分为 0~3 档,每档有不同的设置。0 档为关闭状态档;1 档为收银员档;2 档为操作员/收银主管档;3 档为电脑部档。

(2)顾客显示器。面向顾客显示交易的商品品名、价格、总额等信息的仪器。一般可以旋转,通常顾客显示器最多可显示两排字符,显示语种有英文、中文、拼音,处于收款状态显示字体颜色通常有绿色、红色、黄色等,但没有商品录入之前,顾客显示器没有任何显示。录入商品之后,顾客显示器应该显示商品数量及单价。在按"总计"键以后,顾客显示器上显示商品总价。在输入顾客所付现金并按"现金"以后,顾客显示器显示找零金额。在关闭状态,顾客显示器上显示"欢迎光临"。

（3）微型票据打印机,用于打印交易文字票据的机器,通常每一台主机配置两台打印机,同时自动打印票据,一份留底、一份给顾客,或一台打印机打印一式两份的票据。打印机打印的票据内容通常有店名、时间、交易号、收银机号码、商品品名、数量、单价、总价、商品编码或商品条码以及收款金额、找零金额等。将销售清单固定在打印机送纸器上,按"进纸"键,打印机自动进纸,在等打印机停止进纸后,连击"进纸"键几次,将纸上好。

（4）PC 主机与显示器,包括 PC 主机 CPU、内存 2～4 MB 硬盘、软盘驱动器、记忆卡、显示卡、网卡、显示器等。

（5）收银钱箱,与收款机相连、用来存放现金的扁形金属柜,有电子锁,开关由收款键控制,柜中有若干小格和夹子。

3. **收银键盘的功能**

查询键:查询商品的价格。

磅秤键:对商品进行称重时使用。

回车键:用来确认各类操作。

数量键:收银员直接录入商品条码时,收款机默认的数量为"1",当录入的商品数量多于"1"的时候,要在录入商品条码之前敲入商品数量,然后按"数量"键,再录入商品条码或货号。

重复上次键:用来重复上一次的销售。例如,收银员录入 5 个"可口可乐",此时按"重复上次"键,收款机将再增加 5 个可口可乐。"重复上次"键只能在销售过程中使用,并且重复上一次的操作。

小计键:可以在顾客显示器上显示已经录入收款机的商品价值总计。

取消键:取消一次操作,如取消商品总计等功能键。收款过程中,收银员如果取消某一个已经录入的商品时,按"取消商品"键(收款机提示:"请选择取消的商品或按取消键"),再用"向上一行"、"向下一行"、"向上翻页"、"向下翻页"四个键,选择所要取消的商品,并按"取消商品"键(收款机提示:"是否要取消商品"),确定取消此商品时按"回车"确认键,反之按"取消"键。

清除键:主要清除输入错误,前提是在没有按"回车"确认键之前。如收银员把"39"错输为"29",在没有按"回车"确认键之前,按"清除"键可以把"29"清除掉。

总计键:只在结账时使用。

向上翻页键:用来切换选项。

向下翻页键:用来切换选项。

向上一行键:用来切换选项。

向下一行键:用来切换选项。

现金键:如果用现金方式付款,应先输入顾客所付现金金额,再按"现金"键。

礼券键:用礼券支付,直接按"礼券"键,不需要输入应付现金金额。

支票键:用支票支付,直接按"支票"键,不需要输入应付现金金额。

银行卡/信用卡键：用银行卡/信用卡支付，直接按"银行卡/信用卡"键，不需要输入应付现金金额。

上岗键：上岗时使用的键。

（二）电子收款机的功能

电子收款机的功能为接受条码阅读器输入的条码，根据条码在收款机内存中的商品数据库找到该商品的相关内容，如品名、单价等，并计算本次销售的实际总额。具体功能包括以下几方面：

（1）完成收款、找零等工作，收银钱箱打开收入货款，打印一式两份的销售小票。

（2）处理事先已设置的各种促销功能，如折扣、折让、改错、取消、支票、退还货等功能。

（3）将销售情报通过网络传递到后台电脑中心主机，并自动进行库存的处理。

（4）打印收银的功能报表。

随着信息技术的发展，电子收款机也进行了不断改进，电子收款机发展分为一代、二代、三代三种类型，其区别在于功能不同，价格相差很大。

一代电子收款机软件固化，只有收付款功能，不具备联网通讯能力；二代电子收款机软件固化，可连接多种外设，可单机也可联网；三代POS电子收款机具有开放系统，可应用于多种平台、软件实现财务和报表分析功能，可连接多种外设，还可使用IC卡、银行卡授权终端，连接MODEM，可单机或联网。

第三代POS电子收款机是今后POS发展的主流，由下列部件组成：主机、键盘、显示器、微型打印机、钱箱、顾客显示屏、条码阅读器、刷卡槽等。前三项相当于一台电脑，后五项是周边设备；电脑是POS电子收款机的"心脏"，它决定POS电子收款机的质量稳定性，而周边设备都有独立性，可以任意选择普通型或豪华型，其价格相差很大。

# 任务二 电子计算器的使用方法

## 一、电子计算器概述

电子计算器是当代一种先进的计算工具，一般可用来进行加、减、乘、除、幂及函数等计算。

说起计算器，值得我们骄傲的是，最早的计算工具诞生在中国。中国古代最早采用的一种计算工具叫筹策，又叫算筹。各种算筹多用竹子制成，也有用木头、兽骨等材料，每束270枚，放在布袋里可随身携带。

直到今天仍在使用的算盘，是中国古代计算工具领域中的另一项发明，明代时的算盘已经与现代的算盘几乎相同。

17世纪初，西方国家的计算工具有了较大的发展，英国数学家纳皮尔发明了纳皮尔算筹，英国牧师奥却德发明了圆柱形对数计算尺，这种计算尺不仅能做加、减、乘、除、乘方、开方运算，甚至可以计算三角函数、指数函数和对数函数，这些计算工具不仅带动了计算器的发展,也为现代计算器发展奠定了良好的基础,成为现代社会应用广泛的计算工具。

1642 年,年仅 19 岁的法国伟大科学家帕斯卡引用算盘的原理,发明了第一部机械式计算器,在他的计算器中有一些互相连锁的齿轮,一个转过十位的齿轮会使另一个齿轮转过一位,人们可以像拨电话号码盘那样,把数字拨进去,计算结果就会出现在另一个窗口中,但是只能做加减计算。1694 年,莱布尼兹在德国将其改进成可以进行乘除的计算。此后,一直要到 20 世纪 50 年代末才有电子计算器的出现。

电子计算器在我国的经济计算工作中已得到广泛的应用。因此,有必要对它的功能和操作方法做一个简单的介绍。

电子计算器按其外形划分,有台式、便携式和超小型等;按其用途划分,有一般型、函数型、程序型、钟表型和专用型等;按其数字显示的方式划分,有荧光显示和液晶显示等。

电子计算器的种类繁多,但它们的基本功能和操作方法却相似。不过,不同型号的计算器其各键的功能不尽相同,使用时一定要参看所用的计算器的说明书。否则,可能出现差错。以下是两款常用的计算器,见图 12-3。

(a) 一般型电子计算器

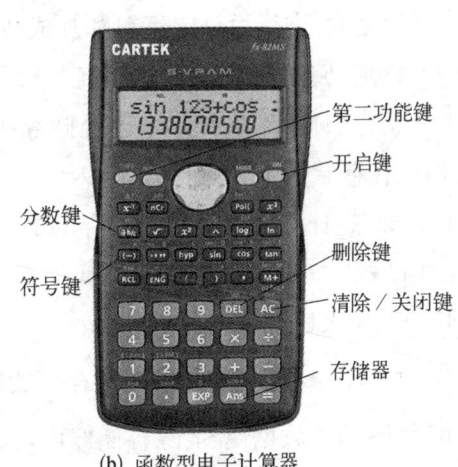
(b) 函数型电子计算器

图 12-3　常用的计算器

## 二、一般型电子计算器的基本按键功能

### (一) 电源开关键

$\boxed{\text{ON/AC}}$ 归零键、上电/全清键。清除现有数据重新输入,打开计算器,或清除所有寄存器中的数值。

$\boxed{\text{OFF}}$ 切断电源键。计算完毕后,按此键关闭电源,此时,显示装置为空白。当然也有的计算器可设置电源自动关闭功能,设置为每隔几分钟后自动关闭。

### (二) 输入键

数字输入键,0、1、2、3…9 这十个键用来输入数据,输入的顺序是从高位到低位,按一次,输入一位数。

·小数点键,用来输入小数。操作时,未按此键时输入的是整数,按此键后输入的是小数。

00 快速增零键,操作时按一下该键,同时出现 2 个"0"。

（三）运算键

= 等号键,在两项数字相加、相减或相乘、相除后按此键,可得出计算结果;作乘幂运算时,可按键后,连续按此键得出结果。

+ 加法键,进行基本加法和连加的运算。

— 减法键,进行基本减法和连减的运算。

× 乘法键,进行基本乘法和连乘的运算。

÷ 除法键,进行基本除法和连除的运算。

加、减、乘、除键都可代替等号键。

% 百分比键,进行百分比运算和加成或折扣运算,不必按 = 键,即可得出结果。

（四）特定功能键

M + 键,是计算结果并加上已经储存的数,用作记忆功能,它可以连续追加,把目前显示的值放在存储器中,中断数字输入。

M — 键,是计算结果并用已储存的数字减去目前的结果;从存储器内容中减去当前显示值;中断数字输入。

MU 键,用来显示内存数据。

MR 调用存储器内容键,读取储存的数据,调用 M + 最后的一次记忆。

MC 清除储存数据键,清除存储器内容,内存数据清除。

MRC 键,第一次按此键将调用存储器内容,第二次按此键将清除存储器内容。

CE 清除输入键,清除全部数据结果和运算符,在数字输入期间按此键将清除输入寄存器中的值并显示"0"。

C 清除键,在数字输入期间,第一次按此键将清除除存储器内容外的所有数值。

GT 键（grand total）,是用来计算总和的,即按 = 键后得到的数字全部被累计,按 GT 键后显示累计数,再按一次清空。按 AC 或 C 键消除"GT"显示标。

√ 平方根键,显示一个输入正数的平方根。

MU 键（mark-up and mark-down）,按此键进行利率和税率计算。

### 三、一般型电子计算器的基本操作方法

在计算前必须先按"ON"开关键,接通电源,然后按运算顺序进行操作。

计算方法和操作顺序举例见表 12 - 1。

表 12 - 1 一般型电子计算器计算方法和操作顺序表

| 计 算 例 | 操 作 顺 序 | 显示结果 |
|---|---|---|
| $100+50-30=$ | 100 $+$ 50 $-$ 30 $=$ | 120 |
| $(-10)\times20\div0.5=$ | $-$ 10 $\times$ 20 $\div$ 0.5 $=$ | $-400$ |
| $2^6=$ | 2 $\times$ $=$ $=$ $=$ $=$ $=$ | 64 |
| $2^{-6}=$ | 2 $\div$ $=$ $=$ $=$ $=$ $=$ | 0.015625 |
| $140\times30\%=$ | 140 $\times$ 30 $\%$ | 42 |
| $30\div20\%=$ | 30 $\div$ 20 $\%$ | 150 |
| $\sqrt{9}\times5=$ | 9 $\sqrt{\ }$ $\times$ 5 $=$ | 15 |
| $\sqrt{7\times8}+\sqrt{9}=$ | 7×8 $=$ $\sqrt{\ }$ $+$ 9 $\sqrt{\ }$ $=$ | 10.483314 |
| $96\ 857\ 436+4\ 632\ 212=$ | 96857436 $+$ 4632212 $=$ | 1.0148964E(注) |
| $5\div(4+2)=$ | 4 $+$ 2 $=$ M+ 5 $\div$ MR $=$ MC | 0.8333 |
| $1\times2+2\times2=$ | 1 $\times$ 2 $=$ 2 $\times$ 2 $-$ GT | 6 |
| $350\times25-389\times66=$ | 389 $\times$ 66 $=$ M+ 350 $\times$ 25 $=$ $-$ MR $=$ MC | $-16924$ |

注:1.0148964E,凡有 E 者,表示容量"溢出",其中小数点前是几位数就表示整数溢出几位,所得结果的真正整数位数,应是盘面上数的全部位数加上盘面小数点前的位数。本例的位数答案应为整数九位。尾数部分已被截去,无论是否大于 5,均按只舍不入处理。

## 四、函数型计算器的部分功能键使用介绍

函数型计算器不仅能进行四则运算、存储操作、指数、对数、一般三角函数及反三角函数等运算,而且有统计学指标的专用键,可作求样本标准差、均方差、平均数、平方和、数据项数、求和以及求正态分布函数等的运算。以下对与财经计算关系较密切的各键名称及其功能加以说明。

ON/C 键,打开计算器,清除显示镜上的值和计算指令(但存储器中的数据不会被清除)。

2ndF 键(或 shift 键),表明选择了第二功能。若要使用某键上方的函数,则按 2ndF 键,再按相应键。例如,$\sqrt{\ }$ 键既可作开方运算,又可作平方运算。作平方运算时,需先

按 $\boxed{\text{2ndF}}$ 键,再按 $\boxed{\sqrt{\phantom{x}}}$ 键。

$\boxed{\text{M}+}$($\boxed{\text{M}-}$)正数存储或负数存储键,其功能是进行累加或累减。在执行累减时,需先按 $\boxed{\text{2ndF}}$ 键,然后按此键。

$\boxed{\text{EXP}}$ 指数送入及指数清除键,按此键可输入某数用 10 的幂表示的指数。例如,要输入 $2 \times 10^5$,可在按 2 以后按 $\boxed{\text{EXP}}$ 键,再按 5 即可。若指数输入错误,重按一次此键即可消除 10 的幂,再输入正确的幂。

$\boxed{\sqrt{\phantom{x}}}$($\boxed{\text{X}^2}$)平方或平方根键,先输入数字,再按此键,可对该数开平方,按 $\boxed{\text{2ndF}}$ 键后再按此键,可对输入的数字求平方。

$\boxed{\text{Sin}}$($\boxed{\sin^{-1}}$)、$\boxed{\cos}$($\boxed{\cos^{-1}}$)、$\boxed{\tan}$($\boxed{\tan^{-1}}$)三角函数键,求某数的三角函数或反三角函数时使用。运算时输入该数再按所要求的三角函数键即可。若求反三角函数,需在输入该数后,先按 $\boxed{\text{2ndF}}$ 键,再按所对应的三角函数键。

### 五、使用电子计算器的注意事项

电子计算器的外壳是塑料制成的,内部是大规模集成电路,所以不应受到重的敲、压或震动。使用完毕后应放在阴凉干燥处。如较长时间不用时,应取出电池,以免电池老化出水而腐蚀计算器的内部结构。当电池快用完时(显示屏的显示变得暗淡),应及时更换新的电池。在更换电池时,必须将两个电池同时更换。计算器不要放在温度忽高忽低,或温度高、湿度大和灰尘多的地方,特别要注意防止金属粉末侵入机体。按键时不要太猛或久按不离手,以防按键损坏或输入的数据发生错误。对计算器除尘时,宜用柔软的干布擦,不能用溶液洗或湿布擦。

**项目小结**

本项目我们对超市 POS 收银机与收款机从其组成、工作原理、功能、使用方法、常见故障排除以及如何选购等方面做了阐述。学会如何使用超市 POS 收银机与电子收款机,另外我们还对一些电子计算器基本功能键的使用进行了介绍,让大家学会使用电子计算器的常用功能。

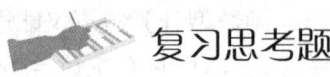

**复习思考题**

1. 简述 POS 超市收银机的组成。
2. 简述条形码阅读器的组成。
3. 简述条码阅读器通常采用的技术。它们各自的优缺点是什么?
4. 电子收款机一般有哪几个部分组成?
5. 简述电子收款机的功能。
6. 请说说一般型电子计算器的特定功能键及其功能。
7. 请说说如何使用函数型电子计算器进行数的平方和开方运算?